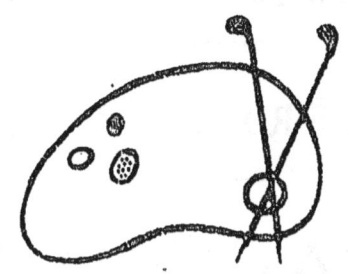

Couvertures supérieure et inférieure
en couleur

BIBLIOTHÈQUE CONTEMPORAINE

MÉDÉRIC CHAROT

JACQUES DUMONT

PRÉFACE DE

GEORGE SAND

PARIS
CALMANN LÉVY, ÉDITEUR
ANCIENNE MAISON MICHEL LÉVY FRÈRES
RUE AUBER, 3, ET BOULEVARD DES ITALIENS, 15
A LA LIBRAIRIE NOUVELLE

1876

NOUVEAUX OUVRAGES EN VENTE

Format in-8°.

J. AUTRAN de l'Acad. franç. f. c.
ŒUVRES COMPLÈTES, t. III. — La Flûte
et le Tambour.................... 6 »

BEAURE
LA DÉMOCRATIE CONTEMPORAINE, 1 v. 6 »

COMTE DE PARIS
HISTOIRE DE LA GUERRE CIVILE EN
AMÉRIQUE, t. I à IV............ 30 »
ATLAS POUR SERVIR A L'HISTOIRE DE
LA GUERRE CIVILE EN AMÉRIQUE.
Livraisons I à IV................ 30 »

VICTOR HUGO
LES CHATIMENTS, 1 volume......... 6 »

PAULINE L.
LE LIVRE D'UNE MÈRE, 1 volume... 6 »

J. H. MERLE D'AUBIGNÉ
HISTOIRE DE LA RÉFORME EN EUROPE
AU TEMPS DE CALVIN, t. VI..... 7 50

ERNEST RENAN f. c.
L'ANTECHRIST, 1 volume........... 7 50

J. MICHELET
ORIGINE DES BONAPARTE, 1 volume.. 6 »
JUSQU'AU 18 BRUMAIRE, 1 volume... 6 »
JUSQU'A WATERLOO, 1 volume....... 6 »

H. RODRIGUES
SAINT PAUL, 1 volume............. 6 »

JULES SIMON
SOUVENIRS DU QUATRE SEPTEMBRE. —
Le gouvernement de la Défense na-
tionale. 1 volume................ 6 »

L. DE VIEL-CASTEL de l'Acad. franç.
HISTOIRE DE LA RESTAURATION, t. XVII 6 »

Format gr. in-18 à 3 fr. 50 c. le volume.

A. ACHARD vol.
LA TRÉSORIÈRE..................... 1

A. DE BRÉHAT
L'HOTEL DU DRAGON................. 1
LE MARI DE MADAME CAZOT........... 1
SOUVENIRS DE L'INDE ANGLAISE...... 1
VACANCES D'UN PROFESSEUR.......... 1

E. CADOL
LA BÊTE NOIRE..................... 1

JULES DE CARNÉ
MARGUERITE DE KERADEC............. 1

AL. DUMAS FILS de l'Acad. franç.
THÉRÈSE........................... 1

O. FEUILLET de l'Acad. franç.
UN MARIAGE DANS LE MONDE.......... 1

D. FILEX
UN ROMAN VRAI..................... 1

DE GASPARIN
PENSÉES DE LIBERTÉ................ 1

TH. GAUTIER
PORTRAITS ET SOUVENIRS LITTÉRAIRES. 1

GUSTAVE HALLER
LE BLEUET......................... 1

N. HAWTHORNE Traduction A. Spoll.
CONTES ÉTRANGES................... 1

ARSÈNE HOUSSAYE
LES DIANES ET LES VENUS........... 1

VICTOR HUGO
QUATREVINGT-TREIZE................ 2

ALPHONSE KARR
PLUS ÇA CHANGE.................... 1

KEL-KUN
PORTRAITS......................... 1
NOUVEAUX PORTRAITS................ 1

PROSPER MÉRIMÉE
LETTRES A UNE AUTRE INCONNUE...... 1

MÉRY vol.
LA FLORIDE........................ 1

MICHELET
LE PRÊTRE......................... 1

CH. MONSELET
LES ANNÉES DE GAITÉ............... 1

D. NISARD de l'Acad. française
RENAISSANCE ET RÉFORME............ 2

JULES NORIAC
LA MAISON VERTE................... 1

PAUL PARFAIT
LA SECONDE VIE DE MARIUS ROBERT... 1

A. DE PONTMARTIN
NOUVEAUX SAMEDIS, Tome XIII....... 1

C.-A. SAINTE-BEUVE
CHRONIQUES PARISIENNES............ 1

GEORGE SAND
LA COUPE.......................... 1
LA TOUR DE PERCEMONT.............. 1

J. SANDEAU de l'Acad. franç.
JEAN DE THOMMERAY. — LE COLONEL
ÉVRARD........................... 1

E. SCHERER
ÉTUDES CRITIQUES DE LITTÉRATURE... 1

FRANCISQUE SARCEY
ÉTIENNE MORET..................... 1

LOUIS ULBACH
MAGDA............................. 1

A. VACQUERIE
AUJOURD'HUI ET DEMAIN............. 1

PIERRE VÉRON
LA VIE FANTASQUE.................. 1
CES MONSTRES DE FEMMES............ 1

L. VITET de l'Acad. française
LE COMTE DUCHATEL avec un portrait. 1

JACQUES DUMONT

Coulommiers. — Typ. ALBERT PONSOT et P. BRODARD.

JACQUES
DUMONT

PAR

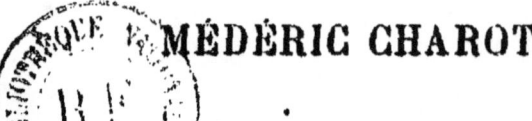
MÉDÉRIC CHAROT

PRÉFACE

DE GEORGE SAND

PARIS

CALMANN LÉVY, ÉDITEUR

ANCIENNE MAISON MICHEL LÉVY FRÈRES

RUE AUBER, 3, ET BOULEVARD DES ITALIENS, 15

A LA LIBRAIRIE NOUVELLE

—

1876

Droits de reproduction et de traduction réservés

PRÉFACE

M. Médéric Charot n'appartient à aucune école. Il cherche le vrai, et il le trouve, parce qu'il le sent profondément, parce qu'il est vrai lui-même. C'est un jeune homme sincère qui n'essaie pas de se vieillir par des théories de désenchantement ou de fausse expérience de la vie. Il dit ce qu'il voit et ce qu'il éprouve; aussi ses écrits ont-ils une fraîcheur de jeunesse et des senteurs de printemps. Il décrit la nature en poëte, sa prose a la concision du vers et la sobriété du peintre qui résume en traits précis. Rien d'affecté dans sa manière, il ne cherche pas l'effet. Il semble qu'il connaisse le secret des vrais maîtres, et qu'il sache par quels moyens simples on rend la logique de ses impressions. Est-ce par de grandes études littéraires qu'il est arrivé à la science de la bonne peinture? Nous croyons savoir qu'il n'a point eu tant de beaux loisirs, et qu'il a cédé sans résistance à une droiture naturelle de l'esprit. Ses récits sont si vrais qu'on les croirait faits de mémoire. Il a vu les personnages qu'il met en scène, et les choses auxquelles il touche lui sont familières. Il connaît son sujet tout comme un vieux praticien, mais il ne l'épuise pas par la recherche exagérée du détail. En un mot, il ne décrit pas pour montrer ce qu'il sait, mais pour faire voir ce qu'il a vu avec de bons yeux, sains et jeunes.

GEORGE SAND.

Mai 1876.

JACQUES DUMONT

I

Il y a des gens, tu sais, Pierre, qui ne veulent jamais se souvenir de rien; on dirait que le tableau de leurs malheurs passés les blesse et les humilie; c'est leur façon d'être fiers; moi, c'est toujours avec un nouveau plaisir que je me rappelle le temps de mon enfance et les premières années de ma jeunesse. Je trouve dans le contraste de ma situation d'alors avec celle d'aujourd'hui, une telle satisfaction pour mon cœur que je ne puis songer à ces choses sans un véritable attendrissement. Ah dame! je n'étais pas alors M. Jacques

Dumont, le fermier médaillé, primé, dont les journaux parlent avec éloges, conseiller municipal, et premier adjoint, s'il vous plaît, au maire de sa commune. Je n'avais pas, comme à présent, de beaux vêtements de coutil blanc dans la bonne saison, ni de chauds habits de gros drap dans la mauvaise ; et l'on n'avait pas non plus pour moi la considération que l'on veut bien m'accorder aujourd'hui. Non, pour les gens de Saint-Cyr, de Saint-Ouen, d'Orly, de Sablonnières et de Villeneuve-sur-Bellot, j'étais le petit Jacques, le rôdeur de la vallée du Petit-Morin, une espèce de mendiant hâve et déguenillé, assez mauvais sujet d'ailleurs, hardi maraudeur de pommes et terrible ravageur de nids. Voilà ce que j'étais encore à quinze ans.

A vrai dire, ce n'était pas tout à fait ma faute, mon éducation ayant été négligée. Mon père, un rude et vaillant bûcheron, qui vous abattait chaque année, pour le gros marchand de bois Rouget, les arbres par centaines, s'étant un vilain jour laissé surprendre par la chute d'un chêne qu'il venait de déraciner, j'étais resté tout bambin encore avec ma mère, pauvre brave femme sans instruction qui, vu son manque absolu de ressources, avait pris le parti de me laisser courir librement au grand air, en attendant que je fusse assez fort pour être bon à quelque chose. Mais j'étais d'apparence si chétive, qu'il n'y avait pas grande chance que l'on pût jamais rien faire de moi. Si seulement mon père en mourant n'eût laissé que moi pour charge à ma mère, peut-être aurait-elle pu se tirer d'affaire assez facilement ; mais ce n'était pas tout, hélas ! il y avait des dettes ; la maison que nous habitions — je la vois encore avec son air vieux et minable en hiver, et son toit de chaume couvert de fleurs au printemps — cette pauvre maison n'était pas entièrement payée ; à la mort de mon père, nous redevions bel et bien trois cents francs sur le prix d'acquisition ; trois cents francs, toute une fortune ! et le vieux Jacob Renard, de Sablonnières, qui nous l'avait vendue, n'aurait pas manqué de nous envoyer l'huissier si de temps en temps ma mère n'eût songé à lui porter, à titre d'à-compte et d'intérêts, le plus clair de l'argent qu'elle avait péniblement gagné. Péniblement, en effet, Pierre ; tout maître peintre et grand artiste que te voilà, tu ne te doutes pas de ce qu'à cette époque, dans la situation d'une pauvre veuve, une somme qui te paraît misérable et qui me paraît maintenant assez minime à moi-même, tu ne te doutes pas, dis-je, toi qui n'as jamais guère eu besoin de compter, de ce qu'une pareille somme représentait d'efforts, de travail, de privations et de souffrances. Je ne m'en doutais pas non plus alors ; autrement j'aurais peut-être été meilleur. Enfin, c'est ainsi ! Je te raconte mon histoire comme je la sais, sans chercher à l'enjoliver d'aucune manière. Accepte-la telle quelle, et sois indulgent pour les fautes de mon enfance et de ma jeunesse, comme tu voudrais qu'on le fût pour les tiennes.

Ma mère faisait quelques journées chez les Couillard et les Baberlot, deux familles riches de Saint-Cyr. Les jours de lessive dans ces maisons-là étaient pour elle des jours de fête, parce que, le soir venu, le travail terminé, ses douze sous dans sa poche, on lui permettait toujours d'emporter à mon intention ce qui restait des pommes et des noix du dessert.

Elle allait aussi labourer le jardin de M. Beaugrand, le maître d'école, un petit homme court, rond, trapu, blond, mais presque chauve, qui vous avait le plus franc sourire et les plus doux yeux de la terre, et que tout chacun dans la vallée appelait le père Beaugrand, sans que jamais de cette familiarité qu'il aurait eu le droit de trouver déplacée, ce brave homme songeât le moins du monde à se fâcher. M. Beaugrand disait souvent à ma mère :
— Mais voyons, Marguerite, envoyez-moi donc votre Jacques ! Que voulez-vous qu'il devienne, faible comme il est, s'il n'apprend jamais rien ? Nous nous arrangerons toujours bien pour les mois d'école ; et puis, un élève de plus ne me donnera pas grand mal. Maintenant que M. Guizot veut que l'instruction se propage, il faut que les citoyens en profitent. Ce serait un grand malheur que de laisser un enfant dans l'ignorance des choses les plus utiles à connaître, quand nous autres instituteurs qui ne demandons qu'à nous dévouer à l'instruction de tous, nous répétons

sans cesse que le savoir est tout, que l'homme n'est rien sans la science, et que les gens arriérés, les mauvais riches, les égoïstes seuls peuvent songer à entretenir la misère et l'ignorance dans un siècle de lumière comme le nôtre. — Et alors, il lui faisait voir la petite salle sombre, et mal meublée avec ses tables boiteuses et ses bancs souillés de boue, où venaient chaque matin s'entasser les enfants du village et des environs. C'était une bien pauvre école ; jamais un rayon de soleil n'y pénétrait, on ne pouvait s'y réchauffer qu'aux regards du maître ; il fallait la comprendre et la fréquenter pour l'aimer. Aussi, à la vue des tableaux de lecture et des exemples accrochés aux murs tout autour de la salle, ma pauvre mère se prenait à frissonner. — Oh! non, monsieur Beaugrand, murmurait-elle, mon petit est trop jeune et trop chétif, voyez-vous ; attendons un peu. — Moi, pendant ce temps, je courais les champs et les bois, me nourrissant la moitié du temps de fruits verts, d'oseille sauvage et de salsifis des prés, fumant parfois de la viorne pour me distraire, grimpant à tous les arbres où je voyais un nid, et trouvant le moyen de me mettre vingt fois par jour les pieds en sang, et, tout déguenillé que j'étais, de déchirer encore en cinquante endroits mon sarrau de toile et mes culottes. C'était pourtant une bien excellente femme que ma mère! mais elle était trop faible; elle m'aimait trop, ou pour mieux dire, elle m'aimait mal.

Au temps de la moisson, ma mère, en femme courageuse qu'elle était, entreprenait de scier deux ou trois arpents de blé, d'orge ou d'avoine. Bien avant l'aube, elle partait : moi, couché sur ma paillasse rembourrée de foin, que je trouvais douce, j'écarquillais mes yeux, me demandant si je n'allais point me lever et la suivre. Mais la fatigue de la veille, la paresse, et puis je ne sais quel immense besoin de me prélasser, me faisaient rester au lit jusqu'au jour. Alors seulement, je m'éveillais tout à fait, et pendant un instant encore je regardais les mouches tourbillonner dans le chaud rayon de soleil, qui, par une étroite fenêtre aux ais presque disjoints, aux barreaux de fer entre-croisés, pénétrait radieux dans notre vieille demeure. J'étais là, bien calme et bien tranquille. Dans une espèce de recoin à côté, bêlait notre chèvre, et je me délectais d'avance à la pensée de la tasse de lait chaud que j'allais boire. Enfin, m'armant de courage, je sortais du lit et m'habillais promptement. Au dehors, ma mère ayant eu la précaution d'ouvrir la bougette de leur réduit avant de s'éloigner, nos trois poules, les deux blanches et la noire, caquetaient dans la cour. J'entrais dans le poulailler pour visiter les paniers et gober les œufs qui s'y trouvaient; puis enfin, ma tasse de lait bue, je me mettais en route pour rejoindre ma mère.

Je la vois encore, courbée sur le sillon, n'ayant pour tout vêtement qu'une chemise de toile grossière que la sueur lui collait au dos, et une jupe de cotonnade déteinte rapiécée en vingt endroits. Le soleil avait beau lui frapper sur la tête et lui brûler la peau, la bonne femme n'avait pas l'air d'y penser; et sa faucille allait toujours. C'était une ouvrière sans pareille que ma mère! Moi, la voyant ainsi occupée, je m'approchais sans bruit comme un sournois, jusqu'à ce que je fusse auprès d'elle; et là, d'une voix joyeuse, en lui

jetant mes bras autour du cou, je lui criais :
— Bonjour, mère ! Elle alors, toute surprise
et toute heureuse, posait un instant sa faucille
sur sa javelle, m'appuyait sur les joues deux ou
trois gros baisers, me composait un siége bien
abrité du soleil avec quatre ou cinq gerbes, puis
reprenait sa tâche en me disant : — Regarde. Et
j'obéissais ; je regardais. Quel bon temps, tout de
même ! les grillons noirs et les cigales criaient,
l'alouette chantait, et moi, j'étais tout heureux de
vivre à ne rien faire comme les alouettes, les
grillons noirs et les cigales.

Il ne faudrait pourtant pas croire, mon cher
Pierre, que tout paresseux que j'étais, je n'avais
pas honte parfois de mon inutilité. Ainsi, par
exemple, lorsqu'il m'arrivait de rencontrer quelques-uns de mes camarades les enfants pauvres
du village, qui, les pieds nus dans la lourde et
brûlante poussière du chemin, s'en revenaient
chez leurs parents, la tête chargée d'un gros paquet de glanes, je me prenais à les envier et je
me disais que pourtant le travail était une belle
chose. — Ceux-là, pensais-je, ont la joie de pou-

voir se dire qu'ils ramassent le pain qu'ils mangeront cet hiver. Mais pour les imiter, le courage me manquait; une fausse honte m'arrêtait, et ma mère, à qui je n'osais confier mes velléités de travail, ne savait que me plaindre et non me sermonner. Que si parfois d'ailleurs, las de mon inactivité, je m'en allais, comme par caprice, suivre les voitures de quelque fermier rentrant ses récoltes, il ne manquait jamais de se trouver, dans le groupe bruyant des glaneurs ou glaneuses auquel je me mêlais, quelqu'un pour me demander par quel miracle je me décidais à faire cet humiliant métier. — Toi, glaner, Jacques? Allons donc, monsieur le grand seigneur! ce n'est pas là ton rôle. A la bonne heure dénicher les oiseaux et dévaster les vergers; voilà ta besogne! Mais te ravaler jusqu'à ramasser des épis, ce n'est pas digne de toi. Fi donc, Jacques! Et puis, vois-tu, c'est très-fatigant, la terre est trop basse! — Ces gens-là ne me haïssaient cependant pas; au fond, ils me plaignaient peut-être; seulement j'avais à leurs yeux le tort d'être frêle et délicat comme un fils de riche; et, tort plus grave encore, j'avais le malheur d'être silencieux. Ma conscience toute chargée de peccadilles me rendait timide, presque farouche. Or, au village, qui dit silencieux dit fier. Si jamais, par quelque hasard extraordinaire, tu devenais pauvre, Pierre, agis en sorte que tes pareils ne t'accusent pas d'orgueil, car c'est double fardeau que de sentir peser sur soi, joints au dédain et à la défiance des riches, le mépris et l'inimitié des pauvres, ses semblables.

C'est ainsi que se passait le temps de la moisson. Quand venaient les vendanges, ma mère et moi, nous allions grappiller dans les vignes. Il y avait des jours où cette occupation me plaisait assez ; et je savais mieux qu'aucun autre découvrir sur les ceps encore chargés de leurs feuilles rouges et vertes les quelques grains de raisin que les vendangeurs avaient oubliés. Ces vignes des coteaux qui bordent le Petit-Morin ne sont pas nombreuses, et le produit qu'on en tire n'a ni la couleur pourprée ni la chaleur excitante du bourgogne que nous buvions tout à l'heure en déjeûnant ensemble, mon cher Pierre ; non, c'est au contraire, dans les années communes, un liquide assez incolore, d'un petit goût suret qui vous creuse l'estomac et vous agace la lèvre. Cependant, les gens du pays le trouvent bon, ce petit vin; il a surtout le précieux avantage d'être de digestion facile et de ne point vous monter à la tête; on en peut boire beaucoup sans craindre de se griser. Si j'en parle ainsi, ce n'est pas au moins que j'aie eu souvent l'occasion d'en juger, car du produit de notre glanage dans les vignes, nous ne pouvions guère faire que de la piquette. On ne va pas s'amuser à mettre à la cuve cinq ou six panerées de méchant raisin; il est bien plus simple de les jeter dans un tonneau que l'on a défoncé d'avance, et que l'on remplit d'eau claire après l'avoir refermé. C'est ce qu'avec l'aide du vieux charron Gorgis, un brave homme, et bien complaisant, ma mère faisait chaque automne; et, bien loin de nous plaindre et de réclamer, en mangeant nos pommes de terre l'hiver, nous trouvions la boisson excellente. Dame, on la ménageait. Ma mère n'en buvait qu'un verre à chaque repas; souvent elle m'en donnait deux.

C'était là notre ordinaire dans la dure saison : de la piquette et des pommes de terre cuites à l'eau ; quelquefois, mais c'était rare, des choux avec un peu de lard. Nous mangions sur nos genoux au coin du feu. Puis, selon le temps qu'il faisait, soleil ou pluie, gelée ou neige, ma mère s'en allait chercher dans les bois un fagot de branches mortes, ou se mettait à filer bravement sa quenouille auprès de l'âtre. Moi, ma dernière bouchée avalée, je m'esquivais sans bruit et me mettais à bayer par le village, m'arrêtant auprès de Gorgis le charron, de Brulfert le maréchal-ferrant, ou du boucher Cadichon. Quelquefois même, je poussais jusqu'aux plâtrières des Montgoins, tout en haut de la côte. Ou bien c'était vers la ferme de l'Hermitière que je dirigeais mes pas, marchant doucement le long des sentiers une pierre à la main, dans le vague espoir de surprendre et de tuer quelqu'un de ces pauvres petits moineaux qui criaient et sautillaient en frissonnant dans le branchage dénudé des haies. Cette ferme de l'Hermitière était occupée par de braves gens qui, voyant que je n'abusais pas de leur confiance, me laissaient fureter tout à mon aise dans la cour et même entrer dans les granges où je m'amusais à voir travailler les batteurs.

Mais ma maison favorite, l'endroit où je me rendais le plus volontiers, c'était l'atelier du père Gorgis. Quand je vivrais cent ans, je n'oublierai jamais cette vaste pièce tenant de l'usine et du hangar à laquelle des solives chargées de planches et de madriers servaient de plafond. Un grand vitrage, où les vitres cassées étaient remplacées par des carreaux de bois blanc, servait de devanture. C'est par un de ces carreaux que sortait le tuyau d'un petit poêle de fonte, toujours rouge et toujours bourré de copeaux, qui ronflait au milieu de la salle. Le père Gorgis envoyait souvent ses ouvriers au dehors à sa place, dans les fermes où l'on avait réclamé le secours de sa plane et de son rabot. Les trois quarts du temps je le trouvais seul entre ses trois établis garnis de ciseaux, de maillets et de varlopes. Il était là qui raccommodait le timon d'une charrue, ou la roue d'une voiture. — Eh! eh, c'est toi, Jacques? me disait-il en m'entendant entrer. Eh bien, tu vois, mon garçon, ça n'est pas plus difficile que cela ! on remet tantôt un rai, tantôt un moyeu, tantôt une jante, et ça roule. Peut-être que si tu voulais t'occuper de grandir et de travailler, tu deviendrais charron comme moi. Qu'en penses-tu, Jacques ? Et ça n'en marcherait que mieux chez vous aussi. — Et comme je me taisais, regardant ses larges mains calleuses, ses longs bras maigres, et son grand front chauve où perlait la sueur : — Ah oui, je n'y songeais plus, reprenait-il, tu n'es pas fort et la fatigue te fait peur. Eh bien ! n'en parlons plus, jeune homme, n'en parlons plus. — Mais je voyais bien au ton plein de bonté dont il me disait ces choses, qu'il avait de l'amitié pour le petit Jacques, et qu'il ne désespérait point de son avenir. Aussi, tâchais-je de me rendre utile à ce vieux brave homme en l'assistant dans son travail et en lui passant les outils dont il avait besoin. Mes complaisances le faisaient sourire. — Tu vaux mieux que ta réputation, — disait-il, et de sa voix encore vibrante, un peu usée, il se prenait à chanter quelqu'un de ces refrains joyeux dont le rhythme cadencé s'accorde si bien aux coups de rabot et de maillet de l'ouvrier.

Une chose qui m'ennuyait, par exemple, et qui m'ennuyait même beaucoup, je dois te l'avouer, Pierre, c'était que l'atelier du bonhomme Gorgis se trouvât dans le voisinage immédiat de Cadichon le boucher, et du père Beaugrand, le maître d'école. Cela m'exposait souvent à des désagréments. Si je tournais du côté de la maison de M. Beaugrand et que la classe fût finie, je voyais l'instituteur apparaître sur sa porte : — Approche, approche, viens que je te parle ! — me disait-il. Et moi de rebrousser chemin en courant ! Mais le grand Sylvain Durocher, l'apprenti de Cadichon, était là, sous la remise grande ouverte, qui, tout en égorgeant ses moutons sur la civière, me guettait au passage. — Hé ! Jacques, arrive donc ! me criait-il, et dis-moi si véritablement, comme tu le prétendais l'autre jour, deux et deux font cinq, et quatre et quatre font seize. — J'avais eu la bêtise, en effet, un soir que cet animal s'était raillé de mon ignorance, disant que je ne connaissais ni A ni B, que j'étais même incapable de me rendre compte du nombre d'œufs que je venais de dénicher, ou de la quantité de pommes que je venais de voler, j'avais eu la bêtise de lui répondre qu'il en avait menti, menti par la gorge ; et je n'avais rien trouvé de mieux, pour lui prouver mes hautes capacités — je savais compter jusqu'à cent — que d'ajouter en ricanant : — Va, va, tranquillise-toi, Sylvain ! on n'est toujours pas embarrassé d'en savoir autant qu'un méchant écorcheur de moutons pour qui toute la science se résume en deux et deux font cinq, et quatre et quatre font seize. — Sur cette belle réplique mon gobe-mouches s'était mis à rire, mais à rire si fort et si longtemps que, la patience m'échappant, je m'étais élancé sur lui, la main ouverte comme pour l'étrangler. Il n'avait fallu rien moins que l'arrivée du maître boucher pour me contenir. Depuis ce temps-là je ne pouvais passer devant la boutique de Cadichon sans que, fier comme un vainqueur, Sylvain Durocher me répétât la même plaisanterie. Il est vrai que je faisais mine de m'en moquer ; c'est égal, j'enrageais toujours.

II

J'avais donc quinze ans et j'étais le joli garnement dont je viens de t'esquisser la physionomie assez peu réjouissante lorsqu'une aventure m'arriva qui décida du sort de toute ma vie. Cette année-là — c'était en 39 — M. le curé de Saint-Cyr — le ciel ait son âme ! — fatigué sans doute comme M. Beaugrand de me voir courir les rues et comptant que sa détermination éclairerait ma mère sur la nécessité de prendre une résolution à mon égard, m'avait fait faire ma première communion à peu près sans examen, comme par grâce, pour l'amour de Dieu. De catéchisme il ne pouvait être question ; je n'en avais jamais su le moindre mot ; seulement je devais aux pratiques religieuses de ma mère, peu dévote pourtant, de pouvoir réciter couramment mes prières. A la vérité je ne m'étais jamais guère plus mis en peine de les comprendre que la pauvre femme de me les expliquer, mais je t'assure, Pierre, que je les récitais fort bien, comme un perroquet sa leçon, et j'avais sur ce point complétement édifié MM. les examinateurs. Je te dirai même que M. le doyen, bon gros vieillard à la figure réjouie, touché probablement de ma mine chétive et pâlotte, m'avait, au grand étonnement de tous mes camarades jaloux d'un pareil honneur, donné familièrement, de sa main blanche et potelée, une gentille petite tape sur la joue. Aussi quelle onction dans mon maintien et dans mon regard le jour de la cérémonie! Les anges du Paradis ne sont ni plus fervents ni plus candides. Qui donc aurait reconnu là le petit Jacques?... Oui, mais la fête passée, adieu le saint! je me retrouvais libre : plus de cantiques, plus de contrainte, plus de génuflexions. Supprimé, tout cela! Seigneur Jésus, huit jours de retraite et de bâillement; m'étais-je assez ennuyé dans cette église? Mais c'était fini,

bien fini maintenant. Ma foi ! vive la paresse !
Vivent le caprice et le grand air ! Il n'y a de bon
au monde que l'insouciance et la liberté. — Voilà,
Pierre, ce que je pensais vaguement, confusément,
dès le lendemain de la cérémonie, et tu n'hésiteras pas à me croire si j'ajoute que moins d'une
semaine après j'avais repris mes habitudes de
douce fainéantise et de vagabondage éhonté.
Que veux-tu, mon ami ? j'étais toujours le petit
Jacques. Au reste, ma mère ne me disait rien :
peut-être lui semblait-il tout simple qu'il en fût
ainsi. Cependant je me souviens qu'une ou deux
fois en ce temps-là, pendant que nous étions à
manger ensemble, je la surpris qui, toute pâle,
dans une attitude pensive, me regardait douloureusement.

Or, un jour que j'étais sorti de bonne heure, je
m'aperçus, après avoir longtemps rôdé par les
champs et les bois, que j'étais las, que j'avais
faim et mourais de soif. Cela me prit tout à coup
au sortir d'un épais fourré dans lequel je n'avais
pu découvrir le moindre nid, ni la moindre noisette. Car c'était la saison des noisettes ; la moisson

venait de finir; on était en septembre. Il faisait
chaud, bien chaud dans la vallée. Le soleil dardait ses rayons sur les coteaux rocailleux. Pas un
souffle d'air ne venait rafraîchir mon front brûlant. De loin en loin dans la campagne je distinguais des gens occupés à la terre; et je me
demandais comment des êtres raisonnables pouvaient travailler par une chaleur pareille. A quelques centaines de pas au-dessous de moi se trouvait un village, un gros village. Comme on fait du
chemin pourtant sans y penser! ce village, c'était
Sablonnières. J'avais à parcourir une distance de
plus de deux lieues pour revenir à la maison; et
à cette pensée ma fatigue, ma faim et ma soif
augmentaient, je me sentais défaillir. Ma soif
surtout était terrible. J'aurais donné volontiers,
je crois, dix gouttes de mon sang pour une goutte
d'eau. Je ne voyais point de vigne et ne connaissais point de source dans le voisinage, et quant
à la rivière, elle était là-bas, tout là-bas, au fond
de la vallée. Trop loin, hélas!... Je fis quelques
pas, cherchant des mûres ou des prunelles à la
lisière du bois; je ne trouvai rien que des genêts

et des fougères. D'épine noire ou de ronce pas le moindre buisson, pas la moindre tige. C'était désolant. Si j'avais été de quelques années plus jeune peut-être me serais-je bravement dirigé vers le village où quelque bonne âme m'eût fait l'aumône d'un verre d'eau et d'un morceau de pain ; cela jadis m'était arrivé bien des fois, mais à quinze ans !... Un sentiment nouveau se faisait jour en moi : j'avais honte !

Néanmoins, après quelques instants d'hésitation, le besoin de manger et de boire redoublant, je me mis à descendre vers le village. Je sentais la sueur perler sur mon front. J'étais véritablement accablé.

A mi-côte, au bord d'un sentier pierreux, était un verger. Dans l'enclos plein d'arbres fruitiers, riaient au soleil les belles pommes rouges et les poires couleur d'or. Tout auprès du mur à peine élevé d'un mètre, se trouvait un pêcher. Oh ! le bel arbre, et comme généreusement il laissait pencher ses branches chargées de fruits pour faire l'aumône aux passants ! Et quelles belles pêches, douces et réjouissantes à l'œil avec leur fin duvet rosé ! Comme cela devait être frais et savoureux à la bouche !... La tentation était trop forte ; je me rapprochai du mur, je levai le pied, j'étendis la main ; j'allais enfin satisfaire ma faim et ma soif, quand tout à coup, sortant d'une de ces petites cabanes en planches où les jardiniers serrent leurs outils, un homme parut dans le verger. — Ah ! petit voleur, je t'y prends ! — cria-t-il. Rien qu'au son de sa voix, je l'aurais reconnu. C'était le vieux Jacob Renard, Jacob Renard ma haine et le tourment de ma mère, enfin notre créancier. Saisi de peur, je frémis de tous mes membres en le voyant accourir vers moi. Au même instant se fit entendre dans la côte le galop de deux chevaux qui descendaient vers Sablonnières par le chemin d'Hondevilliers. Je regardai : c'étaient des gendarmes en tournée. Alors, fou d'épouvante, je m'élançai du mur, et oubliant la faim, la soif et la fatigue, je m'enfuis à toutes jambes.

Je ne m'arrêtai qu'à sept ou huit cents mètres de là, lorsque je sentis que mes pieds saignants ne pouvaient plus avancer ni me soutenir. Je m'assis ou plutôt je me laissai tomber sur l'herbe au pied d'un saule. Je n'avais plus ni faim ni soif. J'étais anéanti. Je fermai les yeux instinctivement ; la lumière du ciel me blessait la vue ; j'aurais voulu m'endormir pour toujours.

Je demeurai quelques minutes ainsi ; puis une sensation de fraîcheur me ranima : je rouvris les yeux, et je m'aperçus alors seulement que j'étais au bord de la rivière.

Elle était en cet endroit, la rivière, douce, calme et profonde. On voyait se refléter dans son cristal limpide les vapeurs blanches glissant sur le fond bleu de l'espace. Parfois un martin-pêcheur l'effleurait de son aile, une hirondelle venait y boire. Rien de plus tranquille et de plus souriant que ce coin désert où j'apportais le trouble de mon âme. Un rideau de peupliers me dérobait la vue du village. Derrière moi, côtoyant la berge où je m'étais affaissé, une vieille sente abandonnée passait à travers la prairie. J'étais donc seul, et pouvais réfléchir et souffrir tout à mon aise ; je ne courais pas le risque d'être dérangé. Les gendarmes ne m'avaient point suivi ; j'avais beau coller mon oreille à terre pour écouter, je ne percevais plus le bruit de leurs chevaux. Il me semblait pourtant dans ma fuite avoir entendu Jacob Renard s'époumonner à les appeler. Après tout c'était peut-être une illusion, un effet de la peur, de cette peur terrible qui m'avait saisi. Mais s'ils avaient quitté leurs montures, pourtant ? s'ils étaient à ma recherche ? s'ils allaient venir ?... Eh bien, qu'importait en définitive ? Ne me restait-il pas un moyen de leur échapper ? Et qu'avais-je à faire en ce monde, moi qui jusqu'à ce jour semblais n'y avoir été mis que pour mon malheur et pour celui de ma mère ? Belle chose que la vie ! — Et je fixais mes yeux agrandis par la crainte et l'angoisse sur la surface douce et calme de la rivière profonde.

Tout à coup, je sentis une main se poser sur mon épaule, et, poussant un cri rauque, je me retournai.

III

Ce n'étaient point les gendarmes. Je ne conçois pas comment j'avais pu m'y tromper. Cette main qui venait de me toucher l'épaule et de me causer une si grande frayeur, possédait, dans sa brusquerie même, je ne sais quelle grâce et quel attrait. Ce n'était pas une de ces mains larges et robustes qui vous prennent rudement au collet les malfaiteurs pour les jeter dans les prisons; non, la main en question était au contraire toute mignonne; brûlée par le hâle et durcie par le travail, elle était restée fine et délicate dans ses proportions, et son étreinte n'avait rien que d'humain et de rassurant. On sentait, à son contact, que rude au labeur elle savait être douce à la souffrance.

Tu comprends bien, Pierre, que toutes ces remarques et ces réflexions je ne les fis point sur le moment ; j'étais trop profondément agité pour cela.

D'un coup d'œil j'avais reconnu mademoiselle Rosine, la fille de Jacob Renard, la Rosinette comme on l'appelait familièrement dans la vallée, une belle et courageuse enfant aux yeux bleus, aux cheveux châtains, charmante et pas fière du tout, bref, une petite merveille, une excellente et vaillante créature dont tout le monde à Sablonnières et dans les environs pensait le plus grand bien, qui plus d'une fois même m'avait dit une bonne parole en me rencontrant par les chemins, et pour qui je ne pouvais cependant me résoudre à professer la moindre amitié, vu la haine aussi profonde qu'irréfléchie que, ma mère et moi, nous portions à son père.

— Eh ! c'est le petit Jacques, fit-elle en me reconnaissant. Ah çà ! que fais-tu là ?

Elle me demandait cela d'un air si franc et si

bon, d'un ton si plein d'intérêt, que je me sentis presque touché. Mais le souvenir de Jacob Renard se représentant à mon esprit :

— Et qu'y faites-vous vous-même ? répliquai-je d'une voix rogue et colère.

Elle me regarda d'abord de ses grands yeux clairs, tout étonnée, toute peinée, sans répondre ; puis, s'armant de résolution :

— Voyons, Jacques, dit-elle, pas de colère et causons. Quel âge crois-tu que j'aie ?

— Et que m'importe votre âge ? En quoi cela me touche-t-il ? Qu'y a-t-il de commun entre nous ?... Votre âge, mademoiselle, je ne m'inquiète guère de le savoir, et je ne me tourmenterai point la cervelle à le deviner.

— Bien répondu, Jacques ! Je t'avais pourtant dit : Pas de colère ! Il paraît que tu tiens à ce que je prenne mauvaise opinion de toi. Allons, calme-toi, Jacques, et parle-moi sans haine. Quel âge crois-tu que j'aie ?

— Que sais-je, moi ? Dix-huit ans peut-être.

— J'en ai quinze seulement. Et toi, quel âge as-tu ?

— Vous êtes bien curieuse !

— Et toi, bien discret.

— Pourquoi m'en cacherais-je ? j'ai quinze ans comme vous.

— Ma foi, Jacques, on t'en donnerait tout au plus douze ; mais ce n'est point ta faute, et sois tranquille, il en est temps encore, la force te viendra. — Ne fronce pas le sourcil, prends patience, et écoute-moi. Aussi bien c'est ton devoir de le faire. En m'accordant si généreusement dix-huit ans, tu m'as reconnue ton aînée. C'est à ce titre d'aînée que j'ai cru, bien à tort sans doute, te voyant là seul comme un oiseau souffrant égaré loin du nid, avoir le droit de t'interroger ; mais puisque tu veux que je parle la première, répète-moi ta question de tout à l'heure, Jacques, et je te répondrai.

Tout cela était dit d'une façon si gentille et si douce, il y avait tant de grâce et tant de bonté sous cette légère moquerie que je me sentis complétement désarmé. — Mademoiselle... balbutiai-je. J'aurais voulu lui témoigner mes regrets de ma conduite à son égard, mais c'est en vain que

2.

j'essayai d'en dire davantage ; l'émotion me coupait la parole, et je me contentai de lever sur elle mon regard attendri. Sans doute elle comprit mon embarras, car venant à mon aide, elle exprima mes pensées mieux que je n'aurais su le faire.

— Oh, ne crains pas que je m'abuse sur tes sentiments ! je te connais bien, Jacques, me dit-elle. Non, tu n'es pas méchant, tu n'es que malheureux !... Tiens, en ce moment même, tu souffres de quelque peine que tu voudrais garder secrète. Pourquoi ces regards inquiets? Qui crains-tu donc de voir venir?... Rassure-toi, Jacques ; je suis là, moi, je te cacherai si l'on te poursuit, je te défendrai si l'on t'attaque ; et je te montrerai que ce n'est pas une mauvaise affaire que d'avoir pour soi la Rosinette !... Tu soupires, tu sanglotes, tu ne veux rien me dire?... Eh bien, tu me conteras la cause de ce gros chagrin tout à l'heure.

— Pour le moment, reprit-elle en souriant après une minute de silence, je dois répondre à ta question touchant ma présence ici. Ce sera l'affaire d'une seconde. Tu n'es pas, Jacques, sans avoir plus d'une fois rencontré la petite Catherine Moussu, notre gardeuse de dindons. C'était une bonne petite fille, et qui travaillait bien. Malheureusement elle a quitté notre service hier pour entrer comme laveuse de vaisselle dans un restaurant de Montmirail. Je crois qu'elle aurait mieux fait de rester chez nous ; mais elle gagnera dans son nouvel emploi dix écus de plus par an ; et, dame ! pour ses parents qui ne sont pas riches, dix écus de plus, c'est toute une somme. La pauvre chère enfant a beaucoup pleuré du regret de nous quitter ; elle s'était prise d'affection pour nous, pour notre maison, surtout pour ses ouailles ; et c'est dur de laisser là tout ce que l'on aime. Ah ! c'était pour elle un grand crève-cœur. A la fin pourtant, son père étant là qui l'attendait à la porte de la ferme dans une méchante carriole d'emprunt, force fut à Catherine de se décider à partir. Elle m'a demandé la permission de m'embrasser une dernière fois, puis, son paquet sous le bras, son mouchoir sur ses yeux, elle est montée dans la voiture qui s'est mise en route. Voilà nos dindons sans leur Catherine. Il faut espérer que nous trouverons promptement quelqu'un pour la remplacer. En attendant, c'est moi qui remplis son office. J'ai confié la direction du ménage et de la cuisine à la bonne Gertrude, notre vieille et dévouée servante, qui s'entend à ces choses au moins aussi bien que moi. Nos autres domestiques ont leur besogne à faire. De cette manière, tout ira pour le mieux. A la vérité, mon rôle est des plus modestes. Mais c'est moi qui l'ai choisi. Ma foi, je suis de ton avis, Jacques, vive le grand air ! La fille du fermier Jacob Renard s'est faite aujourd'hui gardeuse de dindons... Et tu vois, Jacques, comme je les garde ! fit la Rosinette en éclatant de rire.

Décidément, cette Rosinette était une fille de cœur et d'esprit. A chacune de ses paroles, je sentais grandir mon estime et mon admiration pour elle.

— Et voici l'insigne de mes fonctions, continua-t-elle en poussant du pied une longue gaule qu'elle avait déposée sur l'herbe en compagnie d'un joli petit panier d'osier. — Que dis-tu de cela ? fit-elle avec un nouvel éclat de rire. N'est-ce pas une bonne gaule à garder les dindons ?... Il est vrai que depuis une grande demi-heure je ne m'en occupe guère, mais va, Jacques, ne te mets pas d'inquiétude en tête pour cela. Je retrouverai certainement tout mon bétail à deux pattes, picorant et gloussant que ce sera merveille. Ayant besoin, pour mes travaux de couture, de différents objets qui nécessitaient une visite à la mercière, j'ai laissé le troupeau dans la grande pièce de chaume d'avoine qui s'étend là-bas, derrière cette oseraie, au bout de la prairie. On a fauché la récolte un peu tard, c'était trop mûr, et c'est tout grain sur la terre ; les bonnes bêtes s'en donnent à cœur-joie. J'ai donc couru jusqu'au village en suivant cette vieille sente qui me paraissait être le chemin le plus court ; et c'est à mon retour seulement que je t'ai vu couché là, sur le bord de la rivière. Maintenant te voilà renseigné, Jacques. Je te remercie de l'attention que tu m'as prêtée. Tu m'as écoutée sans m'interrompre et sans témoigner d'impatience, ce qui me semble indiquer que nous ne tarderons pas à devenir amis. C'est mon désir le plus sincère. A toi la parole!

Alors, sans me faire prier davantage, les yeux baissés pour dissimuler mon trouble, en quelques mots je mis la Rosinette au courant de mon aventure. Le chapitre des gendarmes descendant au galop la côte d'Hondevilliers la réjouit au possible, et je sentis s'envoler le reste de mes terreurs au bruit de ses exclamations et de ses éclats de rire.

— Ainsi, s'écria-t-elle en m'interrompant, cet affreux M. Jacob Renard, pendant que tu fuyais à toutes jambes, appelait les gendarmes pour les lancer à ta poursuite? Pauvre garçon! je comprends bien ta frayeur!... Allons, Jacques, rassure-toi; le diable n'est pas si noir qu'il en a l'air! Tu vois mon père sous un mauvais jour! Autrement tu n'aurais pas pris au tragique ses cris et ses menaces. Sois persuadé que s'il a, comme tu le crois, appelé les gendarmes, c'était pour les inviter, suivant une vieille habitude, en sa qualité de notable du village, à venir se rafraîchir à la ferme. Des gendarmes, par un temps semblable, cela peut avoir soif comme les autres hommes; et notre premier cidre de cette année, pressé de la semaine dernière, est vraiment excellent. Clair comme de l'eau de roche, il pétille dans le verre comme le bon vin blanc, et quoique fort, il est doux comme miel. — Jamais, dit mon père, on ne but cidre meilleur; cela peut s'offrir à tout le monde. — Il aura trouvé que cela pouvait s'offrir à des gendarmes. Hé! que te disais-je?... écoute... entends-tu ce bruit? Ce sont eux qui repartent; les sabots de leurs chevaux résonnent sur le pavé de la ferme... Les aperçois-tu maintenant, là-bas, qui s'éloignent?.. Ils s'en vont par Villeneuve, et reprendront ensuite la route de Rebais, la route de la caserne, contents d'avoir fini leur longue et rude tournée. Dieu les bénisse et bon voyage!

Et comme en l'entendant parler ainsi, gaiement, légèrement, je ne pouvais m'empêcher de sourire :

— A la bonne heure au moins, Jacques! fit-elle, j'aime à voir que je t'ai délivré totalement de tes craintes. Sais-tu bien que tu m'as fait une belle peur à moi-même, et que lorsqu'en arrivant ici je t'ai, sans te reconnaître tout d'abord, mis la main sur l'épaule, et que tu t'es retourné brusquement vers moi, l'air égaré, l'œil sombre, avec un cri sauvage, j'ai cru que tu t'en allais tomber en pâmoison?

— Mais aussi, continua-t-elle d'une voix plus grave, tout cela, c'est ta faute! Courir les champs et voler son prochain, est-ce donc une existence? Comment veux-tu que le public t'estime? Tu n'es pas fort, Jacques, mais tu n'es pas sot; et avec tes grands yeux noirs et tes cheveux bouclés, tu serais gentil, tu serais même beau, si tu voulais!

Jamais personne, à l'exception peut-être du père Gorgis, ne m'avait parlé de la sorte; mais le père Gorgis n'avait pas ces inflexions caressantes, cet accent pénétrant qui faisait du langage de la Rosinette quelque chose comme une chanson, une belle et douce chanson qui charmait les oreilles et qui gagnait les cœurs. Il y avait bien, à la vérité, par-ci par-là, dans tout ce que me disait la fille de Jacob Renard, des mots que je n'avais jamais entendu prononcer, des expressions dont je ne connaissais pas la signification exacte, et je ne m'étonnais plus, en l'écoutant parler, qu'elle passât pour savante dans la vallée; seulement, comme si mon intelligence se fût éveillée tout d'un coup, je comprenais même ces mots-là, j'en saisissais le sens aussi pleinement que de ceux du terroir, et la pensée de la Rosinette m'apparaissait dans toute sa grâce, toute sa force et toute sa clarté.

J'écoutais donc en silence, toujours assis dans l'herbe et la tête appuyée sur les mains, approuvant dans mon for intérieur les reproches que me valaient en ce moment les erreurs de ma vie passée et bénissant dans mon âme la bouche adorable qui me les adressait. De son côté, la Rosinette, me voyant lui prêter une attention émue, paraissait jouir de son succès lorsque tout à coup s'interrompant :

— Vraiment, reprit-elle sur un autre ton, je suis folle, mon pauvre enfant, de te sermonner quand depuis si longtemps tu meurs de faim et de soif.

Alors, ouvrant son panier, elle en tira du pain

blanc et des poires magnifiques; puis, s'asseyant à deux pas de moi sur l'herbe :

— Là! voici le couvert mis, Jacques; nous allons goûter ensemble.

Et comme je voulais m'excuser, prétendant que je n'avais plus ni faim ni soif :

— Si tu ne romps point le pain avec moi, méchant enfant, fît-elle, je croirai que tu m'en veux de mes histoires et de mes sermons.

Je ne trouvai rien à répliquer et me soumis de bonne grâce. J'en fus récompensé le mieux du monde, car tandis que s'exerçaient mes quenottes, ces bonnes petites croqueuses de pommes du voisin, l'appétit me revint, un appétit formidable, et comme le pain était frais et les fruits excellents, je fis un repas délicieux.

— J'espère que cela va mieux, me dit la Rosinette en me voyant avaler la dernière bouchée. C'est agréable, n'est-ce pas, Jacques, de manger ainsi? on ne craint pas de casser les assiettes. Maintenant, voyons si tu pourras marcher. Allons, Jacques, lève-toi.

Je me levai sans trop de peine, mais ce n'est

qu'en boitant et en traînant la jambe comme un malheureux, que je parvins à faire quelques pas.

— Il faut pourtant, me dit la Rosinette après avoir réfléchi quelques instants, que tu tâches de regagner à pied la route de Saint-Cyr à la sortie de Sablonnières. Je ne puis te porter comme un bambin sur mes épaules. Fais donc ton possible pour marcher jusque-là. Prends par les prés ; ce sera pour toi le plus court et le meilleur. Une fois à l'endroit que je t'indique, tu n'auras plus à t'occuper du reste. Claude Séguin, notre second charretier, doit justement cette après-midi conduire trois sacs de blé de semence au boucher Cadichon. Il est là-bas qui coupe du fourrage à côté de la pièce de chaume d'avoine où j'ai laissé mon troupeau, je vais le prévenir de ce qui t'arrive ; c'est un bon garçon ; il te laissera monter dans sa voiture ; et tu pourras ainsi regagner ton village sans nouvelle fatigue et sans nouvel encombre.

Je ne savais comment remercier cette excellente demoiselle de ses amitiés pour moi.

— Bon! va, va! dit-elle. Au revoir, Jacques ; il

est grandement temps que je retourne à mes dindons.

Et ramassant sa gaule et son panier, elle partit en courant. Je la regardais, tout ému, s'éloigner gracieuse et légère. — Mais va donc, Jacques, courage! — me cria-t-elle en se retournant; puis elle reprit sa course et bientôt disparut derrière l'oseraie qui bornait la prairie. — Il y a vraiment des cœurs généreux sur la terre! pensai-je en soupirant.

Enfin, m'armant de courage, je partis à mon tour, et malgré la souffrance, moins d'un quart d'heure après, j'arrivais à l'endroit que la Rosinette m'avait désigné.

Au même instant, la charrette de Jacob Renard débouchait du village; mais je ne fus pas peu surpris quand, plongeant mon regard sous la bâche qui la recouvrait, je reconnus, serrant les rênes de sa main gauche, et tenant comme un sceptre un fouet dans sa main droite, la fille du fermier elle-même.

IV

— Ma foi, c'est moi! dit-elle en arrêtant son cheval. Allons, monte!

Tant bien que mal je réussis à me hisser jusque sur le timon de la voiture et de là gagnai l'intérieur où je pris place à côté de la Rosinette.

— Oui, reprit-elle quand elle me vit bien installé sur la botte de paille qui lui servait de siége, j'ai pensé qu'il valait mieux — hue donc, Rougeaud! — charger Claude Séguin d'une autre besogne et ne point le mettre au fait de ton aventure. Quant aux dindons, je les ai ramenés à leur basse-cour repus et satisfaits. Un plus long séjour dans le chaume d'avoine leur aurait été plus nuisible qu'utile. Il est d'ailleurs à craindre que nous n'ayons de l'orage dans la soirée. Vois-tu, Jacques, ces nuages noirs qui montent là-bas, au-dessus de la butte de Doue? C'est, si je ne me trompe, de la pluie pour tantôt.

— Vous pourriez bien avoir raison, répondis-je en regardant le point du ciel qu'elle m'indiquait du bout de son fouet. Ces nuages-là, mademoiselle, continuai-je tout étonné de ma hardiesse et de ma loquacité, m'ont tout l'air de vouloir vous gâter le chemin pour votre retour, et peut-être bien vous repentirez-vous alors de vous être mise en voyage à cause de moi.

— Eh! qui te dit, Jacques, que je me suis mise en voyage à cause de toi? M. Cadichon réclamait le blé de semence qu'il avait acheté l'autre jour à mon père; il fallait bien que quelqu'un le lui conduisît. Autant moi qu'un autre. Il se trouve en outre qu'une des demoiselles Baberlot — nos cousines, comme tu sais — est un peu malade; je ne suis pas fâchée d'avoir cette occasion de lui rendre visite. Et puis, ne comptes-tu pour rien le plaisir de sortir un peu de mon village, et de parcourir, sans fatigue, au pas d'un bon gros cheval tranquille comme Rougeaud, notre charmante vallée du Petit-Morin? Est-ce que ce n'est pas amusant au possible de s'en aller ainsi, regardant la campagne, respirant l'air, un peu chaud aujourd'hui, j'en conviens, et de se dire qu'après tout, sans prendre beaucoup de peine, on fait œuvre utile, et que, le soir venu, l'on n'aura pas à regretter d'avoir perdu sa journée? Je te jure bien, Jacques, que je suis en ce moment joyeuse, très-joyeuse même, et que les grands vilains nuages noirs de là-haut ne m'empêcheront pas, quoi qu'ils fassent, de me féliciter dans le fond de mon cœur d'avoir entrepris ce voyage.

En achevant ces mots, elle allongea de sa main mignonne un petit coup de fouet à Rougeaud, fit claquer les rênes l'une contre l'autre, et se mit à contempler le paysage pendant que je réfléchissais dans mon coin.

Si tu ne connais point la vallée du Petit-Morin, Pierre, je te conseille en ami d'aller la visiter quelque jour ; c'est, au dire de beaucoup de gens qui se prétendent connaisseurs, une Suisse en miniature ; je ne sais ce que cette opinion peut avoir de fondé, n'ayant point visité la Suisse ; et je me borne à dire que c'est une contrée que j'aime, non-seulement parce que j'y suis né, parce que j'y ai grandi, parce qu'enfin c'est mon pays, mais aussi, je crois, à cause des aspects variés et pittoresques qu'elle présente, tableaux charmants dont le souvenir est là toujours vivant dans mon âme, et qu'aimait tant la Rosinette !

— Tu dois me trouver très-bavarde, reprit tout à coup ma conductrice en se tournant vers moi, le visage souriant ; moi, je te trouve très-silencieux, c'est pourquoi je tâche de t'égayer la route. Dis-moi, Jacques, souffres-tu beaucoup de ta fatigue ?

— Oh non, mademoiselle.

— Eh bien alors, pourquoi cet air triste ? Serais-tu, par hasard, mécontent de toi-même ?

Et comme je baissais la tête sans répondre :

— Jacques, mon ami Jacques, fit-elle d'un ton de douce gronderie qui m'alla droit au cœur, si vous ne vous mettez à sourire bien vite, je serai, moi, mécontente de vous.

— D'abord, pour commencer, continua-t-elle gaiement, fais-moi le plaisir, toi qui te plais tant à courir la campagne, de contempler un peu ces champs et ces bois? As-tu déjà remarqué, Jacques, combien tout cela est beau? Et puis, quelle activité merveilleuse! Nous ne sommes pourtant plus au printemps. N'importe, c'est encore partout le mouvement, partout c'est la vie. Là-bas, c'est la rivière qui coule, entends-tu le tic-tac des moulins? Dans les prés, c'est l'herbe qui pousse ; entends-tu crier l'outil du faucheur? Là-haut, dans la côte, le raisin mûrit ; bientôt on fera les vendanges! Maintenant, vois-tu cet attelage qui grimpe dans la pente? Les bons chevaux, n'est-ce pas? Sont-ils assez francs du collier? et comme ils tracent leur sillon droit! Derrière la charrue s'abattent les corbeaux qui font la chasse aux vers blancs. Demain, la terre sera prête, le semeur pourra venir, et le grain germera! — Je m'exprime mal, ami Jacques, mais ce spectacle, j'en suis sûre, te dit comme à moi quelque chose ; tu sens, tu comprends, comme moi, que la nature, l'homme, l'animal, l'oiseau, l'insecte même, cha-

3.

cun remplit sa tâche, chacun fait son œuvre, et je n'en doute pas, Jacques, tu feras la tienne.

— Mais, mademoiselle, que voulez-vous que je fasse ? qui voudra de moi pour serviteur ?

— Ce que je veux que tu fasses ? — me demanda la Rosinette. Elle eut l'air de réfléchir un moment, puis d'une voix franche, avec un frais éclat de rire : — Eh ! garde nos dindons, dit-elle.

Et comme je demeurais tout étonné : — Écoute, reprit-elle. Je viens de te faire à l'improviste une proposition. Je ne la renouvellerai point, mais je te prie de la considérer comme sérieuse. Si tu consens, c'est bien, dis-le-moi ; je préviendrai ta mère tout à l'heure, et s'il ne survient de sa part aucun empêchement, ce sera chose faite. Tu prendras quelques jours de repos pour te remettre de tes fatigues et de tes émotions d'aujourd'hui ; il faudra d'ailleurs à ta mère le temps de raccommoder tes effets, de mettre en ordre tes petites affaires ; puis, ton paquet sous le bras, tu viendras trouver mon père. Nous sommes au jeudi, tu pourrais entrer chez nous lundi prochain. Quant à tes gages, dame ! je crains bien qu'ils ne soient pas très-élevés, surtout dans les commencements ; mais cette vie-là, Jacques, quelque minime que soit ton gain, vaudra toujours bien mieux, crois-moi, que ta vie vagabonde. Cela te convient-il ?

— Oh oui, beaucoup, mademoiselle ; mais, vous n'y songez pas, que dira votre père ?

— J'y songe au contraire, et même, je te l'avoue, cela m'ennuie un peu d'avoir à combattre les objections qu'il ne manquera pas de me présenter ; seulement, je plaiderai ta cause, et sois tranquille, Jacques, je la gagnerai.

Nous avions alors dépassé le village d'Orly, et nous nous rapprochions de celui de Saint-Ouen. Rougeaud, grâce à deux ou trois petits coups de fouet dont l'avait cinglé sa maîtresse, avait pris une allure plus vive ; encore vingt minutes de ce train, et nous arriverions à Saint-Cyr, à Saint-Cyr où m'attendait ma mère. Que dirait la brave femme et quel ne serait pas son étonnement en me voyant revenir en compagnie de la fille de Jacob Renard ? Et puis comment allait-elle accueillir la proposition de la Rosinette ? S'en montrerait-elle heureuse ou fâchée? Se mettrait-elle à rire ou bien à pleurer? Telles étaient mes préoccupations et je demeurais immobile et silencieux; pendant que ma conductrice continuait de promener ses regards sur la campagne, tout en activant de la voix la marche de son cheval.

— Décidément, les hirondelles volent trop bas, se prit à dire la fille du fermier, nous aurons de la pluie.

Levant machinalement les yeux, je vis que les taches noires de tout à l'heure s'étaient élargies et que d'autres gros nuages sombres montaient dans l'air de tous les points de l'horizon.

— Oui, répétai-je distraitement, nous aurons de la pluie.

— Bah! qui sait? fit-elle.

A peine avait-elle exprimé ce doute que, comme pour lui donner raison, le vent s'éleva de l'ouest, brusque, violent, impétueux, un de ces vents qui chassent devant eux les nuées avec une telle furie et de tels sifflements qu'on croirait voir passer dans le ciel des troupeaux affolés. De seconde en seconde, des éclairs, rapides comme des coups de fouet, luisaient dans l'espace. La poussière volait en tourbillons, les arbres s'inclinaient jusqu'à terre. Le tonnerre grondait de tous côtés. Roulements et sifflements se confondaient. Pourtant, pas une goutte d'eau. C'était à la fois émouvant et terrible.

Un moment, au passage du gué — car en ce temps-là les ponts du Petit-Morin n'étaient pas aussi communs qu'aujourd'hui, — Rougeaud, ce bon vieux serviteur si tranquille, aveuglé par la poussière et par les éclairs, prit peur, frémit sur ses jarrets, fit mine de se cabrer, et faillit nous entraîner au fil de la rivière. Je regardai la Rosinette; elle était calme et souriait.

— A la bonne heure ! me dit-elle en lançant un vigoureux coup de fouet au cheval, et en m'indiquant ensuite le firmament, cela balaie !

— Vois-tu, Jacques, continua-t-elle quand nous eûmes traversé ce mauvais pas, il en est du temps comme de nous-mêmes; s'il suffit d'un nuage, d'une tache, d'un rien, pour l'assombrir, il suffit aussi d'une bourrasque pour le rasséréner. Avant cinq minutes, le ciel sera redevenu bleu.

En effet, le vent se calmait ; presque aussitôt la tempête s'apaisa. Les dernières nuées, si lourdes à l'œil qu'elles parussent, emportées comme des lambeaux d'une gaze légère, s'éloignèrent rapidement derrière les hauteurs de Boitron et d'Hondevilliers, et dans le firmament balayé, pour employer l'expression de la Rosinette, nous revîmes le soleil, le clair et beau soleil, ce doux ami du laboureur, qui commençait, las de sa course, à descendre vers le couchant.

En ce moment nous entrions dans Saint-Cyr.

— Je suis contente de toi, Jacques, me dit la Rosinette. Tout à l'heure, pendant que Rougeaud se cabrait, je t'observais du coin de l'œil ; tu n'as point pâli ; j'ai vu que tu n'étais pas poltron, cela m'a fait plaisir.

Puis, changeant de ton :

— Ainsi, c'est entendu, dit-elle, tu seras, si ta mère y consent....

— Votre gardeur de dindons, oui, oui ! fis-je en l'interrompant.

— Et tu ne regretteras rien ? C'est pourtant beau, la liberté !

— Oh! mademoiselle, m'écriai-je, comment voulez-vous que je pense à regretter quelque chose quand j'aurai le bonheur de vivre auprès de vous?

J'en suis encore à me demander par quel prodigieux hasard une semblable réponse, tout naïvement dite qu'elle était, put me venir à l'esprit. Au reste la Rosinette ne s'en fâcha pas le moins du monde.

— Voyez-vous ça! fit-elle. Mais sais-tu bien, Jacques, que c'est, ma foi, très-gentil ce que tu viens de me dire là?

En causant ainsi, nous étions arrivés à la hauteur de la maison de ma mère; un instant je crus que nous allions la dépasser, mais c'était une mauvaise pensée, et je dus rendre cette justice à la fille du fermier que pour aimer beaucoup à jaser, elle ne laissait point d'être toujours prévenante et toujours attentive. Elle arrêta son cheval, me passa les guides, et, la main appuyée sur le timon de la charrette, sauta légèrement à terre.

— A ton tour, me dit-elle en allant prendre le cheval à la bride.

Mais je n'eus pas besoin de sauter. Au bruit de la voiture qui s'arrêtait devant sa pauvre demeure, ma mère avait ouvert sa porte; et, tout effarée de surprise et d'inquiétude, voyant que j'éprouvais quelque peine à descendre, elle accourut me prendre et m'emporta d'un bond jusqu'auprès de l'âtre dans ses bras. La chose s'était faite si vivement que je n'avais pas eu le temps de protester. D'ailleurs, mes protestations n'auraient servi de rien; on me ramenait à la maison dans une voiture : il fallait qu'il me fût arrivé malheur.

Heureusement la Rosinette nous avait suivis. En quelques mots, elle mit ma mère au fait de ce qui s'était passé, puis, d'une façon tout aimable, toute caressante, toute gentille, lui fit part de notre convention, lui demandant comme une faveur de vouloir bien la ratifier de son acquiescement.

En l'entendant parler, ma mère, qui d'abord l'avait regardée d'un air de mauvaise humeur, ne savait plus quelle attitude prendre. Je la vois encore, joignant les mains et, dans son étonnement, laissant échapper des : Serait-il possible ?

des : Jésus mon Dieu ! Enfin, quand la fille de Jacob Renard eut achevé son offre, elle voulut se précipiter à ses genoux, lui demandant pardon d'avoir douté de son cœur et de celui de son père, lui baisa les mains comme on le ferait à une sainte du Paradis, et s'écria : — J'accepte ! en pleurant d'un œil et en riant de l'autre.

— Oui, j'accepte, reprit ma mère en m'embrassant à mon tour. Cela me peinera, je le sais, de ne plus l'avoir là, près de moi ; cela me peinera beaucoup. Vous me direz peut-être, mademoiselle, qu'il rôdait tout le jour ? c'est vrai, mais je pouvais l'embrasser quand il rentrait le soir. Enfin, n'importe, c'est entendu, ma bonne demoiselle ! Je vois bien que ce que vous lui proposez là, ce n'est que pour son bien.

La Rosinette fit alors observer à ma mère qu'elle n'entendait point la priver de son unique bonheur qui était de me voir. — Il vous sera toujours permis, lui dit-elle, de venir trouver Jacques à la ferme ou dans les champs ; mon père n'y verra rien à redire. De son côté, Jacques pourra venir passer son après-midi du dimanche auprès de vous. C'est bien le moins que nous puissions faire, de lui donner quelques heures de congé chaque semaine. De cette manière tout s'arrange, et tout le monde sera content.

Ceci dit, elle consulta du regard notre vieille horloge, vit qu'il était cinq heures, exprima ses regrets à ma mère de la quitter si vite, s'excusa sur le peu de temps qui lui restait pour faire ses commissions et rentrer à la ferme avant la nuit; puis, se tournant de mon côté, me conseilla jusqu'au lundi suivant le coin du feu, le repos absolu, la tranquillité complète; après quoi, me jetant un : Au revoir, Jacques! des plus gracieux, toujours charmante, toujours légère, elle partit.

V

Le lundi suivant, ainsi qu'il avait été convenu, mon paquet de linge emmanché d'un bâton posé sur mon épaule et l'estomac lesté d'une bonne assiettée de soupe chaude que m'avait apprêtée ma mère, je me mettais en route pour Sablonnières dès les premières clartés de l'aube. Il faisait beau : l'air était doux ; des buées de fraîcheur flottaient à la surface des prés. C'était un bon temps pour voyager. Un grand silence, ce silence qui se fait aux approches du matin dans cette saison, régnait encore dans la vallée. C'est à peine si, de loin en loin, quelque alouette réveillée par le bruit de mes pas osait jeter sa note indécise dans ce calme profond et religieux de l'heure douce et mystérieuse qui précède l'aurore. J'allais gaillardement, et cependant, sans trop savoir pourquoi, je me sentais ému. Vingt fois, malgré ma paresse habituelle, j'avais eu l'occasion de voir ces choses, et jamais elles ne m'avaient causé le moindre trouble ni la moindre impression. Maintenant le souvenir des paroles de la Rosinette se représentait à mon esprit : — L'homme, l'animal, l'oiseau, l'insecte même, chacun fait son œuvre, — et je me disais que bientôt tout dans la nature allait se réveiller. Quelques étoiles luisaient encore dans les profondeurs du ciel, mais à mesure que j'avançais je les voyais pâlir et s'éteindre. En même temps la campagne s'éclairait et s'animait ; chaque objet reprenait sa nuance naturelle ; mille bruits s'élevaient ; c'était le réveil, le grand réveil, et quand j'arrivai devant la ferme de Jacob Renard, le soleil apparut tout à coup au-dessus des grands bois, lançant ses milliers de flèches d'or dans notre belle vallée.

Avant d'entrer chez le fermier, je voulus reprendre haleine ; et déposant à terre mon paquet de linge et mon bâton, je m'assis sur une borne au coin de la porte charretière déjà toute large ouverte. Ce n'était point, Pierre, comme tu pourrais être tenté de le croire, un sentiment d'hésitation ou de crainte qui me faisait m'arrêter là; non, je me sentais au contraire rempli de confiance et de courage. Si mauvaises que fussent les dispositions de Jacob Renard à mon égard, j'avais l'absolue certitude que ma demande trouverait dans sa fille un éloquent et victorieux appui. Donc, je n'avais point peur. Seulement, je voulais paraître devant eux avec tous mes avantages; et c'est pourquoi, tout en regardant monter le soleil, je me mis en devoir de lustrer ma casquette avec ma manche, de m'essuyer le visage avec mon mouchoir, et d'épousseter ensuite, à l'aide du même objet, ma belle et brillante paire de sabots battant neufs.

J'en étais à ce dernier point de ma toilette lorsque vint à sortir, escorté de ses deux bons chiens de Brie, le berger Bonhommet qui s'en allait aux champs suivi de son troupeau.

Ce Bonhommet, qui passait pour sorcier, et

qui pour toute sorcellerie possédait de l'intelligence et du bon sens, avait été jadis un des amis de mon père. Je ne fus point fâché de le rencontrer.

— Ah ! diable ! mon garçon, tu t'es levé matin que te voilà sitôt ! fit-il en me reconnaissant.

— J'aurais voulu parler à M. Jacob Renard, lui répondis-je.

— Eh bien, entre, mon garçon, fit-il en s'éloignant. On est toujours le bienvenu chez le maître quand on apporte de l'argent.

Bonhommet, qui de longue date connaissait notre situation vis-à-vis du fermier, supposait naturellement que ma mère m'avait envoyé trouver Jacob Renard pour lui remettre un à-compte. Comme il n'en était rien, la réflexion du berger me fit l'effet d'une douche d'eau froide. Mais cette mauvaise impression s'effaça vite ; et ramassant mon paquet et mon bâton, je m'engageai résolument sous la grande porte charretière dont la voûte sombre était — je vis cela d'un clin d'œil — toute garnie de nids, et retentissait de bruits d'ailes et de pépiements d'oiseaux.

Dans la cour de la ferme, malgré l'heure matinale, tout était en mouvement. Le premier charretier, Guillaume Girardin, surnommé le grand Guillaume, montait sur son cheval favori, le Normand, une bête magnifique, pour s'en aller rejoindre sa charrue au bout du champ où il l'avait laissée. Claude Séguin s'occupait sous la remise d'atteler Rougeaud à une paire de herses. Les fléaux des batteurs résonnaient dans la grange. On entendait glousser les poules, bêler les agneaux, beugler les vaches, crier les gens. — Ohé! Zabeth, disait Gertrude, la vieille servante, donnez à boire aux veaux! — Eh! dis donc, Claude, faisait le grand Guillaume, en route, s'il te plait!

Ce brave Claude, ayant eu le malheur de s'attarder la veille à quelque fête des environs, ne paraissait pas encore bien éveillé; des brins de paille et de foin étaient mêlés à ses cheveux un peu rouges; et c'était vraiment pitié de le voir se cacher derrière sa bête pour bâiller et se frotter les yeux. De se remettre au travail, cela lui semblait dur; la chose n'était pourtant que juste : après le plaisir, la peine!

— Allons donc, Claude ! fit à son tour Gertrude.

Petite, mais alerte comme une fillette, Gertrude, la femme de confiance, allait, venait, courait, surveillait tout, s'occupait de tout, et secondait admirablement pour les travaux du ménage et de la laiterie sa jeune maîtresse dont elle avait été la nourrice, et qui l'aimait comme une mère.

Quant au maître, debout sur le seuil de la salle commune, un bonnet de soie noire sur la tête, il suivait de l'œil les mouvements de tout son monde, maugréant et frappant du pied pour le moindre retard, la moindre perte de temps. Un instant je crus qu'il s'en allait venir prendre Claude par les oreilles pour le conduire ainsi jusqu'à son champ, mais ce mouvement de colère ne dura que ce que dure un éclair ; et je vis sa figure ridée, fatiguée, s'illuminer d'un sourire lorsque, s'élançant d'un bond sur sa monture, Claude Séguin, tout effaré, sortit de la cour, en compagnie du grand Guillaume, qui, laissant baller ses longues jambes jusqu'à terre, pressait le pas de son gros Normand et bourrait avec soin

sa pipe, en riant, lui aussi, comme rient les gens
que l'expérience a rendus sages, doucement et
silencieusement.

J'avais suivi cette scène avec une telle attention que maintenant encore, rien que d'y songer, je la revois jusque dans ses moindres détails. Les charretiers qui partent ; Gertrude qui va, vient, court, appelle ; le fermier qui surveille, examine ; les fléaux qui tombent et retombent en cadence sur l'aire de la grange ; les vaches qu'on abreuve, les coqs qui chantent, les poules qui picorent, les pigeons qui roucoulent, les moineaux qui pépient ; et la ferme elle-même avec ses grands bâtiments mal construits, la ferme qui, vieille et grise, paraît fraîche et coquette à force d'être bien tenue... tout est là, Pierre, dans ma mémoire, c'est-à-dire dans ma tête et dans mon cœur... oui, tout est là.

Une seule figure manquait à ce tableau ; c'est en vain que je la cherchais du regard, mais j'aurais juré qu'elle n'était pas loin.

En effet, comme les charretiers venaient de s'éloigner, j'entendis sortir de la salle commune,

4

dont les fenêtres étaient toutes grandes ouvertes, quelque chose qui ressemblait au gazouillement d'un rossignol, et je me sentis le cœur rempli d'espérance et de joie, car dès la première note j'avais reconnu le chant de la Rosinette.

VI

Cependant le fermier, qui jusqu'au départ de ses charretiers n'avait pas fait mine de se douter de ma présence, s'était mis ensuite à me considérer curieusement tandis que de mon côté je l'observais à la dérobée tout en me dirigeant vers lui. Un examen en partie double. — Attention là, Jacques ! me disais-je, c'est le moment, ou jamais, de bien te tenir ! Mais j'avais beau m'adresser les plus pressantes exhortations, je ne pouvais m'empêcher de penser que la physionomie de mon futur maître était narquoise et rébarbative au possible. C'était plus fort que moi : ce que c'est pourtant que d'avoir une faute sur la conscience ! Le père de la Rosinette, au haut de son perron, avec sa taille ramassée et sa petite tête grisonnante, penchée en avant, sur ses épaules encore robustes, me faisait l'effet d'un de ces dogues terribles qui vous montrent en grondant leurs grosses dents blanches lorsque vous venez à passer devant leur niche. — Tu n'entreras point chez moi ! semblait-il me dire ; et sentant son attention fixée sur ma chétive personne, je me voyais à chaque pas perdre un peu de ma force et de mon assurance.

A l'intérieur de la maison, la Rosinette, qui ne me savait point encore arrivé, rossignolait toujours. Soudain elle se tut : son père brusquement venait de m'adresser la parole.

Je n'étais plus, je m'en souviens, qu'à douze ou quinze enjambées du fermier lorsqu'il m'interpella.

— Eh, eh mais ! s'écria-t-il d'un ton moitié plaisant moitié bourru que je trouvai formidable, je crois, en vérité, que c'est cet audacieux petit coquin de Jacques, mon aimable voleur de pêches ! Arrive ! arrive ! Avance à l'ordre !

Pour le coup je n'osai plus mettre un pied

devant l'autre. Ces mots de *voleur*, d'*avance à
l'ordre !* m'avaient en quelque sorte terrifié. La
tête baissée, les yeux machinalement cloués sur
la pointe de mes sabots, je demeurais là, tout
défait, au milieu de la cour, pétrissant d'un air
gauche dans ma main droite ma casquette qui
n'en pouvait mais. C'est en vain que je cherchais
à rappeler mon courage, en vain que je me trai-
tais de petit animal stupide : ma tentative de vol
se représentait à mon esprit sous les couleurs les
plus sombres et dans les proportions les plus
effrayantes : j'étais, pour sûr, un grand criminel,
et Jacob Renard, ce vénérable propriétaire que
j'avais voulu léser, se dressait devant moi comme
un terrible justicier ; bref, j'avais honte, j'avais
peur, et ce qui peut-être au fond, je le confesse,
me touchait le plus et me faisait le plus de peine,
c'était de voir s'en aller comme à vau-l'eau, mes
beaux rêves de sagesse et de travail auprès de la
Rosinette ; ce qui me désolait, c'était le sentiment égoïste de la perte de mes espérances. Je
crois, Dieu me pardonne ! que j'aurais eu la
lâcheté de rebrousser chemin, si dans cet instant

4.

douloureux un petit accès de toux, que je pris pour un signe d'encouragement, ne s'était fait entendre au-dessus de ma tête, à l'une des fenêtres de la maison. Un coup d'œil jeté rapidement de ce côté me permit d'entrevoir, dans un rayon de chaude lumière qui traversait la grande salle, la toute gracieuse image de ma jeune protectrice. Ce ne fut qu'une apparition de moins d'une seconde; cependant cela me suffit, je me sentis renaître.

— Ah çà! Jacques, reprit le fermier qui s'amusait, paraît-il, beaucoup de mes lenteurs, qu'as-tu donc à regarder ainsi derrière toi? Serais-tu, par hasard, cousin ou petit-cousin du chien de Jean de Nivelle que je te trouve prêt à te sauver chaque fois que je t'appelle?

Évidemment, pour me parler de cette façon badine, il fallait que mon justicier ne fût pas de bien méchante humeur contre moi. La vue de la Rosinette m'avait déjà ranimé; mais après cette plaisanterie du fermier, ce qui subsistait encore de mon émotion disparut; je me retrouvai dispos, calme, vaillant, et prêt à me railler de mes terreurs passées, comme font les matamores quand la certitude complète de l'absence de danger les a ragaillardis.

— Avance donc, poltron ! me dit Jacob Renard en continuant. Tu viens pour me parler, sans doute ? Eh ! que diable, parle ! on ne te mangera pas. Seulement je te préviens que si tu vas rôder autour de mon verger, tu n'y trouveras plus ton fruit favori, mon bonhomme ! j'ai fait ma cueillette jeudi, sur le coup de ton escapade ; cueillette générale ! Et bien m'en a pris, ma foi ! car sans cela, pêchers, poiriers et pommiers, le vent qu'il a fait ce jour-là, me les aurait tous gaulés et regaulés de la plus belle façon. Tu m'as rendu service, Jacques, oui vraiment, grand service. Permets que je te remercie.

Et sur cette dernière phrase, qui sans doute lui parut drôle, Jacob Renard, partant d'un éclat de rire qui n'en finissait plus, me tendit sa main droite, une main sèche et calleuse, dans laquelle, en riant aussi, je m'empressai de poser la mienne.

Je compris alors que la Rosinette ne s'était

peut-être pas éloignée de la vérité lorsque l'autre jour, se récriant à propos de mes craintes, elle m'avait engagé joyeusement à ne pas croire le diable si noir qu'on le disait. Ce vieillard pouvait être sévère, et même, de prime abord, paraître un peu dur ; mais pour méchant, il ne l'était pas. Que ses traits rudement dessinés, ses sourcils froncés, sa bouche pincée indiquassent l'homme âpre au gain, de même que ses mains calleuses l'homme courageux à la tâche, c'était une chose de toute évidence ; seulement, il ne faisait en cela que ressembler à la plupart d'entre nous, paysans de race, qui chérissons d'autant plus notre bien que nous savons nous donner plus de mal à le gagner. Un bon physionomiste, d'ailleurs, n'eût point manqué de remarquer que si chez Jacob Renard les lèvres étaient minces, le sourire était doux. Il y avait, par instants, dans cette figure de vieux fermier retors, je ne sais quoi de rayonnant et de fier qui ressemblait à s'y méprendre, à la joie du devoir accompli. A le voir ainsi, debout sur son perron, petit de taille, un peu voûté, mais l'air tout brave, tout allègre, visant au bonhomme, on devinait le travailleur enrichi, le lutteur satisfait.

Jacob Renard, effectivement, n'avait pas toujours été, sous le rapport de la fortune, ce qu'il était maintenant. Longtemps sa ferme, héritage de ses ancêtres, n'avait été qu'une maison de petite culture, rapportant tout au plus au ménage qui l'exploitait ce qu'il fallait pour vivre; seulement, à force de soins et de fatigue, lui, Jacob Renard, avait amélioré les mauvais terrains et vaincu la mauvaise fortune. Toujours à l'ouvrage dès la fine pointe de l'aube, il avait été longtemps à lui-même son premier charretier, son premier faucheur, son premier batteur. A ce rude métier, il avait gagné des rides prématurées; il n'avait pas quarante ans sonnés que déjà beaucoup de gens le désignaient sous le nom de *le vieux*; mais, comme il le disait lui-même, quelques rides au front n'empêchent ni la vigueur des bras ni la vaillance du cœur. — L'important, ajoutait-il, c'est de s'enrichir; — et certes, il faut convenir que l'homme qui s'impose double, triple et quadruple tâche, l'homme qui bat, fauche, laboure et surveille en même temps, mérite bien de voir ses efforts récompensés par le succès.

Grâce à ce système économique, tandis que d'autres fermiers, ses voisins, moins actifs et moins industrieux, des matadors ainsi qu'il les appelait par dérision, végétaient ou se ruinaient, Jacob Renard avait prospéré, Jacob Renard s'était arrondi; et, dans un pays comme la vallée du Petit-Morin où la propriété se trouve divisée à l'infini, il avait eu le talent de se créer de belles pièces de terre en achetant bon an mal an quelques *loquettes* par-ci par-là. Ce côté de son caractère, je dois le reconnaître, n'était ni le plus sympathique ni le meilleur; mais il faut dire les choses comme elles sont : Jacob Renard était un finaud. Un de ses voisins, par malheur, tombait-il dans l'embarras, vite le fermier accourait : — Ce morceau-là vaut tant, disait-il en faisant sonner son argent dans sa poche, veux-tu me le céder? — On débattait quelque peu le prix, pour la forme, et l'affaire était conclue. Il faut rendre cette justice à Jacob Renard qu'il n'aurait jamais proposé d'un lopin de terre une somme dérisoire; c'était un paysan briard dans la force du terme, c'est-à-dire entendant merveilleusement ses intérêts, un finaud, je le répète; je n'ai pas dit un malhonnête homme. Le morceau dont il avait envie lui paraissait-il valoir cent écus, il en donnait tout de suite bravement soixante-dix et poussait ses offres jusqu'à quatre-vingts, non toutefois sans laisser échapper un large soupir en s'écriant que c'était folie d'acheter de la terre à ce prix-là. Bref, on signait le contrat; et même le vendeur se disait : — Un brave homme, que ce Jacob Renard! — quitte à le traiter de canaille et d'usurier le lendemain.

Voilà comment le vieux Jacob Renard était devenu riche, très-riche, si riche qu'à l'époque où j'en entendis parler pour la première fois, on disait que pour peu qu'il continuât à marcher du même train, il finirait par posséder toute la vallée — en quoi l'on exagérait beaucoup — et qu'il attrapait des ampoules à compter son argent.

Il avait du reste fait un beau mariage, et tu sauras, Pierre, que dans la culture, il n'y a rien comme une femme qui vous apporte une grosse

dot pour vous mettre en bonne voie les affaires
d'un homme. Ayant toujours quelque autre objet
en tête : un bois à défricher, des arbres à planter, des fourrages à rentrer, des comptes à régler, des grains à battre ou des bestiaux à vendre,
il ne s'était décidé que fort tard à prendre femme.
Il avait pour le moins atteint la quarantaine lorsqu'il se résolut à cette grave mesure. A cette
époque, il commençait à s'arrondir. Son mariage,
qui fit événement dans la vallée, doubla du coup
sa fortune. Comment semblable chose avait-elle
pu s'accomplir? D'une manière toute simple. Ce
vieux loup de Jacob Renard avait eu le bonheur
de rencontrer et de trouver charmante une veuve
de vingt-cinq ans, gracieuse, avenante et même
assez jolie, qui, de son côté, le voyant actif,
entreprenant et courageux, s'était sentie prise de
belle amitié pour lui. C'était la fille unique des
Baberlot-Rocherand, les richards de Boitron, et
selon ce que j'en ai entendu dire, une grande
femme brune et robuste, qui sous le rapport de
l'ordre, de l'économie et du travail, n'avait point
sa pareille à dix lieues à la ronde. La première

entrevue avait eu lieu, comme par hasard, au lendemain de la moisson des blés, chez un meunier d'Orly qui cultivait l'agréable manie de vouloir marier tout le monde. On s'était rencontré de nouveau chez le meunier, toujours comme par hasard, au lendemain de la moisson des avoines; et l'on s'était enfin épousé le jour de la Saint-Martin, jour de chômage dans la culture, les domestiques rompant ou renouvelant généralement leur bail à cette date-là.

Je me suis laissé dire que le soir des noces, après que les nouveaux époux se furent retirés dans leur chambre, une discussion, tout amicale d'ailleurs, s'était élevée entre eux au sujet des tenants et des aboutissants d'une pièce de vigne que la jeune madame Jacob Renard apportait en dot à son mari. Quoiqu'il fût un peu bien tard, — environ minuit, — on avait alors ouvert l'armoire aux titres et compulsé les actes de propriété pendant deux longues heures; puis, la question enfin résolue à la plus grande gloire de la femme, la susdite armoire avait été religieusement refermée, et l'on s'était couché.

Mais il en est probablement de cette histoire comme de tant d'autres : c'est un de ces bruits ridicules que les mauvaises langues aiment trop souvent à faire courir pour désoler les gens.

Ce qu'il y a de certain, c'est que si madame Jacob Renard, sous divers rapports, ressemblait beaucoup à son mari, elle en différait essentiellement sous certains autres. Elle savait, par exemple, se montrer douce et charitable envers le pauvre monde. Économe par principe, elle était généreuse par nature et pratiquait volontiers l'aumône. — Le bien que nous faisons ici-bas, avait-elle l'habitude de dire, Dieu nous le rendra plus tard en bonheur. — Cela n'empêchait pas Jacob Renard de l'adorer ; peut-être la trouvait-il trop donneuse ; mais il l'aimait si tendrement et si bien qu'il en était venu rapidement au point de s'associer à des actes de bienfaisance et de charité qu'il aurait certainement qualifiés de sottises et de folies autrefois. Ce vieux cœur de loup s'était attendri. Sa femme était sa joie. Jusque-là, Jacob Renard n'avait travaillé que pour lui-même ; maintenant c'était pour elle qu'il voulait prospérer, s'enrichir. — Oh! la voir un jour la plus grosse fermière du canton, pouvoir lui dire en lui montrant tous ces bois, ces prairies, ces oseraies, ces luzernières, ces champs de blé, d'orge et d'avoine que l'on apercevait de la fenêtre la plus élevée de la ferme : — Tout ce que ton regard embrasse est à toi! — pouvoir lui dire un jour cela, c'était son rêve!

Mais ce qui vint mettre le comble au bonheur de Jacob Renard, ce fut l'espoir — parfaitement justifié du reste par la taille rondelette de madame Jacob Renard — qu'il eut bientôt d'être père; et le jour où la jeune femme, ayant auprès d'elle un médecin et deux ou trois commères du voisinage, accoucha d'une jolie, jolie petite fille, on put craindre un moment pour la raison du fermier. — Non, s'écriait-il avec des rires et des baisers sans fin, personne sur la terre n'est plus heureux que moi! Oh! ma chère femme! ma belle petite fille! — Il était comme fou de tendresse et de joie.

Hélas! qui peut répondre de sa propre joie et de son propre bonheur ici-bas? A chaque seconde

un homme vient et un autre s'en va ; et la vie ne se lasse point d'éclore, et la mort ne se lasse point de faucher. Cette innocente qui venait au monde n'avait pas l'air de se douter qu'elle envoyait sa mère au tombeau ! Rien de plus vrai pourtant. Dans la nuit qui suivit la naissance de l'enfant, une complication inattendue surgit chez la mère; une fièvre ardente se déclara; la pauvre femme avait le délire, et Jacob Renard allait et venait sans savoir où ni pourquoi. Ce fut une nuit d'inquiétudes et d'angoisses. Le médecin, mandé en toute hâte, après avoir examiné la malade, hocha tristement la tête et murmura :
— Le cas est grave ! — Et il faut croire que le cas était grave, en effet, car le lendemain du jour où Jacob Renard s'était tant réjoui, Jacob Renard se désola. Sa femme était morte.

L'enfant, toute rose, criait dans son berceau; la mère, toute pâle et muette pour toujours, était étendue sur son lit : on enterra la mère, et l'on mit l'enfant en nourrice. Jacob Renard resta seul avec son chagrin.

Pendant quelque temps on put croire que le

coup qui l'avait frappé l'avait anéanti. On le voyait se promener seul, sombre, par les champs, sans but, sans raison, n'ayant de cœur à rien. Mais il n'était pas de ceux qui s'abandonnent au découragement : il se souvint qu'il avait une fille et se remit à la besogne.

Maintenant la petite fille avait grandi; elle avait atteint ses quinze ans; elle était belle et sage, active et joyeuse; et Jacob Renard l'aimait et lui obéissait. Elle lui rappelait, par sa grâce et par sa bonté, la compagne qu'il avait perdue. C'était son amour et sa consolation. Elle et sa ferme se partageaient sa pensée. Il n'y avait pour lui que deux choses au monde : sa ferme et sa fille : tout son esprit et tout son cœur !

Tel était, sous ses divers aspects, l'homme à qui je venais me présenter comme gardeur de dindons.

Quand il eut bien fini de rire et de serrer ma main dans la sienne, je pris la parole pour lui exposer ma demande. Je ne sais vraiment trop comment je me serais tiré de ce pas difficile si la Rosinette n'était accourue sur le seuil de la porte.

— Eh bonjour, Jacques, fit-elle; entre donc. Est-ce que tu n'as pas entendu que mon père t'a dit d'entrer?

— Hé! sans doute, fit le vieux fermier, entre, Jacques. Nous serons mieux dans la maison qu'ici pour causer.

VII

Nous entrâmes donc, et je puis dire qu'en prenant place auprès de la table de chêne luisante dans cette vaste pièce qu'égayait, mêlant ses reflets à la lumière du soleil, un grand feu de bois dur devant lequel ronronnait agréablement une colossale marmite, le dénuement de notre pauvre vieille demeure me revenant à l'esprit, il me sembla que j'étais transporté dans un autre monde.

Le fermier, lui, avait repris sa physionomie grave, et, silencieux et digne, me regardait.

— Voyons, mon père, fit la Rosinette en s'asseyant à son tour et en appuyant sur la table ses blancs bras demi-nus, il est inutile, je pense, de laisser plus longtemps cet enfant dans l'inquiétude. A voir votre mine sérieuse, on serait tenté de croire que vous présidez le conseil municipal.

— Hé hé! fillette, fit le vieux fermier, cela m'est arrivé plus d'une fois, tout simple conseiller que je suis, et les débats n'en étaient pas moins bien dirigés, tu peux m'en croire.

— Certes, je n'en doute pas, mon père; j'en suis même tout à fait persuadée, car — ce n'est point pour vous glorifier que je dis cela — vous passez généralement pour avoir autant et plus d'intelligence que pas un du village.

— Câline! va.

— Mais, sauf votre respect, nous ne sommes point à la mairie; je ne vous vois point autour de la taille la moindre trace d'écharpe, et l'affaire qui nous intéresse pour le moment ne comporte, à mon avis, ni tant de solennité ni tant de réflexion. Vous savez ce dont il s'agit. Nous avons besoin de quelqu'un pour remplacer la petite Catherine Moussu, et le petit Jacques Dumont se présente. Je vous ai parlé de la chose jeudi soir, à mon retour de Saint-Cyr; et cette proposition que je vous faisais au nom de Jacques, vous m'avez presque promis de l'accepter. Maintenant, cet enfant est là; plein d'espoir et de confiance, il s'est levé longtemps avant le jour pour venir vous trouver; tout à l'heure, sur le perron, il vous a renouvelé sa demande; et — remarquez un peu, mon père, comme il est pâle! — il attend votre réponse avec impatience.

— Ho! ho! quelle vivacité, fillette!

— Dame, c'est votre faute, mon père : vous n'avez seulement pas l'air de vous douter qu'en ce moment vous jouez avec le cœur de Jacques comme le chat avec la souris.

— Et quelles sont ses conditions, à ce beau Jacques? fit le fermier en m'interrogeant du coin de l'œil.

— Il se présente sans conditions, se hâta de répondre la Rosinette. A la fin de sa première année de service, vous lui remettrez ce que vous jugerez convenable.

— Sans conditions! eh bien, marché conclu, ça me va!... Et cependant, hem! hem! ajouta gaiement le fermier, j'aurais peut-être bien fait de demander tout d'abord à Jacques quelle somme il entend me donner annuellement pour entrer à la ferme en qualité de gardeur de dindons.

— Comment! m'écriai-je étonné, c'est moi qui vous paierais des gages pour vous servir?

— Non pas des gages pour me servir, Jacques; mais une indemnité pour les fruits que tu nous mangeras.

— Mon père!... fit la Rosinette avec un accent de reproche pendant que je baissais les yeux.

— Allons, allons! reprit le fermier en se levant, j'ai tort; c'est, en vérité, beaucoup trop de bruit pour une malheureuse pêche qu'il n'a point mangée. Et puis, qui sait? mon Dieu, peut-être s'amendera-t-il!

— Je vous réponds de lui, mon père! s'écria la Rosinette avec feu. N'est-ce pas, Jacques, que tu seras bon, sage, honnête, et que ta seule pensée sera de nous servir et de nous plaire en toutes choses?

— Oh oui, mademoiselle! répondis-je avec émotion.

En soutenant cette discussion si longue avec sa

fille, Jacob Renard n'avait voulu que taquiner un peu la Rosinette; il lui semblait bon, étant le maître, de faire sentir de temps en temps sa prépondérance et son autorité.

— Sans doute, sans doute, reprit le fermier par manière de conclusion, ce garçon peut s'amender. Après tout, cela se voit. Comme me disait l'autre jour ce farceur de brigadier Schœffer, la crainte des gendarmes, monsieur Jacob Renard! la crainte des gendarmes est le commencement de la sagesse!

Tout en parlant, le fermier s'était dirigé vers la porte. Il allait sortir, laissant à la Rosinette le soin de me mettre au courant de mes devoirs, lorsque se présenta sur le seuil une grosse petite fille de treize à quatorze ans qui, sans témoigner le moindre embarras, entra bravement dans la salle en criant un — Bonjour, monsieur, mamzelle, et la compagnie! — des mieux accentués. La compagnie, c'était moi.

Je reconnus tout de suite la nouvelle venue. Courte et ronde, avec sa figure vermeille comme une pomme rouge, de larges souliers aux pieds, un paquet à la main, et son fichu jaune négligemment noué sur la tête, c'était Catherine Moussu.

— Bonjour, Catherine, répondit la Rosinette toute soucieuse.

— Il paraît que c'est le jour des visites matinales, fit observer le vieux Jacob Renard.

— Oui, dit Catherine; je suis revenue hier de Montmirail, et....

— Et croyant encore vacante sa place à la ferme, elle venait la reprendre ce matin, pensai-je en serrant les poings. Mais je la tiens, sa place, et je ne la lâcherai pas !

J'étais véritablement en colère. Heureusement que cette brave Catherine me détrompa vite.

— Je retourne ce matin chez mes nouveaux maîtres, dit-elle en achevant sa phrase. Drôles de gens, mamzelle, que ces gens-là! M'en font-ils faire du mauvais sang, toute la sainte journée! Jamais contents! A les entendre, je ne suis ni propre ni travailleuse. Ah! ce n'est plus la bonne petite fermière de Sablonnières que j'ai pour maîtresse! Enfin, voilà! la sottise est faite. Ce n'est pas ma faute au moins, mamzelle, si je vous ai quittés! Ce n'est pas ma faute, monsieur Renard. Je vous aimais bien, voyez-vous; j'aurais voulu passer ici ma vie. Mais c'est fini. Et je repars; cela durera ce que cela durera... Monsieur, mamzelle, vous excuserez ma hardiesse. Seulement, tout à l'heure, comme j'allais passer devant la ferme, j'ai cru entendre crier mes dindons, et cela m'a donné l'idée d'entrer pour venir vous voir. Maintenant que je sais que vous vous portez bien, monsieur, mamzelle et la compagnie, je vous souhaite le bonjour, bien le bonjour, et je m'en vas.

— Vous êtes bien pressée, Catherine? fit la Rosinette. Voyons, asseyez-vous un instant?.. Non?.. Le temps vous manque?.. Hélas! c'est le temps qui manque toujours. Je sais cela, quoique je ne sois pas vieille... Au revoir donc, Catherine, ajouta la Rosinette.

— Au revoir, Catherine, dit aussi le fermier. Puis quand son ancienne gardeuse de dindons se fut éloignée il sortit de la salle à son tour, et s'en alla voir ses batteurs. Je restai seul avec la Rosinette.

VIII

Pendant un instant, nous gardâmes le silence. La fille du fermier s'était mise à ranger de la vaisselle. Elle allait et venait, de l'évier à la table, et de la table au buffet où s'entassaient en bon ordre, sous ses mains agiles, les assiettes creuses et lourdes à dessins multicolores, dont il était encore de mode dans nos villages de se servir en ce temps-là. Les plats et les saladiers, propres et luisants comme des soldats à la parade, étaient dressés et s'alignaient dans le fond du buffet. Il y avait là des fleurs phénoménales et des oiseaux impossibles. Je me souviens de certain coq au plumage rouge pivoine et à la crête vert foncé, qui, juché sur ses ergots couleur de feu dans un terrain bleu tendre, m'intrigua longtemps par le calme superbe avec lequel il supportait mes regards, étonnés de tant d'audace et de tant d'éclat. Il y avait aussi dans le fond d'un incommensurable saladier, un grand diable de Père éternel aux yeux jaunes, qui me surprenait beaucoup par la bizarrerie de sa pose dans des nuages gris perle, et dont le bon sourire apparaissait dans une broussaille de barbe noire ainsi qu'une rose dans un buisson. Mais ce qui, ce matin-là, sollicitait mon attention d'une manière beaucoup plus pressante que le coq à crête verte et le Père éternel aux yeux jaunes, c'était cette colossale marmite qui chantait si délicieusement devant le feu. Et je me félicitais en moi-même, me disant : — Te voici, Jacques, dans une maison d'abondance et de travail; fais ton devoir, et tu seras heureux.

Il faut croire que des pensées du même genre occupaient la Rosinette, car elle semblait à présent plus joyeuse que jamais, et lorsqu'elle eut terminé son rangement : « Ne te l'avais-je point prédit, Jacques, s'écria-t-elle, que je réussirais, que tu serais des nôtres ?... N'importe ! je dois te confesser que tout à l'heure l'arrivée de cette brave petite Catherine m'a fait une jolie peur. Mon père, s'il avait trouvé plus avantageux de la reprendre, aurait été capable de te planter là, mon pauvre Jacques, et cela m'aurait véritablement affligée. Mais n'y pensons plus, puisqu'enfin nous avons réussi. Maintenant, Jacques, il faut que je te montre l'endroit où tu coucheras, et que je te mette au courant des usages de la maison.

Ce disant, elle ramassa mon paquet, et, me guidant à travers les corridors et les escaliers, me conduisit jusqu'à la chambre qui m'était destinée. C'était un petit réduit, bas de plafond, ayant vue par une lucarne sur la plaine. L'endroit était sombre, retiré, tranquille. Pour uniques voisins, je n'aurais là que les souris du grenier à fourrage et les rats du grenier à blé. Un lit, une chaise, et une cruche, le tout solide et propre, tel était le mobilier. Je ne pus m'empêcher de dire que je serais logé comme un prince. La Rosinette alors, dont mon observation n'avait fait qu'augmenter la bonne humeur, déposa mon paquet sur le pied du lit et referma la porte. Après quoi, nous redescendîmes dans la salle commune où nous eûmes une grande conversation touchant les soins et les devoirs dont j'allais être chargé désormais. La liste en était longue.

— Ainsi, me dit à la fin la Rosinette, ne va pas t'imaginer, parce que te voici chez nous comme gardeur de dindons, que tu ne doives t'occuper que de ton troupeau. Ce serait, pour le gaillard courageux que tu te promets d'être, une bien piètre besogne. D'ailleurs, les dindons ne sortent pas tous les jours. Ce n'est point que ces bêtes-là craignent la pluie ; mais dans une ferme comme la nôtre, il se présente souvent de petits travaux auxquels on pourrait t'employer, et qui sont plus urgents que de mener aux champs les dindons. Ce matin, par exemple, nous avons des regains à faner. Si tu veux m'accompagner tout à l'heure, nous prendrons chacun une fourche et nous irons retourner les andains. Cela te va-t-il, Jacques ?

Alors, moi, content plus que je ne saurais dire à la pensée que j'allais travailler toute la matinée en compagnie de cette belle grande demoiselle si bonne, et à qui je devais tant de reconnaissance, je me hâtai d'accepter la proposition, et j'ajoutai d'une voix vibrante :

— Je suis ici, mademoiselle, pour vous obéir ainsi qu'à monsieur votre père. Commandez-moi tout ce que vous voudrez, je le ferai... à moins toutefois que je ne puisse le faire.

— Sans doute, sans doute, fit-elle. Eh bien alors, Jacques, aux fourches, et partons !

Et s'étant coiffée d'un large chapeau de paille, elle appela Gertrude.

— Voici, lui dit-elle, le remplaçant de Catherine.

— Eh mais, je le connais ? répondit la bonne vieille : c'est le petit Jacques Dumont, de Saint-Cyr.

— Oui, fit la Rosinette, un bon garçon que je vous recommande, maman Gertrude, et qui nous servira bien.

— Je le souhaite, ma fille.

— Moi, j'en suis certaine. Jacques sera le modèle des zélés serviteurs ; et pour commencer, nous allons ensemble faner la pièce de regain fauchée d'hier soir.

— Eh bien, bon courage, mes enfants! dit la vieille servante.

Et nous partîmes.

Je n'essaierai point de te dépeindre, Pierre, tout le plaisir que je ressentis à retourner les andains dans cette matinée-là. Le soleil luisait, ardent, sur la prairie; mais il y avait de l'ombre sous les saules, au bord de la rivière. Parfois un souffle d'air passait; en relevant la tête, j'apercevais à quelque distance la Rosinette qui semblait glisser comme une ombre légère à la surface du sol, soulevant et secouant du bout de sa fourche les herbes parfumées.

— Courage! courage! me criait-elle.

Et nous allions.

Quand ce fut terminé, nous reprîmes le chemin de la ferme. J'avais une faim de tous les diables. Heureusement que l'heure du déjeuner était venue. En arrivant nous prîmes place à table. Déjà, plusieurs des gens de la maison s'étaient retirés. Jacob Renard lui-même terminait son repas au moment où nous commençâmes le nôtre.

— Cette fois nous avons des assiettes, me dit la Rosinette, et cette réflexion me fit sourire.

Mais ce qui me causa plus de satisfaction encore, ce fut l'arrivée sur la table d'un grand plat de ragoût de mouton aux pommes de terre. Je ne m'étais jamais si bien régalé. Puis j'eus aussi le plaisir de boire de ce bon cidre pétillant dont m'avait parlé la Rosinette. Je le trouvai délicieux. De ma vie, je ne fis meilleur repas.

Tout le monde s'en était allé ; la fille du fermier, Gertrude et moi, nous étions restés seuls. Gertrude travaillait ; moi, je mangeais ; quant à la Rosinette, je crois qu'elle me regardait. Je me disposais enfin à sortir de table lorsque la fille du fermier, me faisant signe de me rasseoir, courut au buffet, et en rapporta le dessert le plus appétissant du monde. Il y avait là des poires, des pommes, des noix, des raisins, et — fût-ce par hasard que la Rosinette mit cette corbeille devant moi ? — toute une pleine corbeille de belles pêches, de ces pêches veloutées du verger qui m'avaient tenté le jeudi précédent. Je les reconnus tout de suite : c'était bien la même forme, le même coloris et la même fraîcheur. Alors, je pris un de ces beaux fruits et j'allais y mordre à pleines dents lorsqu'un flot de réflexions vint assaillir mon esprit. Il me sembla que depuis quatre jours j'avais fait beaucoup de chemin, beaucoup de chemin ; que j'avais senti depuis ce temps s'éveiller graduellement en moi un petit Jacques qu'auparavant je ne connaissais pas ; il me sembla... Je ne sais pas au juste toutes les idées qui me passèrent par la tête, mais ce que je sais bien, c'est que, sans lâcher cependant la pêche, je me levai de table et courus à ma chambre où, le cœur plein de repentir, de reconnaissance et de joie, je me laissai tomber sur ma chaise et fondis en larmes.

IX

Je fus tiré de cet attendrissement par la voix de Gertrude qui, la brave femme qu'elle était, ne sachant à quelle émotion je me trouvais en proie, m'avait regardé partir, bouche béante, et, le premier moment de surprise passé, m'avait suivi de loin quatre à quatre, à travers les corridors et les escaliers.

La Rosinette, non moins étonnée que sa nourrice, l'accompagnait.

— Ah çà! qu'est-ce que cela signifie, maître Jacques? demanda la vieille servante en poussant la porte. On se sauve de table comme un voleur, sans crier gare, pour venir s'enfermer dans sa chambre comme un boudeur! Mais c'est qu'il pleure, en vérité ! Je voudrais bien savoir pourquoi, par exemple ! Dis-moi, Jacques, est-ce que quelqu'un ici t'a fait de la peine ?

— Non, madame Gertrude, répondis-je en m'essuyant les yeux.

— Tu n'es pas malade, au moins ?

— Non, madame Gertrude.

— Cependant tu pleures... Serais-tu par hasard déjà las de la maison ?

— Oh ! madame Gertrude, comment pouvez-vous supposer ?...

— Madame Gertrude, madame Gertrude ! tout cela ne m'apprend rien... Tu m'agaces avec tes madame Gertrude !.. Donc, à t'en croire, tu te désoles sans le moindre motif, ton gros chagrin est un chagrin sans cause ?

— Sans cause, oui, madame.

— Et moi qui m'inquiétais ! Vois un peu, ma chère Rosine, combien j'avais tort ! M. Jacques pleure pour se distraire. Ne cherche pas à l'excuser, ce jeune homme ; chacun prend son plaisir où il le trouve, rien de plus naturel.

— Madame Gertrude ! m'écriai-je.

— Seulement, Jacques, si tu veux m'en croire, comme tu n'es pas ici pour t'amuser, tu t'arrangeras de façon à travailler la semaine; après cela, libre à toi de pleurer le dimanche.

Je compris que Gertrude avait raison; sans faire la moindre observation je sortis de ma chambre, et, suivi de la fille du fermier et de la vieille servante, je descendis dans la salle commune.

Je me demandais en moi-même pourquoi la Rosinette avait gardé le silence pendant la scène précédente; j'ai pensé depuis qu'elle avait agi sagement, et j'ai toujours eu de la reconnaissance pour cette bonne vieille Gertrude qui venait de me faire si rudement sentir que je n'étais plus mon maître.

— Maintenant, Jacques, me dit la Rosinette avec un sourire, un bon sourire qui me remit du baume dans le cœur, nous allons conduire les dindons aux champs.

Prenant alors sur la table un petit bissac garni de provisions, elle me le plaça sur l'épaule. Ensuite, elle alla me chercher une longue gaule sous la remise, et rassembla son troupeau devant lequel nous nous mîmes à marcher. Les dindons, tout bêtes qu'ils étaient, reconnaissaient leur maîtresse et suivaient docilement.

Comme nous franchissions la porte charretière, la Rosinette, me montrant du doigt la voûte grise, me demanda :

— Vois-tu, Jacques, là-haut ?

— Oui, mademoiselle, lui répondis-je ; ce sont des nids de moineaux. Votre ferme mériterait d'être nommée la ferme des Oiseaux. Là-bas, sous le toit de la remise, il y a des nids d'hirondelles. J'ai vu aussi des martinets voler autour de vos cheminées, sans compter que tout à l'heure j'entendais derrière la bergerie le chant d'un bouvreuil et le cri d'un pinson. Il y a, pour sûr, des nids de pinsons et de bouvreuils dans votre jardin.

— Comment en si peu de temps, Jacques, as-tu pu remarquer tout cela ?

— L'habitude, mademoiselle, l'habitude... Et si vous vouliez...

— Tu les dénicherais, n'est-ce pas ? Eh bien,

6

écoute au contraire ce que je vais te dire : Je mets ces nids sous ta protection.

Sous ma protection ! Un renard à qui l'on donnerait des poules à garder ne serait pas plus étonné que je ne fus en cette circonstance.

— Oui, Jacques, reprit la Rosinette en allongeant le pas pour regagner le temps perdu, je mets ces nids sous ta protection. J'ai, l'an dernier, obtenu de mon père qu'il les laissât tranquilles. Ce n'a pas été sans peine, car il prétend que tous ces oiseaux, plus ou moins, ne sont que des pillards. Moi, j'ai d'autres idées sur ces petites créatures dont j'aime le babil et les chansons. Je crois que le bon Dieu ne les a point créées pour nous nuire. C'est aussi l'avis de Bonhommet ; et tu sais que notre berger est entre tous homme de sagesse et d'expérience. J'ai lu d'ailleurs, en plus d'un endroit, qu'en détruisant les insectes du sol et la vermine de l'air, les oiseaux se faisaient les auxiliaires du laboureur ; qu'ils étaient, malgré les vieux et sots préjugés qui les condamnent, des protecteurs dévoués de nos intérêts, de zélés défenseurs de nos moissons, et je trouve que, n'eussent-ils même point tous ces mérites, il serait peu généreux à nous de reconnaître les bons offices de ces gentils chanteurs par des persécutions.

Naturellement, je promis à la fille de mon maître tout ce qu'elle voulut ; je lui jurai de veiller sur ses nids avec amour, et ce qu'il y a de plus étrange, c'est que je sus tenir mon serment. Mon zèle me valut même avec Claude Séguin une querelle que je te raconterai dans la suite.

Mais, pour le moment, Pierre, je dois revenir à mes dindons.

Cette après-midi-là, je les conduisis dans une luzerne que Guillaume avait défrichée le matin. Là Rosinette, après m'avoir indiqué cette pièce de terre, m'apprit que ce que je portais dans mon bissac était pour mon goûter ; puis, me faisant un signe de la main, elle s'en retourna vers la ferme.

Tout le reste du jour, je fus seul avec mon troupeau. Ces bêtes-là sont d'un bon rapport dans une ferme bien tenue. Les dindons se nourrissent d'herbes, de graines, de mûres et de baies sauvages ; tout leur est bon. Ils se plaisent beaucoup dans les bois, parce qu'ils y trouvent en quantité vermisseaux et chrysalides dont ils font leurs délices. Leur chair acquiert alors un goût particulier et exquis ; mais rien ne rend cette chair plus délicate que de les envoyer dans les vignes quand les vendanges sont faites. Ils y ramassent tous les grains de raisin oubliés par le vendangeur. Rien de meilleur encore que de les laisser courir dans les champs infestés de petites limaces, de sauterelles, d'insectes quelconques : ils les en ont bientôt purgés. D'autres fois, on les conduit derrière les laboureurs quand la charrue, retournant la terre, met à nu les vers blancs. Voilà ce que te diront toutes les *Maisons rustiques* du monde ; mais il faut convenir que malgré tant d'avantages, la société des dindons n'est pas très-divertissante. Ils ont fort peu d'esprit et ne sont point du tout bavards. Aussi, combien de fois m'est-il arrivé de rêver en leur compagnie ! Et c'est ce que je fis cette première après-midi-là.

Le soir, au moment où le soleil, rouge comme une braise, disparaissait derrière les bois du côté de Saint-Cyr, je me dirigeai vers la ferme, suivi de mon troupeau. J'eus bien à distribuer quelques coups de gaule, mais je vins à bout de dompter les récalcitrants. La Rosinette, à mon entrée dans la salle commune, m'accueillit par un sourire; je soupai de bon appétit ; puis, sur le congé que m'accorda gracieusement Jacob Renard lui-même, je montai me coucher.

Ainsi se termina ma première journée de service dans cette maison où j'ai passé six années de mon existence. Me voici presque vieux, et parfois il me semble que cela date d'hier.

X

C'est dans ce temps-là que me vint enfin sérieusement l'idée de m'instruire. Les railleries de Sylvain Durocher me restaient sur le cœur. J'avais toujours eu, d'ailleurs, depuis ma plus tendre enfance, comme un vague désir d'apprendre. Ma paresse seule avait été plus forte que ma curiosité. On ne s'emporte pas, ainsi que je l'avais fait, au point de sauter au collet d'un homme deux fois plus grand que vous sans avoir été touché au vif; et il faut bien croire qu'en me reprochant de ne savoir ni A ni B, Sylvain Durocher m'avait blessé dans la partie sensible. Eh bien! maintenant que j'avais une position — car être gardeur de dindons, c'est une position sociale — je voulais prouver à ce méchant écorcheur de moutons que je n'étais pas plus bête que lui! Non, certes, je ne savais rien, mais j'avais du moins ce mérite de ne point ignorer que je ne savais rien!... Eh! mon Dieu, j'étudierais!... Qui m'empêcherait d'étudier? Personne assurément... D'un autre côté, personne, il est vrai, ne serait là pour m'enseigner, pour m'encourager, me reprendre, m'applaudir. Cependant je voulais savoir, je voulais apprendre, et je m'écriais tout désolé : — Par quel moyen?

Il y avait bien la Rosinette à qui j'aurais dû penser en pareil cas, mais la Rosinette était la fille de mon maître, mademoiselle Jacob Renard; j'étais son domestique; et comment, avec mon caractère ombrageux, susceptible, timide, oser lui demander secours ou conseil?

J'étais donc fort perplexe et fort ennuyé quand une circonstance insignifiante vint mettre un terme à mon embarras.

Nous étions au samedi qui suivit mon arrivée chez Jacob Renard; je rentrais des champs pour déjeuner, et je me trouvais seul dans la salle commune.

Mes camarades, les autres gens de la ferme, riaient et causaient en se lavant les mains dans la grande auge placée au centre de la cour. La vieille Gertrude, du haut du perron, les appelait. Je n'avais pas vu la Rosinette.

Sur la table, à côté du couvert du fermier, était un journal : M. Jacob, en sa qualité de conseiller municipal, s'intéressait aux choses de la politique ; en sa qualité de fermier, il aimait à consulter la mercuriale ; et chaque matin et chaque soir, pendant le repas, pour ne pas perdre de temps, il jetait entre ses bouchées les yeux sur la gazette. Et tantôt il souriait, tantôt il fronçait le sourcil ; quelquefois même il interrompait sa lecture et demeurait toute une longue minute à rêver. Il fallait, vraiment, pour captiver ainsi son attention, que ces gazettes continssent de bien jolies choses !

Tout en me livrant à ces réflexions j'avais pris le journal, et, l'ayant ouvert, je l'examinais curieusement : — Ce n'est pourtant, me disais-je, que du noir sur du blanc. — Un gazouillement d'oiseau se fit entendre derrière moi.

C'était la Rosinette qui venait d'entrer dans la salle.

— Eh bien, Jacques, que dit-on à la Chambre des pairs? fit-elle en interrompant sa chanson. Qui l'emporte de M. Thiers ou de M. Guizot? Y a-t-il dans le journal quelque nouveau discours de M. de Montalembert ou de M. de Lamartine?

— Je ne sais pas lire, mademoiselle, répondis-je en rougissant.

— Je m'en doutais, dit-elle.

Il y eut un silence. La Rosinette semblait observer ma physionomie. J'aurais donné je ne sais quoi pour oser parler.

— Et si quelqu'un consentait à te donner des leçons, reprit la fille de mon maître, serais-tu content d'apprendre à lire?

— Oh oui, mademoiselle! m'écriai-je. A ce quelqu'un-là, je dirais grand merci comme s'il me donnait une seconde fois la vie.

— Fort bien, Jacques; je suis heureuse de t'entendre parler avec cette ardeur, cet enthousiasme! Ce quelqu'un-là, Jacques, ce sera moi.

Ce fut tout. Cette fois, pour mon dessert, la Rosinette m'apporta l'alphabet, un bel alphabet plein d'images dans lequel elle avait appris à lire du temps qu'elle était petite; et je reçus ma première leçon. Il y eut bien, parmi les gens de la ferme, quelques audacieux qui s'avisèrent de sourire, mais la Rosinette n'eut qu'à tourner les yeux de leur côté pour réprimer ces velléités de raillerie. Quoi de plus naturel, d'ailleurs, qu'une grande demoiselle comme elle se fit l'institutrice d'un petit garçon comme moi? Le but qu'elle se proposait n'était-il pas digne de respect et de sympathie? On ne risqua donc point le moindre commentaire, et l'on fit bien.

Quant à moi, je nageais dans la joie; et pour reconnaître tant de grâce et de bonté, je me jurai à moi-même de travailler double, de me multiplier pour ainsi dire, de me rendre utile de toutes les manières. En même temps, je m'appliquai de mon mieux à profiter des leçons qui m'étaient données.

Il y avait dans un coin de la cour, entre la maison d'habitation et la bergerie, une espèce de grande pièce quelque peu délabrée qui servait de chambre de débarras. Les fenêtres, encadrées de vigne vierge et de volubilis, s'ouvraient sur le jardin. Les meilleurs instants de ma vie, je les ai passés là. La Rosinette aimait cette grande salle tranquille où les oiseaux et les papillons seuls, s'introduisant par la fenêtre aux vitres brisées, venaient nous déranger. Du doigt elle me montrait les lettres sur l'alphabet, et m'enseignait à les assembler. Parfois un papillon, la prenant pour une fleur, se posait sur son front....

A la fin de ma première année de service chez M. Jacob Renard je savais lire !

XI

Et non-seulement je savais lire, mais je m'exerçais à comprendre. Les mots et les phrases dont je ne parvenais pas à découvrir le sens, la Rosinette me les expliquait.

J'avais des livres autant que j'en pouvais désirer : d'abord tous les livres de classe de la fille du fermier, puis tous ceux de M. Beaugrand, le bon vieil instituteur de Saint-Cyr. Ce brave homme, que maintenant je ne craignais plus de rencontrer par les rues quand j'allais voir ma mère le dimanche, avait mis sa bibliothèque à ma disposition. Ce n'était pas, comme tu peux bien penser, mon cher Pierre, une bibliothèque fort brillante que celle du père Beaugrand :

quelques ouvrages d'histoire, de géographie et d'agriculture en faisaient principalement les frais. Un gros dictionnaire et huit ou dix volumes dépareillés de nos grands écrivains des deux derniers siècles servaient de condiment littéraire à cette bouquinerie scientifique de laborieuse digestion. En somme, tout cela était bon et utile.

Le père Gorgis, lui non plus, n'aurait pas demandé mieux que de me prêter des livres ; malheureusement sa bibliothèque se résumait en un vieux recueil de prières, moisi par le temps et le défaut d'usage, un *Manuel du parfait charron* en très-mauvais état, et quelques-uns de ces cahiers de chansons que des individus, hommes ou femmes, s'abritant d'un parapluie rouge, débitent sur les foires. Comme il n'y avait rien là-dedans qui rentrât dans mes goûts, je préférais m'en tenir à la collection scientifique et littéraire du bon papa Beaugrand.

Ces livres du vieil instituteur de Saint-Cyr, je les ai conservés : à sa mort qui survint quelques années plus tard, le brave homme me les a légués. Ce sont, pour la plupart, des ouvrages très-simples et très-bien faits, disant beaucoup de choses en peu de mots. Le père Beaugrand ne dédaignait pourtant pas ce que certaines gens ont l'habitude de traiter dédaigneusement de grands mots et de grandes phrases ; il reconnaissait volontiers, au contraire, que rien n'est plus beau qu'un éloquent discours ou qu'un livre éloquent, ni rien plus digne de respect et de vénération qu'un honnête homme inspiré par l'enthousiasme; seulement il préférait pour sa part, disait-il, s'attacher au solide. C'était même un sujet sur lequel il revenait souvent dans ses conversations. — Des faits positifs, du réel, du solide! répétait-il. Deux et deux font quatre, voilà ce qu'il ne faut pas oublier, ce qu'il est nécessaire de savoir ! Tu ne saurais croire, mon petit Jacques, comme j'aime les esprits positifs ! — Et de fait, ce fut lui qui, dans mes après-midi du dimanche, me donna mes premières leçons d'arithmétique et m'enseigna les quatre règles.

Pourtant, je ne sais pourquoi je m'imagine que le père Beaugrand n'était point l'homme qu'il voulait paraître. Plusieurs fois il m'arriva de le surprendre sur les bords du Morin qui contemplait le ciel ou regardait couler l'eau : Singulière occupation pour un esprit positif! Il aimait beaucoup la solitude ; le silence des champs le reposait du bruit de sa classe. Il avait toujours, quand il se promenait, l'air de quelqu'un qui rêve ; il parlait, il gesticulait, il se faisait des discours à lui-même. *Progrès, patrie, liberté* étaient dans ces circonstances des mots qui revenaient fréquemment sur ses lèvres. Un matin que j'étais à conduire mes dindons sur les hauteurs de Boitron, je le trouvai tranquillement assis dans la bruyère au coin d'un bois. Il avait tiré de sa poche un méchant calepin de dix sous et traçait sur une page blanche des lignes d'inégale longueur qui ressemblaient à des vers. Ce dernier détail me frappa tout de suite, parce que la Rosinette, qui ne détestait pas la poésie, me faisait souvent lire dans un recueil de morceaux choisis les chefs-d'œuvre de nos poëtes les plus illustres et de nos meilleurs écrivains. A la vérité, je ne comprenais pas encore grand'chose à ce langage-là, le langage des dieux ; mais n'importe, j'admirais de confiance ; c'était comme de la musique, et j'ai de tout temps aimé passionnément la musique : cela me caressait l'oreille et me ravissait l'âme. Seulement, que M. Beaugrand s'occupât d'accoupler des rimes au char de sa pensée, que lui, cet esprit positif, s'occupât de fariboles et de billevesées semblables, voilà ce que je ne pouvais décemment admettre, et je finis par me persuader que j'avais mal vu, que je m'étais trompé.

Ce n'est qu'au lendemain de la mort du vieil instituteur que mes doutes ou plutôt mes soupçons me revinrent, et j'avoue que depuis cette époque ils ne m'ont point quitté. Je te parlais tout à l'heure, Pierre, d'un gros dictionnaire que le père Beaugrand avait dans sa bibliothèque et qu'il aimait à consulter. Eh bien, quand j'ouvris pour la première fois ce livre, il s'en échappa quinze ou vingt feuillets couverts d'une petite écriture fine et serrée qui ne représentait rien moins que des strophes et des rimes de tous genres. Fiez-vous donc aux esprits positifs !

Par exemple, je n'affirmerai point qu'il y eût là, dans ces paperasses qui s'envolaient au vent

et que je recueillis comme des reliques, l'indice
d'une vocation véritable et d'un véritable talent.
Ce poëte, honteux de sa muse — une muse bien
innocente pourtant — avait eu probablement
raison de demeurer inédit. Mais je trouvais à ses
petits poëmes une sorte de saveur étrange mêlée
à je ne sais quelle grâce et quelle sincérité.

Il en est un surtout, intitulé *La Laveuse*, dont
le souvenir m'a longtemps obsédé comme une
énigme dont la vie de M. Beaugrand, vie de céli-
bataire toute simple, tout unie, n'a jamais pu me
donner le mot. Pendant que je suis là, Pierre, à
te raconter mon histoire, je vais te le réciter.
Aussi bien la pièce n'est pas longue, et l'on ne
saurait guère en l'écoutant trouver le temps de
s'ennuyer. Je récite donc :

> Sous un abri de vieilles planches,
> Ayant à la main son battoir,
> La laveuse, aux rayons du soir,
> Frappait sur des chemises blanches ;

> Chemises de nouveau venu,
> Charmantes petites chemises
> Que l'on ne croit plus avoir mises
> Lorsque grand l'on est devenu.

Parfois, au-dessus de la berge
Qu'un tapis de gazon revêt,
La jeune fille relevait
Son front pur comme un front de vierge.

Croyant entendre un cri connu
Elle écoutait une seconde,
Puis revenait plonger dans l'onde
Son bras blanc, son joli bras nu.

Tout à coup une barque passe,
Et, filant entre les roseaux,
Emporte quatre jouvenceaux
Jetant leurs chansons dans l'espace.

Il lui semble que l'on rit
Sur la barque pareille au cygne,
Il lui semble qu'on la désigne
Et que l'on fait des jeux d'esprit.

— Non ! dit-elle, c'est une honte !
Oh non ! il n'oserait jamais !
Il m'aimait, et moi je l'aimais ;
Qu'a-t-il à dire sur mon compte ? —

Et déjà loin est le bateau
Quand en son cœur — vive blessure ! —
Entre la pointe d'une injure
Comme la pointe d'un couteau.

Et triste et baissant la paupière,
Et d'horreur prête à succomber,
La laveuse laissa tomber
Une larme dans la rivière.

Ne sois point étonné, Pierre, de la fidélité de

ma mémoire pour des vers dont un délicat, un *saint-difficile* comme toi ne donnerait probablement pas deux sous : quels qu'ils soient, bons ou mauvais, ces vers m'ont frappé, m'ont charmé, m'ont ému. *La Laveuse* me fait l'effet d'un de ces jolis tableaux, grands comme la main, où vous autres peintres de talent, savez mettre parfois tant de grâce et de mélancolie, et devant lesquels, nous autres bourgeois prosaïques, nous nous arrêtons par hasard et restons longtemps à rêver. Cette scène intime, ce petit rien, est-ce un drame réel, une histoire vraie, une chose positive enfin, pour parler le langage de M. Beaugrand ? Lui seul, cet homme positif, amoureux des choses positives, aurait pu nous le dire. Pour moi, dans ces vers qui ne furent peut-être qu'un jeu de son esprit, je trouve un accent de vérité qui me touche profondément. Et je me demande ce qui me plaît le plus dans cet humble maître d'école de village, bonhomme d'enveloppe grossière avec une âme d'élite, de la physionomie qu'il montrait à tout le monde ou de celle qu'il cachait si soigneusement. J'admire le courage qu'il mettait, lui poëte, à se déclarer positif au point de proclamer préférable à la plus belle des pensées une règle de trois bien conduite et bien démontrée. Bref, je le trouve intéressant au possible lorsque, refrénant son imagination,

Oiseau captif à qui le sort rogne les ailes,

il s'efforce de se considérer comme l'être le plus heureux qui soit sur la surface du globe, et ne demande rien au ciel que la grâce de continuer noblement sa tâche d'éducateur de la jeunesse jusqu'à l'heure où daignera passer sur son front le souffle de Dieu,

Qui refroidit le corps mais qui délivre l'âme.

Oh ! le pauvre cher digne homme ! chaque fois que j'y songe, Pierre — et j'y songe souvent — je sens les larmes me venir aux yeux. On ne pouvait voir personne de plus simple ni de meilleur. Quand il faisait épeler aux plus jeunes des enfants de sa classe le B A BA B U BU, ou qu'il guidait sur l'ardoise leurs mains encore inhabiles, il y mettait tout son cœur. Il était toute douceur et toute bonté. Il cultivait ses élèves avec plus d'amour encore que les plantes de son jardin. C'est de lui que j'ai reçu, comme je te l'ai déjà dit, les premières notions du calcul et mes premiers principes de grammaire et d'écriture. Et ne crois pas qu'il m'ait jamais rien réclamé pour cela. Mes remerciements lui faisaient de la peine. Lui parlais-je de le payer de ses leçons : — Nous causerons de cela plus tard, mon garçon, me répondait-il, quand tu seras riche ! En attendant, crois-moi, repasse ta table de multiplication, soigne tes jambages et tes déliés, et ne t'attache qu'au solide, au positif ! — Riche, je le suis devenu, mais le brave homme n'était plus là. Que Dieu, dans son Paradis, lui paie ce que je lui dois ! Car je lui dois beaucoup. La Rosinette et lui m'ont fait ce que je suis : lui, poëte, m'a donné le goût du vrai, elle, paysanne, le goût du beau ; tous deux, l'amour du bien.

XII

Il faut dire aussi — cet aveu dût-il blesser ma modestie — que si mes professeurs se montraient pleins de zèle, je faisais de mon côté tous mes efforts pour mériter leur bienveillance. Dans les premiers temps, j'emportais mon alphabet aux champs. Là, durant des heures entières, j'épelais des syllabes, j'apprenais ma leçon. Les cigales avaient beau chanter maintenant, je ne les écoutais plus. Ne détournant mes yeux de mon livre que pour les lever sur mon troupeau, j'étudiais, j'étudiais ! Et j'avais la mine fière d'un conquérant chaque fois qu'à force de patience et d'application je parvenais enfin à déchiffrer un mot. C'est qu'en effet j'étais une façon de conquérant ; j'emportais d'assaut les syllabes ; les mots étaient des villes dont je faisais le siége ; et je m'emparais d'une phrase avec le même enthousiasme que déploient les grands capitaines pour s'emparer d'une province. La victoire était parfois longuement disputée. Mais plus grande était la peine, plus grand était le triomphe ; et chaque pas en avant dans cette voie ouvrait un champ plus large à l'activité de mon esprit, chaque obstacle surmonté laissait entrevoir à mon imagination curieuse, par delà de nouveaux obstacles, de nouveaux horizons !... Et puis la Rosinette avait de si bonnes paroles pour me récompenser d'avoir appris ma leçon !... Mais à mon esprit ambitieux, déjà la lecture ne suffisait plus. Lire, c'était bien ; écrire, il me semblait que c'était mieux. — Tu voudrais écrire ? hé ! qui t'empêche d'apprendre ? me dit un samedi soir la Rosinette à qui je venais de confier mon désir. Demain tu verras l'instituteur de Saint-Cyr, exprime-lui ton idée. Je réponds du succès de ta demande. M. Beaugrand ne refusera certainement pas de te montrer les premiers principes. Après cela nous verrons. — Et ce que la Rosinette m'avait prédit arriva, le bon vieux maître d'école accueillit favorablement ma requête, et je remplaçai l'alphabet par un petit cahier sur chaque page duquel, au-dessous des exemples de M. Beaugrand, je m'appliquai pendant trois semaines à tracer, à l'aide d'un crayon, de longues files de bâtons rangés comme des armées en ligne, inclinés comme les blés quand le vent souffle dessus. Après les bâtons vinrent les jambages ; puis on m'admit à l'honneur de confectionner des boucles, des déliés, des pleins, que sais-je ? enfin des mots et des phrases entières. Bientôt je fus capable d'écrire sans modèle. Alors la Rosinette parla d'orthographe et de dictées. Alors aussi M. Beaugrand me fit cadeau d'un cahier neuf. Sur la couverture, il avait mis de sa plus belle main : *Cahier de calcul.* Chaque dimanche, cet homme positif me préparait sur une page blanche ma besogne de toute la semaine, à savoir une addition, une soustraction, une multiplication, une division, soit quatre problèmes dont je devais lui porter les solutions le dimanche suivant. La tâche était mince ; cependant, l'arithmétique n'étant pas mon fort, il m'arriva souvent d'en avoir pour toute ma semaine ; et comme au-dessous des problèmes symétriquement disposés il y avait du papier de reste, j'en profitais pour écrire ce qui me passait par la tête. Et ce qui, le plus souvent, me passait par la tête, c'étaient les noms de toutes les personnes que j'aimais. Je faisais cela naturellement, comme en me jouant, presque sans y penser. Il y avait sur mon cahier des *Maman Catherine*, des *M. Beaugrand*, des *M. Gorgis*, des *M. Bonhommet*, des *Madame Gertrude*, des *M. Jacob Renard* même, mais le nom qui se représentait le plus souvent sous ma plume, ou pour mieux dire sous mon crayon, celui que je savais le mieux écrire, et qui brillait à toutes les pages, c'était celui de la fille de mon maître, *mademoiselle Rosine Renard*, autrement dite la Rosinette. — Tels étaient, dans les dix-huit premiers mois de mon séjour à la ferme de Sablonnières, mes passe-temps ordinaires quand je conduisais aux champs mon troupeau, et, tu me croiras si tu veux, Pierre, parce que j'étudiais et cherchais à m'instruire, mes dindons n'en étaient pas plus mal gardés.

Le vieux Jacob Renard qui, de prime abord, avait froncé le sourcil en voyant sa fille me donner des leçons, avait fini par s'intéresser à mes progrès. Après avoir osé dire — car il était allé jusque-là — que c'était peine perdue que de chercher à m'enseigner des choses dont je n'aurais jamais l'occasion de tirer parti, le bonhomme en était venu graduellement à m'encourager. — Seulement, répétait-il sans cesse, il ne faut pas que cela te fasse négliger la besogne de la maison. — Une fois même il ajouta : — Car enfin, Jacques, c'est mon pain que tu manges. — Jacob Renard n'avait jamais eu la réputation d'être d'une aménité très-grande avec le personnel de sa ferme ; et j'étais trop jeune et surtout trop timide pour ne point laisser passer sans protestation les rudesses de son langage. Au reste, les recommandations du fermier étaient inutiles ; j'étais tout ardeur, tout activité ; chaque jour se développait en moi, plus intelligent et meilleur, ce petit Jacques nouveau que j'avais senti s'éveiller aux premières paroles de la Rosinette. Je m'étonnais moi-même de ma transformation. Debout dès le chant du coq, je descendais dans la cour pour y vaquer à mille petits travaux d'ordre et de propreté qui n'étaient cependant pas tous du ressort de mon emploi. Jamais le pavé qui longeait les bâtiments à l'intérieur de la ferme n'avait été plus net, jamais le fumier mieux tassé, les outils mieux rangés. Je mettais une sorte d'amour-propre à me rendre utile à mes camarades, les autres domestiques : j'abreuvais les vaches de la Zabeth, j'emplissais de fourrage les râteliers de la bergerie ; j'allais au puits tirer de l'eau pour la bonne vieille Gertrude ; je cirais les harnais des chevaux, et lavais la carriole du patron ; parfois même j'essayais de panser le Normand du Grand-Guillaume, mais le Grand-Guillaume me reprenait la brosse et l'étrille, disant qu'il ne demanderait pas mieux que de me laisser faire si je n'étais encore si petit. Il n'y avait pas jusqu'à Claude Séguin à qui je n'offrisse un coup de main. Malheureusement Claude Séguin était pétri d'orgueil ; il aurait rougi, se récriait-il, — il était cependant déjà bien assez rouge — il aurait rougi d'avoir la moindre obligation à ce qu'il appelait un méchant mioche de mon espèce. Je me suis souvent tourmenté la cervelle pour deviner quels griefs Claude Séguin pouvait avoir alors contre moi ; je n'ai rien trouvé, si ce n'est que j'étais brun et passais pour avoir une chevelure superbe. Toujours est-il que dès ce moment Claude Séguin ne savait me témoigner que du dédain ou du mépris. C'était pourtant un garçon d'humeur joviale qui riait à tout venant, et je ne sache guère que moi qu'il n'a jamais pu souffrir. Gertrude s'était aperçue de cette animosité. — N'y fais pas attention, me disait-elle, ces rouges-là ne valent pas le diable ; ce sont des êtres vaniteux et remplis de jalousie. Mon défunt mari — Dieu veuille l'avoir en sa sainte grâce ! — n'aimait pas non plus les rouges ; il avait eu, dans notre jeune temps, maille à partir avec un rouge qui voulait m'épouser malgré moi. Je n'aime pas les rouges, mon petit Jacques, mais toi, tu n'es pas rouge, et je t'aime bien. — On juge si de pareils compliments me faisaient plaisir et me donnaient du cœur à la tâche. Et plus je travaillais, plus j'étais content. — Le patron, pensais-je en moi-même, ne pourra toujours pas dire que je suis un flâneur, un voleur, un *mange-pain mal gagné*.

Bref, je faisais mon devoir, et quant à me traiter de flâneur, de voleur, de mange-pain mal gagné, Jacob Renard n'y songeait aucunement. Cet homme, dur aux autres comme à lui-même, n'était cependant pas injuste. De ses défiances primitives à mon égard, il ne restait plus trace au bout de trois mois. Ses préventions, d'ailleurs si légitimes, n'avaient pu tenir longtemps contre le zèle dont je faisais preuve. Sa rancune s'était évanouie. Vieilli dans le labeur et détestant les paresseux à l'égal de la peste, Jacob Renard se connaissait en activité ; et la mienne, vérification faite, lui paraissait de bon aloi. Il n'avait pas eu besoin de lunettes pour constater dès le premier jour mon application à le bien servir. Seulement le premier jour il avait douté de ses yeux. En m'engageant à son service, il s'était persuadé ne prendre qu'une espèce de vagabond qu'il lui faudrait congédier bientôt comme une bouche inutile ; c'était un acte de charité qu'il accomplissait en accomplissant le désir de sa fille, et voilà que, par un bonheur étrange, il avait mis la main sur un excellent petit commis de ferme. Grande était sa surprise, mais forts aussi ses doutes. — Bah ! tout beau, tout nouveau ! se disait-il en hochant la tête. Feu de paille, flamme vite éteinte ! Nous verrons ce que ce beau zèle durera. — Jacob Renard n'avait pas confiance. Sous ce rapport c'était un vrai Saint Thomas. N'étais-je pas le rôdeur et le maraudeur de la vallée du Petit-Morin ? Pourtant les jours passèrent et le feu de paille ne s'éteignait pas ; les semaines s'écoulaient, et mon beau zèle durait toujours. Enfin, vaincu par l'évidence qui l'avait amené tout doucement à concevoir de mon humble personne une meilleure opinion, le vieux fermier voulut bien reconnaître, — et cela à haute voix, dans la salle commune, en présence de la Rosinette toute rouge de plaisir, et de plusieurs des gens de la ferme, — que pour les dindons comme pour le reste, le petit Jacques Dumont ne valait certes pas moins que la grosse

Catherine Moussu. Sa conviction était si bien établie sur ce point que lorsque ma première année de service fut expirée et qu'il lui fallut penser à me régler mes gages, il se montra d'une humeur charmante, et m'étonna véritablement par sa largesse et son urbanité.

Plusieurs fois, dans le cours des douze mois qui venaient de se passer, je m'étais demandé : — Combien me donnera-t-il ? — Le dévouement n'exclut pas ces sortes de calculs : Ma mère était pauvre ! j'étais mal habillé !... Je comptais tout au plus sur douze ou quinze écus, un prix énorme à mon avis, et je me représentais la joie que j'éprouverais à remettre une pareille somme à ma mère qui s'en servirait pour donner un à-compte sur le prix de notre maison, me payer une belle et bonne blouse, et s'acheter une robe neuve. Car j'avais conçu cette ambition d'offrir une robe à ma mère, une belle robe de siamoise rouge ou de molleton rayé, qui remplacerait enfin la vieille jupe de cotonnade bleue rapiécée qu'été comme hiver elle mettait tous les jours.

Or, un dimanche matin que j'étais à balayer

sous la remise, j'entendis le fermier qui m'appelait. Il était seul au haut de son perron qu'il se mit à descendre à ma rencontre.

— Jacques, me dit-il, quand je fus près de lui, voilà juste un an que nous sommes ensemble. Si tu ne t'en plains pas, je ne m'en plains pas non plus ; je n'ai qu'à me louer de tes services, mon garçon. Peut-être ferais-je mieux de ne t'en souffler mot, mais on ne change pas de caractère comme de chemise, et je suis franc, moi, tu sais, je suis très-franc. S'il y a des gens qui prétendent le contraire, ceux-là, sois-en bien sûr, ne sont point de mes amis. Donc, pour en revenir à nos moutons, je suis content de toi, Jacques, et je veux te le prouver. Prends-moi cela, mon garçon, et travaille toujours bien.

En prononçant ces dernières paroles, le fermier me tendait un carré de papier sur lequel étaient tracées quelques lignes.

— Voyons un peu, fit-il, comme tu sais lire.

Je pris donc le carré de papier et me mis à déchiffrer la grosse écriture lourde de M. Jacob.

Brave M. Jacob ! Ce papier, c'était un reçu de soixante francs à compte sur les cinquante écus que lui redevait ma mère. Au milieu de ma lecture je fus obligé de m'arrêter. Des larmes me remplissaient les yeux.

Soixante francs ! j'avais gagné soixante francs ! Cette pensée m'enorgueillissait ; le roi n'était plus mon cousin. Et dire que Jacob Renard passait pour égoïste, dire que Jacob Renard passait pour avare ! Avare, lui, je vous demande un peu, un homme qui donnait soixante francs de gages à son gardeur de dindons ! Mais ce fermier, au contraire, était un ange — ange bourru, soit — mais un ange pourtant, de bonté, de charité, de générosité ; c'était un noble cœur incompris, une grande âme méconnue ; et je le regardais tout attendri.

Cependant je voyais la physionomie de mon maître s'assombrir.

— Peut-être aurais-tu préféré de l'argent ? me demanda-t-il brusquement.

Je compris alors qu'il s'était trompé sur le sens de mon émotion, et en quelques mots qui partaient de l'âme je lui fis toucher du doigt sa méprise.

— A la bonne heure, c'est différent, fit-il d'un ton joyeux, c'est différent !... Ah çà mais ! c'est donc vrai ce que nous disait l'an dernier ma fille, que le petit Jacques, tant décrié dans la vallée, est un garçon d'esprit et de cœur ?

Et comme, tout embarrassé, je gardais le silence :

— Mais tiens, continua-t-il en me présentant quatre belles pièces de cent sous à l'effigie du roi Louis-Philippe, prends encore ceci que j'ai mis dans ma poche à ton intention. Le reçu, c'est pour ta mère ; mais les pièces de cent sous, c'est pour toi.

Impossible d'exprimer le plaisir que je ressentis au contact de cet argent que le fermier me mettait dans la main. Dans l'excès de ma joie je ne songeai même pas à remercier mon maître ; et lorsque dans l'après-midi je me mis en route pour Saint-Cyr, j'étais comme en proie à la fièvre, la fièvre du bonheur. Jamais je ne m'étais senti le cœur si fier ni le pas si léger ; je relevais la tête, je chantais en marchant, je riais à toutes les fleurs, je saluais tous les arbres et donnais le bonjour à tous les oiseaux. Je crois que pour un peu je me serais mis à danser sur le chemin. Du moins, je faisais gaiement sauter mon argent dans ma poche. Oh! la jolie musique, la jolie musique! Et quand ma main s'était lassée à cet exercice — car pour mes oreilles, elles ne pouvaient se rassasier d'un aussi gentil carillon — je remettais soigneusement mon trésor au fond de ma poche, avec mon mouchoir par-dessus. Ah! l'on n'éprouve ces émotions-là qu'une fois dans la vie, et je déclare que jamais rouleaux d'or et liasses de billets de banque ne m'ont causé de sensations aussi douces que ces quatre pauvres pièces de cent sous qui représentaient une part de mon premier salaire!

Ma mère, elle aussi, fut contente et surprise de la générosité du fermier. — Allons, me dit-elle en m'embrassant avec effusion, on fera de ton argent ce que tu voudras. Maintenant, Jacques, je me trouve heureuse, et je n'aurais plus rien à désirer en ce monde si tu pouvais enfin te mêler un peu de grandir.

Ce dimanche-là, ma mère m'accompagna chez M. Beaugrand et l'instruisit de ce qui venait de nous arriver. — Eh! que voulez-vous, dame Catherine, fit le digne maître d'école, c'est tout simple. Parce que Jacob Renard est un homme prudent, intéressé, positif même — car sa manière de payer Jacques est tout à fait d'un homme positif — ce n'est pas une raison pour qu'il soit dépourvu de droiture, et s'il est satisfait de votre fils comme vous le dites et comme j'ai tout lieu de le croire, il lui donnera pour ses gages une somme plus forte encore l'année prochaine. Cela me paraît naturel, et je ne crains pas de trop m'avancer en vous annonçant cet événement, d'ailleurs si probable, comme un fait positif.

Et vraiment, le père Beaugrand ne se trompait point dans ses prévisions. A la fin de ma seconde année de service, Jacob Renard me remit encore un reçu, mais cette fois de quatre-vingt-dix francs pour soldé de tout compte — ma mère habitait donc enfin une maison à elle —; et au lieu des quatre pièces de cent sous de l'année précédente, ce fut deux beaux louis tout neufs que mon excellent maître me glissa dans la main. Je n'avais franchement pas lieu de me plaindre et me trouvais suffisamment payé.

Il est vrai que, vers la fin de cette seconde année, mes occupations avaient quelque peu changé. Catherine Moussu, fatiguée de son métier de laveuse de vaisselle à Montmirail, avait saisi l'approche de la moisson pour venir se représenter comme domestique à M. Jacob Renard, et la brave fille avait si bien prié, pleuré, supplié, qu'elle avait obtenu de rentrer à la ferme. Cette circonstance, au lieu de me nuire, m'avait valu de l'avancement. Catherine avait repris son ancien emploi, le seul auquel elle s'entendît; et moi, de gardeur de dindons, j'étais passé troisième charretier. — Ma foi! s'était écrié le fermier dans un accès de bonne humeur, voilà qui fait merveilleusement mon affaire. Dans les moments de presse, il m'arrivait encore parfois de diriger la charrue ou de rentrer les blés; maintenant je ne m'occuperai plus que de surveiller. Aussi bien, ce n'est pas sans raison que l'on m'appelle le *vieux*; je sens chaque jour mes forces diminuer. N'ai-je pas assez pioché depuis que je suis sur la terre? Mais c'est fini, de ce jeu-là! Dorénavant je veux rester les bras croisés, regarder tranquillement ce qui se passe, et me sentir vivre! — Ces belles résolutions de repos, déjà maintes fois formées, n'empêchaient point Jacob Renard de travailler comme devant. Tout au plus se permettait-il l'innocente distraction d'aller à la chasse le dimanche et de faire, muni d'un port d'armes en bonne et due forme, une concurrence moins sérieuse que légale à MM. les braconniers de la vallée. Les autres jours, on pouvait le voir, comme par le passé, partageant les occupations de ses domestiques et prenant de la peine ; seulement, à l'entendre, il n'en prenait plus qu'à son aise. Il disait cela gravement, d'un air convaincu. — Mais, mon père, criait gentiment la Rosinette, je vous demande un peu si c'est là tenir une conduite raisonnable ; vous voici tout en nage. — Bah! bah! laisse donc, fillette, répondait-il en essuyant son front d'où ruisselait la sueur, un peu d'exercice ne nuit pas ; du reste, tu sais bien que je n'en prends qu'à

mon aise ! — Et de fait, il ne paraissait jamais plus joyeux que lorsqu'il était ainsi. La fatigue était sa passion, son besoin ; mieux encore, son élément naturel ; vivre sans fatigue, il ne le pouvait pas :
— Autant vaudrait essayer, disait Gertrude, qui le connaissait à fond, de retrancher la nourriture aux bêtes, le soleil aux fleurs, l'onde aux poissons, l'espace aux hirondelles. — Mon avénement au grade de troisième chavretier n'avait donc, quoiqu'il en eût dit dans le premier moment, modifié que d'une façon insignifiante les vieilles et chères habitudes de mon maître. Quant à moi, j'étais enchanté de mon nouvel emploi : j'avais toujours eu beaucoup de goût pour les chevaux, et bien que celui que l'on me confia de prime abord fût loin d'être le meilleur de l'écurie, je m'estimais heureux de le soigner, de le caresser, de l'atteler, de le conduire. C'était, sans médire de l'amitié du Grand-Guillaume et de Bonhommet, mon meilleur et mon plus affectueux camarade. On l'appelait Tranquille. Il hennissait de plaisir en entendant ma voix. Nous passions toutes nos journées ensemble ; ensemble nous allions à la

herse. Lui marchait bravement, *tranquillement*, en vieux philosophe qu'il était, dans la glèbe fraîchement retournée ; moi, tantôt l'encourageant d'un mot, tantôt cherchant à l'exciter du fouet, je suivais. Oh ! le brave animal et comme il portait bien son nom ! Et quelle bonne besogne aussi que celle que nous faisions ! Comme je comprenais bien maintenant toutes ces choses vagues que m'avait exprimées jadis la Rosinette ! Combien de fois ne m'est-il pas arrivé de penser :
— Hue donc, Tranquille ! Ce que nous faisons là, c'est de l'avoine pour tes pareils et pour toi, — ou bien : — C'est du pain pour l humanité ! Nous remplissons un sacerdoce ! — Et la terre s'émiettait et s'égalisait sous nos pas ; les sillons raboteux devenaient unis ; la voie du semeur était préparée, et le fermier, rustique Messie, n'avait plus qu'à venir.

Mais tu vas trouver, Pierre, que voilà bien des réflexions inutiles. Pardonne-moi, mon ami, tous ces détails qui font longueur. Plus tard, quand tes cheveux blanchiront, tu sauras quelle satisfaction l'on éprouve à retrouver dans sa mémoire les impressions de sa jeunesse, et si tu racontes un jour ton histoire à quelqu'un, tu t'étonneras de ne pouvoir, au milieu de tant de souvenirs, démêler et dévider que lentement le fil de tes aventures.

XIII

Il y avait à peine un mois que j'étais passé troisième charretier lorsque j'eus l'occasion de rendre un notable service à mon maître, et de signaler mon dévouement à sa fille.

Je crois t'avoir déjà dit, Pierre, que Claude Séguin aimait à courir les fêtes et les bals des environs. Passe encore s'il eût été sage, mais il s'attardait dans les cabarets et ne rentrait souvent à la ferme que fort avant dans la nuit. Vainement Jacob Renard, à qui de semblables équipées déplaisaient, avait déclaré formellement que, le dimanche comme les autres jours, qu'il y eût fête ou non dans la vallée, la porte charretière serait barricadée au coucher du soleil et ne s'ouvrirait pour personne avant le lendemain ; Claude Séguin escaladait les murs, se faisait reconnaître des chiens, gagnait silencieusement l'écurie, et se glissait doucement dans son lit où le Grand-Guillaume, en s'éveillant pour donner l'avoine aux chevaux, était tout étonné de l'entendre ronfler comme un orgue à côté de lui. — Tu verras, Claude, faisait observer parfois le vieux charretier, que ce jeu-là finira mal. — Le Grand-Guillaume ne croyait pas si bien dire.

Le dimanche qui suivit la rentrée de Catherine chez M. Jacob, j'abrégeai ma visite à ma mère, et revins de Saint-Cyr plus tôt que de coutume. La raison qui me faisait hâter ainsi mon retour, c'est que le Grand-Guillaume, qui ne sortait presque jamais de la ferme autrement que pour se rendre au travail, avait dû prendre, le matin même, un congé de trois jours pour s'en aller à cinq ou six lieues de là, du côté de Jouy-le-Châtel ou de Beton-Bazoches, je ne sais plus au juste lequel, assister au mariage de sa sœur, espèce de cerveau brûlé frisant la cinquantaine, qui, veuve de trois maris, mais riche de quelques économies, avait

voulu se passer la fantaisie d'un quatrième époux.
— Sa dernière folie, quoi ! — disait mélancoliquement le Grand-Guillaume. Mais le Grand-Guillaume aurait été fâché de désobliger sa sœur en refusant de se rendre à son invitation ; et il était parti, sans trop maugréer, le matin même, son immense tuyau de poêle hardiment planté sur le sommet du crâne, son antique redingote noire sous sa luisante blouse de toile bleue, son pantalon de drap brillant retroussé jusqu'aux chevilles de peur de la poussière, ses gros souliers à lanières de cuir bien cirés aux pieds, et sa bonne vieille petite pipe noire entre les dents.

Dans une maison bien réglée, quand un domestique principal est forcé de s'absenter, les autres se feraient scrupule de s'absenter aussi sans l'assentiment de leurs maîtres. Claude Séguin, lui, n'avait pas de ces délicatesses ridicules. Pendant que le Grand-Guillaume s'éloignait en songeant à son bon gros Normand qu'il ne reverrait point de trois longs jours, le second charretier, de son côté, méditait une partie de plaisir assaisonnée, comme beaucoup de fêtes de village à cette époque, de

querelles et de horions. On n'était pas alors, dans
nos contrées, un méchant homme pour rechercher les divertissements de ce genre. L'élite des
gars de Sablonnières devait — c'était convenu
depuis longtemps — se porter en troupe au village de Doue qui chômait son patron ce jour-là;
et s'il n'y avait pas rixe et bataille, tout au moins
pouvait-on espérer entre les contredanses force
bouteilles à boire — chacun payant la sienne —
devant le cabaret du gros papa Coquard, sur la
table éclairée par un lumignon fumeux, au bruit
du violon du petit Martinet, le ménétrier du village, râclant ses quadrilles joyeux et marquant du
pied la mesure, sur ses tréteaux branlants, à la
douce clarté des étoiles, ces braves chandelles du
bon Dieu. Tel était le rêve de Claude Séguin pendant que la silhouette du Grand-Guillaume s'effaçait dans l'éloignement, et comme le charretier
aux cheveux rouges n'était pas gaillard à reculer
devant la perspective d'un coup de poing sur
l'œil ou d'une bouteille de clairet, il avait lestement expédié le plus gros de sa besogne, s'était
occupé de sa toilette en attendant le déjeuner,

avait pris place à table au premier appel de Gertrude, et, sa dernière bouchée à peine avalée, s'était dirigé vers l'auberge du *Gui de chêne*, lieu fixé pour le rassemblement du bataillon sacré du belliqueux village de Sablonnières. Quant à l'heure de son retour, il avait oublié de l'indiquer en partant ; c'était, du reste, le moindre de ses soucis. En ces circonstances, la responsabilité de l'écurie m'incombait tout entière : on n'est point troisième charretier pour n'être pas un peu le domestique de ses camarades plus avancés en grade ; et je prenais tant de plaisir à m'occuper des chevaux que je trouvais cela tout naturel. Je me promis donc de ne pas m'attarder à Saint-Cyr ; et, malgré M. Beaugrand qui s'était mis en tête de m'apprendre la règle d'intérêts composés ce dimanche-là, je sus me tenir parole à moi-même.

— Eh mon Dieu ! Jacques, serait-ce déjà toi ? me demanda la Rosinette en m'entendant grimper les marches du perron.

— Eh oui, mademoiselle.

— Cinq heures viennent à peine de sonner. On t'a donc renvoyé de *chez vous* ?

— Oh non, mademoiselle ; je ne suis revenu sitôt que parce que le Grand-Guillaume est absent.

— Et tu n'as pas, à ce qu'il paraît, confiance dans l'exactitude de Claude Séguin, lui qui t'a si souvent défendu de t'occuper de son Rougeaud?

— Je ne dis point cela, mademoiselle.

— Non, tu ne le dis pas, parce que tu n'es point, toi, un mauvais camarade ; mais ce que tu ne dis pas, tu le penses peut-être?

— Sauf votre respect, mademoiselle, j'ai toujours vu Claude Séguin remplir son devoir.

— La semaine, je ne dis pas non ; seulement il aime un peu trop à s'amuser le dimanche.

La conversation s'arrêta là : M. Jacob arrivait de la chasse. Tout en gagnant ma chambre pour changer de vêtements, je l'entendis exhaler des plaintes contre les braconniers qui détruisaient le gibier. — J'ai fait dix lieues de chemin à travers la plaine et les bois, s'écriait-il, et je n'ai tué qu'un méchant lapereau. — Heureusement, la mauvaise humeur du fermier passa vite. Quand je descendis pour vaquer à ma besogne, il était redevenu tout guilleret. Que lui fallait-il, en effet, pour le calmer et le rasséréner ? Un baiser, une parole, un sourire de sa fille, sa chère fille, et la Rosinette, Dieu merci ! ne les lui marchandait pas. Le soir, au souper, Jacob Renard fut très-gai; lui, qui d'habitude ne parlait que fort peu pendant le repas, trouva le moyen d'être expansif, presque bavard; et je crus, à plusieurs reprises, remarquer dans les regards qu'il jetait sur moi, je ne sais quel aimable sentiment de bienveillance et de satisfaction. Le souper achevé, j'allai rendre à *mes* chevaux une dernière visite, et montai dans ma chambre où je me mis à lire, avant de me coucher, un chapitre de *Paul et Virginie*, un beau livre que M. Beaugrand me disait n'être point de nature à nourrir un esprit positif, mais qu'il avait cependant consenti, sur ma prière, à me prêter ce jour-là. Puis, le chapitre lu, je me déshabillai, soufflai ma chandelle, et ne tardai pas à m'endormir du plus calme sommeil.

Il pouvait bien être une ou deux heures du matin lorsque je fus réveillé par un concert inaccoutumé. Un chat miaulait sur le toit, juste au-dessus de ma tête, en même temps que des pas légers et nombreux se faisaient entendre dans le grenier. Je me levai sans lumière et sortis de ma chambre. Il faut croire que tous les rats et toutes les souris de la ferme avaient choisi cette belle nuit d'été pour tenir conseil, festoyer ensemble ou mener leur sarabande, car à peine eus-je franchi ma porte que je les entendis se disperser dans toutes les directions. Plusieurs même, se faufilant entre mes jambes, se réfugièrent dans ma chambre où, par bonheur pour eux, je ne songeai nullement à les poursuivre. Dehors, le chat miaulait toujours. Il était venu se poster à l'une des lucarnes donnant sur la cour, et je voyais son ombre se découper en noir sur le bleu foncé du ciel, derrière la vitre fermée. Il y avait une sorte de supplication touchante et furieuse dans l'accent plaintif et rageur des sempiternels *miaou* qu'il poussait de seconde en seconde, tantôt s'étirant sur ses pattes comme pour assouplir son corps et pour aiguiser ses griffes, tantôt courbant l'échine à la manière de ces bons apôtres, qui pour obtenir quelque faveur, vous

9

saluent obséquieusement en faisant le gros dos. Ses yeux clairs et brillants, ardents comme braise, ses yeux que tout d'abord j'avais comparés mentalement à deux canons de pistolet braqués sur la lucarne, s'efforçaient de s'adoucir en s'arrêtant sur moi. Sa physionomie prenait alors une expression si curieusement piteuse et si franchement drôle que je m'en amusais énormément. Je ne sais quelle envie folle me venait de lui chanter : *Au clair de la lune, mon ami Pierrot!* A la fin pourtant, sa mine anxieuse — je n'ai jamais eu le cœur dur — désarma ma rigueur, sa constance à m'implorer triompha de mon mauvais vouloir. Il eût été vraiment par trop cruel de laisser languir ce suppliant plus longtemps dans l'attente. Eh! tant pis pour la gent trotte-menu! M'aidant d'un escabeau sur lequel je grimpai, j'ouvris toute grande la lucarne. La brave bête alors, toute joyeuse, s'élança d'un bond dans le grenier. Si quelque carnage s'ensuivit je m'en lave les mains : les rats et les souris avaient eu largement le temps de déguerpir. Pour moi, je demeurai là, bayant aux étoiles. Perché sur mon escabeau, le coude appuyé sur le bord de la lucarne, il me parut bon, avant d'aller retrouver mon lit, de respirer quelques-unes des bonnes bouffées d'air qui m'arrivaient des bois. Rien de charmant et de délicieux comme ces nuits calmes! Un coq, plus matinal que les autres, chantait au loin dans le village. — En voilà un dont l'horloge avance, me disais-je. N'importe, c'est bien chanté, mon brave coq, et puisque tu nous invites au travail, on tiendra compte de ton avertissement; encore deux ou trois petites heures de repos, et nous nous en irons aux champs de compagnie, le petit Jacques et le bon gros Tranquille. Ce cher Tranquille!... — Mais quelle ne fut point ma surprise lorsqu'en dirigeant mes regards vers l'écurie, je m'aperçus que la porte en était entrebâillée, et qu'il régnait à l'intérieur une sorte de grande lueur!... Ce n'était point la clarté d'une lanterne ou d'une lampe : la lueur aurait été plus faible, c'était une lumière vive et vacillante, qui s'accompagnait de fumée, et qui, d'instant en instant, semblait augmenter et grandir. J'ouvris la bouche pour crier. Mais quoi! jeter l'alarme dans la maison, réveiller le fermier, effrayer sa fille, et tout cela peut-être pour rien? Cette perspective me fit peur. Sans crier donc, sans appeler, sans mot dire, mes sabots aux mains et les pieds nus pour ne point faire de bruit dans les escaliers, je descendis jusque dans la cour, et me dirigeai, tout courant, vers l'écurie où, dès avant d'arriver, je distinguai parfaitement, au milieu des ruades et des trépignements des chevaux, un ronflement sonore. — Bon! Claude Séguin est rentré, pensai-je ; mais que signifient ces ruades, cette lumière et cette fumée? — Enfin je touchai le seuil de l'écurie et poussai la porte.

Il n'y avait pas à s'y tromper : cette lueur que j'avais aperçue n'était ni plus ni moins qu'un commencement d'incendie. Quelques bottes de paille, entassées dans un coin, à trois pas du lit de Claude, venaient de prendre feu. Voir le danger et m'occuper de le combattre ne fut qu'un pour moi. J'entrai dans l'écurie, de la voix je calmai les chevaux; et, tout en jetant un seau d'eau sur la paille, en la piétinant, en cherchant à étouffer le feu même avec mes mains, en luttant pour ainsi dire corps à corps avec la flamme, je criai par trois fois : — Claude! Claude! Claude! — Mais en vain; Claude Séguin, étendu tout habillé sur son grabat, malgré mes appels, malgré la fumée qui remplissait l'écurie, continuait de dormir comme une brute qu'il était.

Un objet que je rencontrai sous l'une de mes mains me donna l'explication de l'accident : cet objet, c'était une lanterne. Je compris qu'à son retour Claude, au lieu de la suspendre au clou fiché dans le mur à cet effet, avait dû la poser tout allumée et tout ouverte sur le tas de paille qui se trouvait à sa portée. Il n'y a que les ivrognes pour avoir des idées semblables.

— Claude! répétai-je pour la quatrième fois.

Ce fut Bonhommet qui vint : les bergers ont le sommeil léger : du fond de sa bergerie il avait entendu mes appels. — De l'eau! de l'eau! lui dis-je. — En voici, me répondit-il après avoir couru jusqu'au puits.

Et le brave homme se mit à me seconder de son mieux.

— Maintenant, fit-il, pas de bruit! Ceci n'est rien. M. Jacob dort comme un chasseur éreinté qu'il est. Ne donnons pas l'éveil inutilement.

En un moment tout danger disparut : cinq ou six seaux d'eau répandus à propos, avaient sauvé l'écurie et peut-être la ferme entière d'une destruction imminente. Toute trace de l'événement disparut aussi. Les débris de la paille brûlée furent soigneusement enlevés, jetés dans la fosse à purin et remplacés par de la paille fraîche. Nous lavâmes consciencieusement les parties de mur qu'avait léchées la flamme. Bref, nous fîmes si bien, que dans ce bâtiment si terriblement menacé par l'incendie dix minutes auparavant, c'est à peine s'il restait une odeur de fumée quand nous en sortîmes. En nous en allant, nous eûmes soin de laisser ouverts la porte et les créneaux de l'écurie, et convînmes de garder le silence sur ce qui venait de se passer.

— Mais comme c'est heureux tout de même, Jacques, me dit ensuite le vieux berger, que tu te sois aperçu de l'accident assez à temps pour tout sauver! Sais-tu qu'un peu plus mes moutons, mes pauvres moutons que j'ai ramenés du parc hier soir, ces chers moutons dont M. Jacob est si fier, et que j'aime, moi, comme la prunelle de mes yeux, auraient été rôtis cette nuit comme gigot à la broche?

— Bah! lui dis-je, si j'ai pu me rendre utile en cette occasion, c'est au chat noir qui m'a réveillé que revient le mérite de la chose. D'ailleurs, sans vous mes efforts seraient demeurés impuissants; seul je n'aurais pu conjurer le péril; c'est à votre concours que je dois d'avoir pu préserver la ferme d'un si terrible fléau. Vous voyez bien que, tout compte fait, je n'ai pas le moindre mérite là-dedans.

Bonhommet m'écoutait en souriant :

— Ces enfants qu'instruisent de belles demoiselles, comme ça dégoise! — s'exclama-t-il. Puis, après un silence :

— Eh bien, à ton aise, fit gaiement le berger; je retire mes éloges. Je ne conçois même pas pourquoi je te félicitais de ta vigilance, de ton dévoûment. Je comprends qu'il faut que je te gronde. Je ne sais pas trop de quoi, par exemple. Je vais y réfléchir en dormant : A tantôt, trop modeste Jacques, et surtout que tes remords cuisants ne t'empêchent point de faire encore un bon somme. Il est un peu trop matin pour se remettre au travail.

Là-dessus Bonhommet, me donnant une tape amicale sur l'épaule, rentra dans la bergerie pendant que je regagnais silencieusement ma chambre. Mais tout le reste de la nuit, nous demeurâmes à veiller chacun de notre côté. De la lucarne où j'avais établi mon observatoire, je voyais le berger longer les bâtiments, jeter un coup d'œil dans l'écurie, et rentrer auprès de son troupeau, pour recommencer le même manége un quart d'heure après. Enfin l'aube parut, qui nous rendit l'un et l'autre à nos travaux, et fit cesser nos inquiétudes.

En fait de remords cuisants — pour rappeler l'expression railleuse de Bonhommet — je n'avais guère que de légères brûlures aux mains, brûlures que je ne parvins pas à dissimuler à la Rosinette, mais que j'eus la chance de lui faire accepter pour des ampoules.

Quant à Claude Séguin, c'est à peine s'il consentit à croire le berger lorsque celui-ci, fronçant ses épais sourcils gris et prenant son ton le plus sévère, s'avisa de le sermonner sur son inconduite et sur les conséquences fatales auxquelles elle avait failli donner lieu. Claude Séguin était innocent comme l'agneau qui vient de naître ; il n'avait rien vu, rien entendu, ne se souvenait de rien. Peu s'en fallut qu'il ne taxât de mensonge et d'imposture les affirmations et les protestations réitérées de l'honnête et véridique Bonhommet ; cependant, comme à tout prendre il ne se sentait peut-être pas au fond la conscience bien nette, il se donna de garde d'ébruiter l'affaire. Jacob Renard, lui, l'a toujours ignorée. Autrement, c'en eût été fait désormais du peu de repos qu'il avait l'habitude de prendre ; le spectre de l'incendie, comme un implacable cauchemar, aurait troublé ses jours et tourmenté ses nuits. Béni soit Dieu qui nous inspira la pensée d'écarter de ses dernières années ce sujet d'inquiétude et de craintes! Seule entre toutes les femmes de la ferme, la gardeuse de dindons avait quelque notion de l'accident. Cette brave Catherine, qui couchait avec la Zabeth dans une pièce du rez-de-chaussée, ayant entendu nos allées et venues sur le pavé de la cour, avait entr'ouvert sa fenêtre pour voir et pour écouter. Son premier mouvement avait été de réveiller ses maîtres et d'appeler au secours; mais jugeant, à quelques paroles échangées entre Bonhommet et moi, que ce commencement d'incendie avait pour cause directe une imprudence de Claude Séguin, cette fille qui, dès les premiers jours de sa rentrée à la ferme, s'était amourachée du jeune et brillant charretier aux cheveux rouges, avait pris le parti de se tenir coite dans son coin et, le danger passé, s'était résolue à garder sur cet événement mystérieux, un silence aussi complet que prudent. Claude Séguin conserva donc son emploi, sans avoir ni peu ni prou de démêlés avec le maître au sujet de sa détestable équipée; il ne se montra ni plus doux ni meilleur à mon égard que par le passé; seulement je remarquai, non sans quelque satisfaction, qu'à partir de cette date il évita les occasions de se griser aussi copieusement. Il poussa la prudence à ce point même que sa réserve m'étonna. J'ai su depuis que le Grand-Guillaume n'était pas étranger à cette conversion. A son retour de la noce de sa sœur, il avait semoncé rudement le second charretier, le menaçant de le faire chasser honteusement de la ferme à sa première incartade. Bonhommet, dans sa sagesse, autant peut-être pour me faire honneur de ma conduite que pour attirer l'attention du premier charretier sur celle de Claude, avait cru devoir se départir, vis-à-vis du Grand-Guillaume, de la discrétion jurée entre nous. Je n'eus d'ailleurs pas à me plaindre du procédé de Bonhommet en cette circonstance, car le récit qu'il fit à son camarade me grandit pour le moins d'une coudée dans l'estime de celui-ci. A compter de ce moment, en effet, j'eus le droit — sans savoir en quoi j'avais mérité pareille faveur — de m'occuper du Normand quand il me plairait, de le panser, de l'étriller, de le harnacher, de l'enfourcher même pour le mener boire. Cependant, je n'abusai point de la permission : Tranquille aurait été jaloux!

Mais une chose qui me valut mieux encore que la considération de Bonhommet et de Guillaume Girardin, une chose qui redoubla l'intérêt que me portait mon maître, et qui m'attira beaucoup de sympathies dans la vallée, ce fut celle qui m'arriva quatre ou cinq jours après cette histoire d'incendie.

C'était, si je ne me trompe, un samedi. Nous étions au matin. Le Grand-Guillaume et Claude Séguin venaient d'atteler leurs chevaux à des tombereaux chargés de fumier qu'ils conduisaient dans une grande pièce de terre située sur la hauteur. Le temps était brumeux; la saison s'approchait des labourages et des semailles. Claude Séguin avait pris les devants, et le bruit des roues de son lourd véhicule cahotant sur les grosses pierres du chemin creux commençait à se perdre dans l'éloignement. Le Grand-Guillaume, tenant son Normand à la bride pour franchir la porte charretière, avait tiré de sa poche sa petite pipe noire à couvercle de cuivre avant de disparaître à son tour. Bonhommet, enfermé dans la bergerie, examinait en compagnie de M. Jacob deux ou trois bêtes malades, et s'extasiait, de concert avec le même M. Jacob, sur la beauté du reste du troupeau : on devait mener les moutons dans les chaumes et les y parquer ce jour-là. Moi, contrairement à mon habitude, je me trouvais attardé. Ce n'était pas ma faute, au moins; ce n'était pas même celle de mon vieux Tranquille qu'il m'avait fallu mener à la forge du village avant l'aurore pour le faire ferrer. Pour bien marcher, les chevaux, comme les hommes, ont besoin d'être chaussés solidement. Je n'avais donc nul reproche à me faire. Néanmoins, je me hâtais de mon mieux, dans l'espoir de regagner le temps perdu, comme si le temps perdu pouvait se rattraper jamais. En un clin d'œil, les traits de mon cheval furent attachés aux palonniers de sa grosse paire de herses, et je me disposais enfin à partir, assis commodément sur le dos de mon cher Tranquille, lorsqu'un certain tumulte qui se fit entendre au milieu de la cour attira mon attention.

Voici ce qui venait d'arriver.

La Zabeth était en train d'abreuver ses vaches ; et la Rosinette, debout auprès de la margelle du puits, s'occupait à regarder ces bonnes braves bêtes — des flamandes au pelage rouge et des normandes bringées — qui, levant leur mufle rose chargé de gouttelettes d'eau brillantes comme des perles, semblaient plonger dans le vague leurs grands yeux langoureux, lorsque tout à coup, le taureau de la ferme, un grand taureau noir qu'on avait laissé seul dans l'étable, étant parvenu à casser la corde qui le retenait devant la crèche, s'était élancé dans la cour, et rué comme un furieux au milieu des vaches surprises qui s'écartaient pour le laisser passer. Rendu plus furieux encore peut-être par le fichu rouge que ce matin-là portait la Rosinette, il s'était dirigé sur elle, et la voyant prendre la fuite, s'était mis à la poursuivre d'abord autour du puits, puis à travers la cour. Vainement la Rosinette avait essayé de gagner le perron de la maison d'habitation, le taureau l'avait devancée et forcée à chercher un refuge ailleurs. Tout cela se passait presque en silence : la jeune fermière ne se plaignait pas, le taureau ne beuglait pas ; et quant à la Zabeth, frappée de stupeur, elle assistait à cette scène émouvante sans essayer un geste, sans même pousser un cri.

A peine m'étais-je rendu compte de ce qui se passait que déjà j'étais à bas de ma monture et volais au secours de la Rosinette. Il était temps que j'arrivasse. La chère demoiselle, tout essoufflée et toute pâle de frayeur, perdait décidément la tramontane. S'étant réfugiée dans un angle, elle y cherchait inutilement une porte ouverte, et allait se trouver à la merci de l'animal furibond. Déjà celui-ci, baissant sa tête armée de cornes redoutables, s'apprêtait à fondre sur elle... Mais j'étais là. D'un bond je me précipitai devant l'agresseur qui, l'espace d'une seconde, demeura, tout étonné de ma brusque apparition, dans la position qu'il avait prise. Profitant de cet instant de répit, j'arrachai du cou de la Rosinette le fichu provocateur, ce grand diable de fichu rouge que la course agitait ; puis je le fis flotter devant les yeux du taureau qui prit le change et se mit à me poursuivre à mon tour. Alors je laissai tomber le fichu, mais mon adversaire n'en tint nul compte ; il continua de me donner la chasse, et j'allais me trouver fort embarrassé de me sauver moi-même lorsque, grâce aux appels poussés par la Rosinette qui reprenait son sang-froid, le Grand-Guillaume, le père Bonhommet, Gertrude et le fermier lui-même accoururent armés de fourches et de bâtons, et parvinrent à faire rentrer dans l'étable ce méchant et vindicatif animal qui, même dompté, mâté, apaisé, se retournait encore, avec des soubresauts de colère, pour se ruer sur moi.

La Rosinette, la Zabeth et moi, nous étions demeurés dans la cour, encore tout défaits des émotions que nous avions ressenties durant cette scène qui, au total, n'avait pas pris plus de cinq minutes. Quand tout fut rentré dans l'ordre, on s'empressa autour de nous : Gertrude ne fut pas la dernière à demander des explications.

— C'est toi qui m'as sauvée, Jacques, dit la Rosinette.

Puis, se tournant vers son père :

— Sans lui, j'étais morte, fit-elle.

Alors elle raconta l'aventure dans tous ses détails, et, vers la fin de son récit, elle se pencha vers moi. Je crus un instant — bonté divine! — qu'elle allait m'embrasser : dame, j'étais si petit! Mais elle se contenta de me prendre doucement la main en me disant : — Merci, Jacques, merci!

On me félicita chaudement. Le fermier avait la larme à l'œil, le Grand-Guillaume m'accablait d'éloges, Gertrude pleurait franchement; quant à Bonhommet, moins timoré que la fille de mon maître, il me renversa la tête en arrière, et m'appuya ses bonnes grosses lèvres sur le front, de sorte que pendant un moment sa barbe blanche se confondit avec mes cheveux bruns. Ensuite il me prit les mains et les pressa dans les siennes au point de me faire crier. Alors seulement il eut connaissance de mes brûlures, et, posant un doigt sur sa bouche : — Chut! fit-il à voix basse, je ne suis pas sorcier pour rien, je te guérirai cela!

Comme il achevait ces mots, la Rosinette, me touchant le bras, me demanda si je n'étais pas blessé. La question avait suffisamment sa raison d'être. Je m'aperçus, en effet, que la manche de ma blouse était déchirée, et que deux ou trois gouttes de sang perlaient à travers la manche de ma chemise : le taureau m'avait effleuré le bras de sa corne dans la bagarre. Il n'y avait rien là de bien dangereux. Gertrude mit une compresse d'eau salée sur cette insignifiante égratignure, et, malgré les instances du fermier et de sa fille qui voulaient me condamner à prendre un peu de repos, je partis au travail.

Je te laisse à penser, Pierre, si l'aventure fit du bruit dans le village. On publia mon éloge sur tous les tons : j'étais tout bonnement un héros; ma conduite, pourtant si simple, dans cette affaire du taureau, prouvait éloquemment un zèle à toute épreuve, un dévouement sublime. Pendant une grande semaine les commères du voisinage ne firent que s'occuper de cela; puis enfin, comme on se lasse de tout et que rien ne s'use plus vite que l'enthousiasme, on laissa de côté, — Dieu merci ! — mon héroïsme, mon zèle à toute épreuve, mon dévouement sublime, et l'on n'en parla plus.

XIV

On n'en parla plus, mais la Rosinette s'en souvenait toujours. A l'intérêt qu'elle n'avait cessé de me témoigner depuis notre fameuse rencontre au bord de la rivière se mêlait un sentiment nouveau dont j'éprouvais le charme sans chercher à m'en expliquer la nature. Il y avait dans la moindre des paroles qu'elle m'adressait je ne sais quelle expression de reconnaissance affectueuse et de familière tendresse. C'était maintenant pour moi mieux qu'une protectrice, c'était en quelque sorte comme une sœur aînée ou comme une seconde mère. Elle ne savait plus que m'encourager et que me féliciter; ses reproches, jusquelà si rares, se faisaient plus rares encore, et lorsque, par extraordinaire, elle avait à me gronder pour quelque tâche mal remplie, ou pour quelque leçon mal apprise, elle me présentait ses observations avec une physionomie tellement rassurante, et d'une voix à la fois si douce et si pénétrante, que je ressentais pendant plusieurs jours un remords véritable d'avoir pu causer de la peine à mon indulgente protectrice.

Durant cet automne de 1841, je terminai mon cours d'arithmétique et commençai la lecture de plusieurs traités d'histoire, de géographie et d'agriculture. La Rosinette était fière de son élève, et son affection croissait avec ma science.

Nous en étions là de mes études et de notre amitié lorsque soudain je vis la Rosinette changer de manières vis-à-vis de moi. Elle si franche et si sincère, devint tout à coup non pas froide, mais réservée.

Après le premier moment de surprise, je réfléchis et j'observai.

Pour comprendre ce qui se passait dans l'esprit de la fille de mon maître, il suffisait de la regarder. Ce n'était plus là cette fillette à la taille svelte, élancée, qui m'avait mis certain jour la main sur l'épaule pour me transformer en honnête homme, mais une grande et forte personne de dix-sept ans et demi, ni paysanne, ni demoiselle, ayant toutefois la rustique simplicité de l'une et la distinction élégante de l'autre; sachant très-bien causer à l'occasion, modes, chiffons, toilettes, mais s'entendant encore mieux aux travaux du ménage, montrant d'ailleurs avec tout le monde, sauf avec moi, cette vivacité de riposte, cette brusquerie alerte, cette désinvolture caractéristique et surtout cette activité dévorante, qui font dire de nos ménagères briardes : Voilà des femmes ! Travailleuse, elle n'aimait pas à voir flâner les autres. Je ne me rappelle plus trop quel poëte a prétendu que Dieu, dans sa bonté, fit Ève un peu criarde de peur qu'Adam ne s'endormît. Je crois que ce poëte avait raison ; du moins la Rosinette était ainsi ; ce qui ne l'empêchait point d'être excellente. Enfin, pour me résumer, une fille bonne à marier.

Et c'était vraiment là le mot de la situation. Déjà des propositions avaient été faites à M. Jacob

Renard, des rendez-vous pris, des entrevues ménagées. On disait dans le village que pour sûr la charmante fermière prendrait mari quelqu'un de ces jours. On était en hiver : la chose s'accomplirait certainement avant le printemps. La seule difficulté, paraît-il, venait du nombre des prétendants. On en citait neuf ou dix pour le moins. C'étaient d'abord :

Premièrement, un vieux rentier, très-bien conservé, de Villeneuve-sur-Bellot, M. Désiré Minoufflet, qui se faisait toujours suivre d'une demi-douzaine de chiens, et portait perruque ;

Deuxièmement, M. Stanislas Pigeonneau, de Montmirail, un jeune et bel huissier du plus brillant avenir ;

Troisièmement, un marchand de fourrages de La Ferté-sous-Jouarre, M. Casimir Jacotin, un homme gros, gras, rond, joufflu, qui passait pour avoir beaucoup de foin dans ses bottes, ce qui prouvait bien, ajoutait méchamment la chronique, qu'en dépit des mauvaises langues qui prétendaient le contraire, il était incapable de le manger ;

Quatrièmement, le plus joli des clercs de notaire de la ville de Rebais, M. Népomucène Landureau, qui se croyait un grand seigneur parce qu'il portait des chemises à jabot et des pantalons à sous-pieds ;

Tous gens très-estimables, d'ailleurs, et fort bien apparentés dans la vallée.

Venaient ensuite quatre ou cinq fils de fermiers des environs, entre autres M. Justin Duval, de Verdelot ; M. Félicien Beaudrichon, de Saint-Ouen ; M. Martin Lecourgis, de Doue ; et M. Savinien Verdurel, d'Orly, sans parler de M. l'adjoint au maire de Montolivet, Isidore Baberlot, un petit-cousin par alliance, qui n'avait pas dédaigné de descendre de ses hauteurs pour faire sa cour à la Rosinette.

Mettez quelque part, dans le coin le plus retiré du monde, une paire de jolis yeux avec quelques gros sacs d'écus, et vous pouvez être certain de voir accourir les prétendants en foule comme font les mouches à la lumière.

Pas plus que les autres domestiques de la ferme, je n'avais été sans remarquer ces allées et venues de gens que pour la plupart je ne connaissais pas. Ils arrivaient, tantôt l'un, tantôt l'autre, celui-ci à pied, celui-là en voiture; visitaient la ferme dans tous ses détails, s'intéressaient à tout, admiraient tout : l'étable, l'écurie, la bergerie, les granges, le toit à porcs. M. Jacob les guidait, mademoiselle Rosine les accompagnait; et c'étaient des politesses, des compliments, des félicitations, des galanteries sans fin; on s'exclamait sur la beauté des bestiaux et des récoltes : — Oh! monsieur Jacob, quel bon cultivateur vous êtes! — et l'on ajoutait tout bas : — Quelle charmante fille vous avez! — Puis cela se terminait par un repas en petit comité dans la chambre du maître. M. Jacob, ce bon M. Jacob, était rayonnant d'orgueil et de joie. Je n'avais pas été sans m'apercevoir de tout cela. Plusieurs fois même, mes leçons, ces douces et chères leçons d'un quart d'heure que la fille de mon maître me donnait avec tant de complaisance et de grâce, avaient été supprimées par ordre du fermier en l'honneur de quelque nouveau soupirant. Sacrifice pénible pour mon institutrice, et vive contrariété pour moi !

Dans mon égoïsme de domestique gâté, je maudissais ces contre-temps, j'en concevais de la tristesse et du dépit ; et la Rosinette, qui m'observait sans en avoir l'air, paraissait tantôt affligée, tantôt froissée de ma mauvaise humeur.

Un beau jour enfin, ces visites cessèrent : la Rosinette avait déclaré net à son père qu'elle ne voulait pas se marier. Jacob Renard n'avait rien répliqué : sa fille, après tout, n'était qu'à la fleur de la jeunesse, et il se disait que, les circonstances aidant, elle pourrait bien changer d'avis avant peu.

Bref, les premiers prétendants furent éconduits. Mais alors il s'en présenta d'autres, et, chose qui me parut incroyable, au nombre de ceux-ci mon ancien ennemi, Sylvain Durocher.

Ce garçon boucher avait gagné, je ne sais par quel artifice, les bonnes grâces de Jacob Renard. Toutes les semaines, en faisant sa tournée, il passait par la ferme pour s'informer s'il n'y avait pas de veaux à vendre, et trouvait le moyen de s'entretenir avec le fermier, quelquefois même avec la fermière. J'enrageais de tout mon cœur quand, sur le coup de midi, alors que nous nous levions de table pour retourner au travail, je le voyais entrer dans la cour avec la longue carriole de Cadichon, une vieille guimbarde qu'il menait bon train, je te jure, Pierre, et d'un air superbe en faisant claquer son fouet. Il avait l'aplomb d'un homme qui, sentant sa propre valeur, ne craint aucunement de la mettre en évidence.

Effectivement, Sylvain Durocher n'était point de ces pauvres hères qui, légers d'argent et d'espérances, se rendent la mine piteuse à force de se consumer en soupirs. C'était un parti sérieux. Une de ses tantes, propriétaire au village de Reuil, de l'autre côté de la Marne, à cinq ou six lieues de Sablonnières, venait de lui laisser en mourant un héritage de quatre-vingt mille francs en bonnes terres bien affermées ; et c'est un bel appoint pour un beau garçon, disait M. Jacob, que d'avoir comme cela quatre-vingts beaux mille francs qui fleurissent au soleil.

Sylvain Durocher ne cachait pas la joie que lui

causait sa richesse subite. Ce n'était point l'activité personnifiée que Sylvain Durocher. Élevé par cette tante de Reuil qui ne s'était décidée que fort tard à le mettre en apprentissage, il avait choisi l'état de boucher à cause des émotions qu'il procure : assommer un bœuf ou couper la gorge d'un mouton ne constituait pas un travail pour lui, mais une œuvre d'art, un plaisir exquis. Incapable, prétendait-il, de donner sans remords la moindre chiquenaude à n'importe qui, Sylvain aimait à voir le sang couler. Il ne comprenait que deux professions au monde : celles de boucher ou de chirurgien. Cependant il était disposé, pour l'avenir, à se conformer aux lois de sa destinée ; si les circonstances l'amenaient à devenir fermier, eh bien, il se résignerait, il serait fermier ! quoi ! comme M. Jacob Renard ! Pourquoi pas ? Il était même fortement disposé, je crois, à ne rien faire du tout si le sort l'exigeait.

En attendant, c'était un grand seigneur parmi les garçons bouchers. Avec cela, joli garçon ; grand, bien découplé, des yeux noirs, des cheveux noirs, et des moustaches en croc qui faisaient le plus charmant effet du monde. Toutes les filles de Saint-Cyr et des environs, — je ne parle, bien entendu, que des coureuses de fêtes et de bals, — le lorgnaient à l'envi : nulle ne lui résistait ; on contait de lui des histoires auxquelles je ne comprenais rien si ce n'est que pour être riche, on n'en est point toujours meilleur.

Mais tel qu'il était, Sylvain Durocher plaisait à M. Jacob Renard, et je n'avais rien à dire. Déplaisait-il au moins à mademoiselle Rosine ? Le point était douteux : Des moustaches, des dents blanches, une belle taille, et quatre-vingt mille francs de terres au soleil : il y avait bien de quoi tenter le cœur d'une jeune fille ! Catherine Moussu n'avait-elle pas, en ma présence, offert de parier six mois de ses gages que mademoiselle Rosine Renard, avant qu'il fût longtemps, deviendrait madame Durocher ? Puisque cette union paraissait possible à Catherine, puisque déjà l'on en parlait comme d'un fait probable dans plusieurs maisons du village, pourquoi cette union ne se réaliserait-elle pas ? Au demeurant la Rosinette, sûrement mise au fait de ces bruits par Gertrude, se bornait à sourire aux allusions qu'on en faisait devant elle ; elle laissait dire ; elle ne protestait pas. Et Sylvain Durocher continuait à venir, toujours plus riant, plus triomphant ; et je sentais à chacune de ses visites augmenter ma haine contre lui.

De son côté Sylvain ne voyait pas sans colère l'amitié que la Rosinette avait pour moi. Ce n'était pas qu'il parût attacher la moindre importance à ma petite personne, néanmoins ma présence à la ferme le gênait : il aurait voulu me savoir à cent lieues de l'endroit. — Ce n'est pas un charretier, disait-il à Jacob Renard, que vous avez là, c'est un moutard que vous avez pris en nourrice. — Mais comme le fermier faisait la sourde oreille à ces méchants propos, Sylvain Durocher dut trouver autre chose. Un dimanche matin donc, il s'en vint m'aborder mystérieusement dans le fond de la cour de la ferme, et du ton bienveillant d'un protecteur : — Dis-moi, Jacques, mon garçon, fit-il, combien gagnes-tu chez

M. Jacob Renard ? — Et comme je ne m'empressais pas de répondre à sa question : — Voyons, continua-t-il d'un ton insinuant, est-ce quarante écus ? cinquante écus ?... Je connais quelque part un fermier qui te donnerait volontiers le double. — Je répondis à Sylvain Durocher que je le remerciais beaucoup de son obligeance ; puis, m'étant excusé poliment de ne pouvoir accepter l'aimable proposition qu'il se disait chargé de me présenter, je ne lui cachai pas que M. Jacob Renard et sa fille m'avaient fait beaucoup de bien ; je fis observer en outre que, leur devant de la reconnaissance, je la leur témoignerais d'une singulière façon en les laissant, comme on dit chez nous, tout bonnement en plan ; que telle n'était pas d'ailleurs mon intention ; qu'au contraire j'étais content de mon emploi, que je considérais mes services comme très-suffisamment rétribués ; qu'enfin, à tous les points de vue, ma place me plaisait beaucoup : — Et tu comprendras parfaitement, Sylvain, ajoutai-je en terminant, que me trouvant bien ici, j'y reste.

Alors, petit à petit, Sylvain Durocher en vint à critiquer ouvertement l'amitié que me témoignait la Rosinette. Je le vois encore arriver, par un beau jour d'avril, dans la grande pièce où la fille de mon maître me donnait mes leçons. Il était furieux de nous voir là tous deux, accoudés près l'un de l'autre. Il entra brusquement et pâlit de colère. Puis jetant son fouet sur la table, et d'un ton où perçaient le soupçon et la raillerie :

— Eh bien, mademoiselle Rosine, dit-il, êtes-vous satisfaite de votre élève? Voyons, avec toute votre science, en ferez-vous quelque chose?

La Rosinette aurait pu se fâcher; elle prit le parti de rire.

— Vous entrez si drôlement chez les gens, que vous avez un peu dérangé ma leçon, répondit-elle; pendant que vous ouvriez la porte, la dictée du petit Jacques s'envolait par la fenêtre. Tenez, dit-elle, voyez-vous cette feuille de papier qui se balance dans le jardin au-dessus du carré de choux? c'est la dictée en question. Vous ne pouvez réparer votre faute qu'en allant me la chercher. Allons ! hop ! hop ! monsieur Durocher !

Sylvain Durocher, riant jaune, sauta par la fenêtre à la grande joie de la Rosinette qui salua son départ par un éclat de rire. Un instant après, il était de retour et me remettait le feuillet qu'il avait rattrapé.

— Là ! quand je te disais, Jacques, que M. Durocher est le garçon boucher le plus complaisant qu'on puisse voir !... Allons, reprends ta plume, nous avons à peine encore cinq minutes à consacrer à notre leçon. Entends-tu ce hennissement ? c'est Tranquille qui t'appelle, c'est Tranquille qui t'attend. Écris donc.

Et la brave demoiselle reprit sa dictée. Quant à M. Sylvain, on eût dit, à le voir regarder autour de lui, qu'il avait envie de casser quelque chose.

— A propos, fit la Rosinette en s'interrompant tout à coup, je voudrais bien savoir, M. Sylvain, si vous savez lire ?

Cette question adressée au garçon boucher avec un laisser-aller plein d'innocence, me parut d'une hardiesse superbe.

— Eh ! sans doute que je sais lire ! répondit-il avec impatience.

— En ce cas, fit doucement la Rosinette, vous devriez bien continuer à ma place la dictée de mon élève. De cette façon je pourrai, moi, m'occuper d'autre chose, et vous y gagnerez, vous, de nous rendre service, à Jacques et à moi ; ce qui vaudra toujours mieux que de ne rien faire du tout.

— Merci bien, fit Sylvain avec une sorte de rage mal contenue, je préfère m'en aller.

— Alors, Jacques mon ami, reprit la Rosinette, nous en resterons là pour aujourd'hui. Demeurez, M. Durocher ; je n'ai plus qu'à corriger la dictée de Jacques. C'est l'affaire d'une minute... Demeurez.

Sylvain, en ce moment, semblait se demander à lui-même s'il n'allait pas me broyer comme une allumette.

— Excellente dictée, Jacques ! trois fautes seulement. Regardez plutôt, M. Durocher.

Cette fois Sylvain n'y tint plus ; il arracha violemment la feuille de papier des mains de la

Rosinette, puis ayant mis en pièces la malheureuse dictée, sortit de la salle avec bruit, et, traversant la cour à grands pas, s'en alla, sous nos yeux, trouver M. Jacob qu'il entretint longuement de sa mésaventure.

C'était notre habitude, à la Rosinette et à moi, le soir, après souper, de parler grammaire, histoire ou géographie pendant une heure au bout de la table. A ces conservations je gagnais de ne point oublier ce que j'avais appris. Le soir de ce jour-là, je ne sais sous quel prétexte, la conversation n'eut pas lieu. Le lendemain après le déjeuner, pas de leçon non plus. La Rosinette, à ce que me dit Gertrude, était indisposée. Je compris qu'une explication avait eu lieu la veille entre la Rosinette et son père; et ce qui me confirma dans cette pensée, ce fut le langage que me tint ma protectrice, lorsque enfin, trois jours après l'événement, il me fut donné de la revoir, un peu pâlie, vaquer comme d'habitude aux travaux du ménage.

— Jacques, me dit-elle en me regardant doucement et d'une voix tremblante d'émotion, je vous prie de vouloir bien m'excuser si je me soustrais désormais au devoir que je m'étais imposé de vous donner des leçons.

Qu'avait donc à me reprocher la Rosinette qu'elle ne me tutoyait plus?

— Mais vous voici, du reste, continua-t-elle d'un ton plus grave, aussi savant que moi. Vous possédez maintenant assez de science, grâce au ciel, pour qu'il vous soit possible, sans trop de peine et de fatigue, de vous instruire vous-même. Étudiez donc bravement, courageusement, et faites-vous savant tout seul. Pour moi, je m'estimerai toujours heureuse d'avoir pu contribuer à développer en vous le goût du travail et de l'instruction !

C'en était donc fait, hélas ! des bonnes leçons de la Rosinette et de sa douce familiarité.

Or, comme je demeurais là, l'œil baissé, plongé dans mes réflexions, je remarquai pour la première fois que mon pantalon, encore presque neuf, était cependant de quatre bons doigts trop court, vu qu'il me descendait à peine aux chevilles : ce fut un trait de lumière pour moi. Malheureux que j'étais ! j'avais grandi.

XV

J'avais grandi. Cette révélation, je le répète, fut un trait de lumière pour moi. Je compris alors la jalousie de Sylvain Durocher, et les extases de ma mère qui, depuis quelque temps, à chacune des visites que je lui rendais, prenait plaisir à me regarder. Oh! c'est qu'en vérité je n'étais plus le petit Jacques! La prédiction de la Rosinette au bord de la rivière s'était réalisée : le labeur, l'âpre labeur des champs m'avait sauvé de la misère et du rachitisme. La transformation s'accomplissait au physique comme elle s'était faite au moral. Assurément je n'étais pas encore un de ces gaillards robustes et bien taillés sur qui les jolies filles aiment à poser leurs yeux à la dérobée;

non, j'étais au contraire tout fluet et tout mince ; je n'avais fait jusque-là que me développer en longueur, pareil à ces herbes folles qui, après avoir végété tristement sur le bord des chemins, dédaignées et foulées aux pieds, se mettent à monter si vite que le passant demeure tout surpris un beau matin de les voir agiter fièrement leurs panaches grêles à la brise. Mais à cet air frêle et délicat, un observateur attentif aurait reconnu qu'il ne fallait pas trop se fier. Ayant la flexibilité du roseau, ma taille n'en avait pas la faiblesse. Mes mains, accoutumées depuis le dernier automne aux mancherons de la charrue, avaient acquis à ce contact quelque peu de la force et de la dureté du chêne. Claude Séguin qui les avait souvent raillées, ces pauvres petites mains, à cause de leur maigreur et de leur chétive apparence, fit pour son malheur, un jour, l'épreuve de leur vigueur.

Je t'ai déjà dit, Pierre, un mot de cette querelle. Tu jugeras par mon récit si j'eus tort en cette affaire ; en attendant, m'est avis, à moi, que j'avais raison.

Il est bon de t'apprendre, avant de passer outre, que Claude, qui s'en allait sur ses vingt et un ans, avait pris part à la conscription cette année-là, et que, malgré les messes qu'il avait fait dire et les bouteilles qu'il avait bues avant le tirage au sort pour se donner du cœur, il avait mis la main sur un mauvais numéro. C'était une cause de grand chagrin pour Catherine et pour lui. Catherine surtout ne faisait plus que maugréer toute la sainte journée ; les dindons de M. Jacob, qu'elle malmenait après les avoir si longtemps choyés, ne la reconnaissaient plus. Moi, je la reconnaissais toujours. Elle ne m'avait jamais beaucoup aimé ; mais maintenant qu'elle allait perdre l'objet chéri de son cœur, elle paraissait éprouver encore plus d'aversion pour moi que par le passé. — Pourquoi n'est-ce point lui qui part ? — semblait-elle se dire en me regardant. Je n'avais pourtant jamais rien fait pour m'attirer son déplaisir, mais je lui déplaisais, paraît-il, de la même façon qu'à Claude Séguin, comme le chien déplaît au chat, naturellement, instinctivement. Débrouille cela qui voudra. Je ne me charge pas d'expliquer les mystères. Toujours est-il qu'elle me détestait et qu'elle mourait d'envie de me témoigner sa haine. Claude Séguin n'était pas homme à la décourager de ses projets ; bien au contraire, il était là pour lui prêter main-forte au besoin. Je ne fus pas longtemps sans m'apercevoir que les deux amoureux voulaient me chercher noise ; tantôt c'était une plaisanterie grossière à mon adresse, tantôt quelque mauvaise farce ou quelque bousculade, mais je m'étais promis d'être sage, et grâce à cette résolution mûrement arrêtée, je parvins, non toutefois sans peine, à faire bonne mine à mauvais jeu.

L'idée leur vint alors de se venger de mon attitude dédaigneuse sur les nids de moineaux qui tapissaient la voûte de la porte charretière. Catherine savait l'intérêt que je portais à ces oiseaux que j'avais juré de respecter. Elle n'ignorait pas non plus que la Rosinette aimait le babil de ces oiseaux et que c'était de la jeune fermière seule qu'était partie l'interdiction de toucher à leurs nids. Seulement, on espérait pouvoir cacher la chose à mademoiselle Rosine, et l'on me faisait l'honneur de penser que je garderais le silence. Que si je me plaignais d'ailleurs, on m'accuserait ; deux voix valent mieux qu'une. Quant aux moineaux dénichés, les deux complices trouveraient le moyen d'aller les manger à l'auberge.

Justement, le maître et sa fille avaient annoncé par hasard à table leur intention de se rendre le lendemain au marché de Coulommiers. Rien ne serait plus facile, après le départ des maîtres, que d'exécuter le projet de Catherine. Le seul défaut de cette belle résolution c'était d'avoir été prise sous la remise, près de la bergerie, à deux pas de Bonhommet dont les deux amoureux ignoraient la présence, et qui, l'oreille à la lucarne, avait entendu leur complot. Le vieux berger ne me dit cependant rien ce soir-là, mais le lendemain, en finissant le déjeuner, pendant que le Grand-Guillaume allait dormir son somme, et que je lisais un chapitre d'histoire de France, Claude et Catherine sortirent ensemble de la salle commune pour donner suite à leur projet. Alors Bonhommet, qui causait tranquillement avec Gertrude, se tournant vers moi, me dit : — Laisse là ton livre, Jacques, et suis-moi.

Et comme je le regardais, cherchant à comprendre :

— J'ai quelque chose à te faire voir, me dit-il. Allons! viens.

Je me décidai, non sans un peu de regret, à suivre le berger.

Je n'étais pas sorti de la salle commune que je ne pus m'empêcher de dire : — Qu'ont donc aujourd'hui les moineaux à crier ainsi? — C'était un concert assourdissant de plaintes et de pépiements. — Ah! çà! qu'arrive-t-il donc à nos moineaux? — répétai-je. Et, descendant quatre à quatre les marches du perron, je courus jusqu'à la porte charretière d'où partait le bruit.

Trop tard! le massacre des innocents était déjà commencé. Claude Séguin, monté sur une échelle, procédait à l'exécution; il détachait les nids un à un, les examinait en ricanant, comptant les œufs ou les jeunes, et jetait le tout par terre. Catherine, armée d'une perche, l'aidait dans cette belle besogne. Le sol était couvert de petits oisillons. Les uns s'étaient tués dans leur chute ; les autres, plus heureux, voletaient, se débattaient, appelaient leurs parents, essayaient d'échapper ; mais inutilement, car la grosse Catherine, tenant sa perche à deux mains, les assommait par douzaines. En haut, sous la voûte, les parents témoignaient leur colère et leur douleur ; ce n'étaient que plaintes désolées et frémissements d'ailes.

A cette vue l'indignation me saisit. — Misérables ! — m'écriai-je ; et, m'élançant sur Catherine, je lui pris des mains sa perche que je brisai sur mes genoux. Ensuite, courant à l'échelle de Claude : — Descends à l'instant, lui dis-je en indiquant du doigt le sol jonché de victimes, ou bien, sur ma parole ! je te fais prendre le même chemin qu'ont suivi ces malheureux oiseaux ! — Claude Séguin se mit à descendre. En ce moment, Catherine, furieuse, revenait sur moi, levant un des tronçons de sa perche pour m'en frapper. Mais en même temps aussi, je vis Bonhommet accourir aussi vite que le lui permettaient ses vieilles jambes. Grâce à son intervention, la mauvaise intention de la gardeuse de dindons fut déjouée.

— Toi, la fille, cria Bonhommet quand il eut désarmé Catherine, commence par nous débarrasser de ta présence.

Cependant Claude Séguin, n'ayant plus que quelques échelons à franchir, avait pris le parti de sauter à terre, et venait de me saisir à la gorge. Ce n'était plus l'heure des discours et des explications : D'un coup de poing bien appliqué, je lui pochai l'œil gauche, tandis qu'il essayait de me renverser en arrière. Je m'en serais volontiers tenu là de ma vengeance, mais Claude, qui grinçait des dents, ne paraissait pas être du même avis. Vainement Bonhommet essaya de nous séparer, vainement, m'adressant à mon farouche ennemi, je lui dis : — Lâche-moi, Claude, et je te laisse, — Claude, ricanant, se contenta de me serrer la gorge un peu plus fort, en sorte que je sentais ses ongles sales pénétrer dans ma peau. Ce que voyant, j'allongeai de nouveau mon poing fermé sur la face grimaçante de mon adversaire et lui cassai deux dents. Pour le coup, Claude Séguin lâcha prise.

Aussi bien la lutte ne pouvait décemment continuer car le maître et sa fille venaient de faire leur entrée sous la porte charretière. Un accident, très-fréquent en ce temps de chemins pleins d'ornières et de routes mal pavées, avait déterminé le prompt retour des voyageurs. L'essieu de leur carriole s'étant rompu par suite d'un cahot trop violent, force leur avait été de confier le cheval et la voiture au forgeron de Saint-Denis-lès-Rebais qui devait ramener l'équipage à la ferme après avoir réparé le dommage. Cet arrangement une fois pris, conseil avait été tenu sur la question de savoir si l'on poursuivrait ou non un voyage qui débutait si mal; et comme les affaires qui réclamaient la présence de M. Jacob au marché de Coulommiers n'étaient point de celles qui ne peuvent se remettre à huitaine, le père et la fille s'étaient décidés en fin de compte à revenir tout bonnement et tout pédestrement à Sablonnières; ce qu'ils avaient fait.

Tu peux juger, mon cher Pierre, de ma surprise à cette apparition inattendue. Au reste, de tous les personnages de cette scène Bonhommet seul avait conservé son sang-froid. Claude, crachant et saignant, interrogeait la physionomie du maître avec un effarement stupide. M. Jacob, ahuri, stupéfait, ne sachant s'il devait se mettre en colère, nous examinait sans rien dire, et cherchait à deviner le motif de la querelle. Quant à la Rosinette, c'était bien autre chose encore ; la pauvre demoiselle paraissait littéralement consternée, et ses regards, obstinément fixés sur moi, ne se détachaient de mon cou sillonné d'écorchures que pour se poser avec effort sur le pavé couvert de plumes, comme pour me demander compte de cette jonchée d'oiseaux.

— Eh mais! on se bat, je crois, par ici? demanda M. Jacob, rompant enfin le silence. Voyons, pourquoi se bat-on? Quelqu'un m'expliquera-t-il ce que cela signifie?

Ce fut Bonhommet qui se chargea de répondre à la question du fermier. A son renom de sagesse, le digne berger joignait une réputation d'éloquence qui n'était pas imméritée; il exposa par le menu les faits à sa connaissance et conclut en me donnant raison.

— C'est toujours un tort de se battre, dit la Rosinette avec une expression de reproche qui m'alla droit à l'âme.

— Ma foi, mademoiselle, répondit le vieux berger, cela dépend des idées. Ainsi, moi qui passe dans la vallée pour un grand guérisseur de plaies, je n'aime certainement pas du tout à donner des coups; de mon naturel j'ai toujours été pacifique et conciliant; cependant — admirez un peu, mademoiselle, combien l'homme est un animal inconséquent! — tel que vous me voyez, avec mes cheveux blancs, ma barbe blanche, je me ferais tuer volontiers pour la défense de vos oiseaux! Et je vous le déclare en vérité, mademoiselle, si j'avais eu des jambes meilleures, ce n'est pas avec Jacques Dumont, c'est avec Jérôme Bonhommet que M. Claude Séguin aurait eu maille à partir. Mais voilà! on est vieux, on a des rhumatismes, et l'on arrive trop tard! Je dois vous dire, au reste, que j'ai tenté de séparer les combattants. Malheureusement Claude est tenace en diable; il ressemble à ces loups qui, lorsqu'ils ont un mouton entre les dents, se feraient plutôt mettre en pièces que de lâcher le morceau; et puis, dame, je l'avoue, quand j'ai vu que Jacques s'acquittait si bien de son rôle, je me suis dit : — Puisque cela ne va pas mal pour lui, croise-toi les bras, mon vieux, et laisse-le faire.

— En sorte que le soi-disant mouton a pu tout à son aise assommer le soi-disant loup ?

— Sauf votre respect, mademoiselle, répliqua Bonhommet, je crois que l'expression assommer n'est pas celle qui convient. Oh! dame, pour un joli coup de poing, le deuxième coup de poing de Jacques était franchement un très-joli coup de poing. Mais assommer! non, non, mademoiselle, le terme est trop fort. Ébrécher serait plus juste. Claude a perdu deux dents à la bataille : une grosse perte, j'en conviens ; je dirai même plus, une perte irréparable. Ah! si la révision n'était point passée, ces deux dents-là de moins seraient pour Claude Séguin une excellente affaire : on a vu parfois des hommes, d'ailleurs solides sous tous les autres rapports, être réformés net pour quelque léger cas semblable à celui-là. Mais la révision est passée, et Jacques n'aura pas le remords d'avoir privé la France des services du fameux soldat que promet d'être ce batailleur de Claude. Ce qu'il faut plaindre en cette aventure, mademoiselle, c'est le sort de ces malheureux oiseaux. Vous nous les aviez donnés à garder, Jacques les a défendus. C'était son devoir; il a fait pour eux tout ce qu'il pouvait faire; et cette fois, par bonheur, la force s'est trouvée du côté du bon droit. Libre à vous, après cela, de blâmer Jacques; pour moi, je suis content de voir que Claude a reçu la leçon qu'il avait méritée.

— Sans doute, sans doute, fit le fermier à son tour. Claude est un mauvais garnement. Tu m'entends, Claude? Et quant à Catherine, elle fera bien de réformer sa conduite, car autrement, avant qu'il soit longtemps, je la mettrais dehors. En attendant, Claude, je m'en vais te régler ton compte. Je n'ai pas besoin des services d'un homme qui se révolte contre les ordres de ma fille. Je ne t'ai jusqu'ici montré que trop de patience : vingt fois tu m'as donné des raisons de te chasser, et je n'en ai rien fait; j'ai résisté constamment à la tentation qui me venait de te renvoyer ; mais aujourd'hui la faute est plus grave. Je ne parlerai pas de la méchanceté dont tu me parais avoir donné la preuve en cette affaire : je ne sais pas au juste si ces oiseaux nous sont utiles et si le crime est bien grave de les persécuter. Ce que je sais, du moins, et ce que je veux que chacun sache, c'est que je ne permettrai jamais à personne de braver l'autorité de ma fille. Désobéir à mon enfant, c'est me désobéir à moi-même ; entends-tu, Claude ! c'est me braver, c'est m'outrager moi-même, et je ne suis point de ceux qui souffrent qu'un valet de charrue les brave et les outrage. Fais donc tes paquets, Claude, fais tes paquets sur l'heure, et passe à la caisse !

Jamais je n'avais entendu M. Jacob prononcer un aussi long discours. En articulant les paroles que je viens de rapporter, le brave fermier s'était animé graduellement, si bien qu'à la fin il était presque beau de colère et d'indignation. Claude Séguin, qui l'avait écouté la tête basse, continuait de cracher et de saigner d'un air indifférent. Le maître, alors, le prenant par le bras, le secoua rudement; puis, comme si tout d'un coup son ressentiment se fût apaisé : — Voyons, Claude, suis-moi, fit-il d'une voix tranquille, viens recevoir tes gages et va-t'en.

La Rosinette, prise de compassion, voulait s'interposer; moi-même, voyant que mon maître me regardait d'un œil favorable, je me préparais à plaider la cause de mon adversaire, lorsque celui-ci, prévenant nos intentions charitables, releva la tête d'un air insolent et se mit à nous accabler d'injures, M. Jacob, Bonhommet, la Rosinette et moi, disant qu'il en avait assez de nos discours et de nos simagrées, que c'était pitié de voir sur terre des êtres si ridicules, et qu'il se moquait aussi bien de nous que de nos méchantes nitées d'oiseaux. — Vous me renvoyez, monsieur Renard, ajouta-t-il comme par surcroît, eh bien, franchement, voilà qui me va! J'en ai plein le dos, de votre baraque, de votre Jacques, et de toute la séquelle! Payez-moi donc et que ça finisse!

Je me demande comment M. Jacob, si prompt

d'ordinaire, ne chercha pas à châtier ce malotru de son insolence : il faut croire qu'il avait marché sur de la racine de patience ce jour-là, car il se contenta de hausser les épaules, et se dirigea sans répondre vers la salle commune afin d'y régler le compte du mal-appris qui l'insultait.

Claude le suivit à distance, grommelant Dieu sait quelles nouvelles sottises entre ses dents.

Voyant que tout était fini, Bonhommet reprit le chemin de sa bergerie, et moi je courus atteler mon cheval à la charrue. Mais avant de quitter la Rosinette je l'accompagnai jusqu'au bas du perron de la maison d'habitation, et là, m'armant d'un grand courage, je lui demandai tout bas, avec un soupir : — Vous m'en voulez donc bien de ce que j'ai fait, mademoiselle?

A cette question la Rosinette rougit un peu. Puis, se tournant vers moi et prenant ma main droite entre les siennes : — Oh non, Jacques, me répondit-elle, je ne vous en veux point! Le ciel m'est témoin que je ne vous en veux point! Je vous sais gré, bien au contraire, de votre dévouement. Seulement, fit-elle en abandonnant

ma main, je n'aime pas les batailles. On a si vite
fait de recevoir ou de donner un mauvais coup...
Si vous saviez les écorchures que vous avez à la
gorge?... La griffe du loup, quoi! dirait Bonhommet. Et Claude, était-il assez minable tout à
l'heure avec sa bouche ensanglantée? Pauvre
garçon! je le plains maintenant! Il faut croire
que vous avez une rude poigne, ami Jacques?...
N'en abusez pas; c'est moi qui vous en prie.
Mieux que cela : je veux qu'avant de retourner à
votre besogne, vous me promettiez sincèrement
que vous ne vous battrez plus!

J'ouvrais la bouche pour faire la promesse qui
m'était demandée, lorsque Claude, ayant réglé
son compte avec le fermier, sortit de la salle
commune. En voyant paraître le charretier congédié, la Rosinette me quitta précipitamment et
se mit à gravir les marches du perron pour rejoindre son père. Claude Séguin, la casquette sur
la tête, passa près de ma protectrice sans la sa-
luer; et quand, cinq minutes plus tard, il quitta
définitivement la ferme, du hangar où je m'occupais d'atteler mon vieux Tranquille je le vis qui

se retournait pour me jeter en partant un long regard de haine.

— Ami Jacques, m'écriai-je en moi-même, ton bonheur te fait des ennemis !

Heureux, pourtant je ne l'étais pas ! Depuis la fameuse histoire de la dictée, une indicible mélancolie s'était emparée de moi. Je ne riais plus que du bout des lèvres et ne mangeais plus que du bout des dents. Qu'y avait-il donc de changé dans ma situation pour que mon cœur, si brave et si joyeux naguère, ne parvînt pas à se dégager de l'impression de tristesse qui pesait maintenant si lourdement sur lui ?

Rien ou presque rien, en vérité.

M. Jacob Renard, tout en faisant droit aux plaintes de Sylvain Durocher, les avait trouvées souverainement déplacées et ridicules ; c'est à peine s'il avait eu le courage de me bouder pendant deux ou trois jours ; après quoi, considérant mon air contrit et mes efforts à le bien servir, mon maître m'avait rendu son amitié. Je faisais d'ailleurs, au témoignage du Grand-Guillaume, de très-rapides progrès dans l'art du labourage, ce qui flattait singulièrement le fermier, jaloux de s'entendre dire par ses visiteurs qu'il n'existait pas de ferme dans la vallée où l'on sût mieux que chez lui tracer un sillon droit. Quant aux leçons de la Rosinette, si j'étais en droit de les regretter, je devais reconnaître moi-même qu'avec des livres et mon grand désir d'apprendre, il ne me serait pas impossible d'y suppléer. Et puis, si naïf que je fusse demeuré jusque-là, je n'avais pas été sans prévoir qu'un jour viendrait où mon institutrice ne pourrait plus s'occuper de moi. Qu'avais-je donc à m'étonner et que me fallait-il ?

Dans le village, où l'on s'entretenait de ma science et de mon activité, tout le monde m'aimait et me souriait. Lorsque je m'en allais le dimanche matin dès l'aube, à la forge du père Crapart pour y faire ferrer les chevaux de la ferme, des : *Bonjour, Jacques!* sortaient de toutes les fenêtres sur mon passage. Sylvain Durocher avait eu beau proclamer à tout venant que je ne serais jamais qu'un propre à rien, Claude Séguin avait eu beau me dénigrer et me vilipender, tout ce que Sablonnières comptait de gens honnêtes m'avaient conservé leur estime. Ma réputation de bon travailleur s'était répandue jusque dans les communes environnantes. A Saint-Cyr, on était fier de moi : Ma mère allait contant à qui voulait l'entendre que je conduisais déjà la charrue comme pas un ; M. Beaugrand vantait mes idées d'ordre, de travail et d'économie, toutes qualités, disait-il, qui dénotaient un naturel foncièrement positif ; M. Gorgis applaudissait. J'aurais dû me trouver satisfait ; et cependant j'étais triste; j'étais triste toujours !

Ce qu'il y avait de particulièrement remarquable dans cette situation d'esprit, c'est qu'il me suffisait d'entendre prononcer le nom de quelqu'un des soupirants de mademoiselle Rosine pour sentir redoubler ma peine et ma mauvaise humeur. La vue de Sylvain Durocher ou de ses rivaux me mettait hors de moi. Je les haïssais tous, sans pouvoir ou sans vouloir m'expliquer pourquoi. J'avais beau me faire les plus sages raisonnements du monde sur le bonheur qu'éprouverait Jacob Renard à voir sa fille heureuse et bien établie, et sur la satisfaction que je ressentirais moi-même à la savoir confiée pour toujours aux mains d'un honnête homme, il y avait quelque chose en moi qui se révoltait à cette pensée, quelque chose qui souffrait et s'indignait ; et je sentais comme une envie folle de me lever à la face de la terre pour crier au voleur ! Ainsi, non-seulement j'étais triste, mais je devenais de jour en jour égoïste et méchant.

A plusieurs reprises je me demandai si je ne ferais pas mieux de m'éloigner, de quitter le pays, de chercher une place ailleurs ; mais de songer que je ne verrais plus la Rosinette, que je ne l'entendrais plus aller et venir, que je ne recevrais plus ses conseils et que je serais à jamais privé de ses encouragements, cela me brisait le cœur ; et, cherchant à me dissimuler ma faiblesse, je me rejetais sur la difficulté de trouver une excuse honnête pour colorer mon départ.

Ma mère cependant n'avait pas tardé — les mères les plus simples sont si clairvoyantes ! — à s'apercevoir de ce grand fonds de chagrin que je portais en moi. Elle n'avait pas été non plus sans remarquer, que dans nos conversations du dimanche le nom de mademoiselle Rosine, dont j'étais sans cesse à lui vanter la grâce et l'amabilité, se représentait beaucoup plus souvent que de raison. Elle en était même venue, paraît-il, au point de songer que je professais peut-être un peu trop vivement le sentiment de la reconnaissance, car je me souviens qu'un jour, comme je venais pour la vingtième fois depuis une heure, d'exalter au coin de notre pauvre foyer les vertus de ma gracieuse protectrice, la brave femme, refrénant soudainement mon enthousiasme, me dit de son air le plus grave : — Défie-toi, Jacques, des pensées d'ambition et de fortune. Rappelle-toi que ton père n'était qu'un pauvre bûcheron, mon enfant ; et contente-toi d'être — puisque c'est ton sort — un fidèle et bon domestique, un honnête et courageux laboureur.

Bonhommet, qui m'observait de son côté, ne partageait pas, touchant les idées de fortune et d'ambition, les opinions de ma mère. Aussi me tint-il en ces circonstances un tout autre langage. C'était un jour de Saint-Jean, jour de chômage, cette date étant une de celles consacrées par l'usage à la *louée* des domestiques. Bonhommet et moi, nous étions dans le jardin de M. Jacob, à nous promener tranquillement comme deux propriétaires en attendant l'heure du déjeûner. Sylvain Durocher était de visite à la ferme. J'avais même entendu Gertrude appeler mademoiselle Rosine pour le recevoir. Jamais je n'avais été plus sombre que ce matin-là. Je ne disais rien; Bonhommet, lui, réfléchissait. Cela durait depuis environ cinq minutes lorsque enfin le vieux berger, se retournant brusquement vers moi comme nous passions près de la tonnelle, se mit à me regarder fixement dans le blanc des yeux, et, d'un ton sérieux, presque magistral, me fit cette courte harangue :

— Souviens-toi, Jacques, de ce que je vais te dire. Souviens-toi qu'avec du savoir, du courage et de l'honnêteté, un homme intelligent, de si bas qu'il soit parti, peut arriver à tout.

A ces mots, prononcés d'une voix ferme, je sentis la rougeur de la confusion me monter au visage. En même temps il me sembla — mais c'était une illusion sans doute — entendre un léger mouvement, quelqu'un remuer sous la tonnelle. Dans la cour de la ferme, la vieille Gertrude continuait d'appeler mademoiselle Rosine qui, paraît-il, ne venait pas.

— Tu sais, grand mystérieux, reprit Bonhommet en riant, que c'est un sorcier qui te parle. Prends donc bonne note de mon oracle et fais-en ton profit.

Ces paroles de Bonhommet me firent du bien; je repris courage, je ne songeai plus à m'éloigner de la Rosinette et — chose dont je ne m'étais point rendu compte jusque-là — j'osai m'avouer que je l'aimais.

J'ai bien travaillé dans ma vie, mais je ne crois pas avoir jamais travaillé d'un meilleur cœur que cet été-là. — Eh oui, me disais-je, tout bien réfléchi, Bonhommet a raison. Pourquoi te laisser aller à la désespérance qui ne conduit qu'au dégoût? On a déjà vu de braves garçons épouser la fille de leur maître? Et mademoiselle Rosine est si bonne pour toi ! Travaille donc comme pour la mériter, et si par aventure tes vœux finalement doivent se trouver déçus, eh bien ! en échange des leçons qu'elle t'a données et du bien qu'elle t'a fait, ce sera brave à toi de souffrir en silence, et de lui garder fidèlement cet amour inavoué qu'elle ne soupçonnera pas.

J'étais encore dans ces bonnes dispositions, lorsqu'un grand' malheur m'arriva : je perdis ma mère.

XVI

Le matin de ce jour-là j'étais plus joyeux que de coutume. A mon réveil j'avais sauvé du froid un pauvre petit rouge-gorge qui, les plumes ébouriffées, était venu se réfugier tout grelottant dans un coin de ma lucarne. Car nous étions en hiver : la cloche de Sablonnières sonnait à toute volée pour fêter la Noël. Comment refuser un asile au pauvre petit oiseau qui vient, dans la dure saison, crier misère à votre vitre ? J'avais donc entr'ouvert la lucarne et réchauffé doucement le pauvret dans mes couvertures. Maintenant il était là, dans le grenier, qui prenait ses ébats entre les poutres et sautillait de temps en temps sur un tas de blé. Moi, je me proposais de prendre mon courage à deux mains et de partir pour Saint-Cyr sitôt ma besogne faite, ayant promis ma visite à ma mère. La journée s'annonçait belle : un froid vif régnait au dehors ; mais le ciel était pur ; partout où se portaient les regards, la neige, la blanche neige étincelait au soleil. Se sentir bon, c'est se sentir heureux : il faisait soleil aussi dans mon cœur.

Jusque vers dix heures je demeurai dans l'écurie ou dans la cour à m'acquitter des devoirs de mon emploi. Ayant alors terminé ma besogne, je fis un brin de toilette et descendis dans la salle commune où je trouvai, présidant la maisonnée qui se mettait à table, M. Jacob Renard, encore tout frileux, et mademoiselle Rosine, encore toute frissonnante et tout emmitouflée, qui revenaient de la messe.

Gertrude, vu la solennité du jour, avait voulu se distinguer. Le repas fut des plus copieux et des plus gais. Je me souviens, à ce propos, qu'avant de quitter la table, le vieux Jérôme Bonhommet, sur la prière du fermier, dut se mettre à nous entonner un noël. Je n'avais jamais rien entendu de plus étrange et de plus naïf que cette longue, interminable complainte à laquelle le sifflement de la bise et le pétillement du feu servaient d'accompagnement. Je demeurai donc tranquillement à ma place pour l'écouter jusqu'au bout.

Mais au moment où Bonhommet achevait les derniers couplets du noël, le temps vint tout à coup à changer. Le ciel, de bleu qu'il était, passa rapidement au gris clair, puis au gris sombre ; enfin la neige se mit à tomber. Le vent n'en continuait pas moins de souffler avec force dans la vallée.

— Voilà, Jacques, un bien vilain temps pour vous mettre en route, me dit la Rosinette. Vous devriez rester à la ferme avec nous. Nous ferons les gaufres tantôt.

La proposition n'était point de nature à déplaire. Rester à deviser au coin du feu, tout en mangeant de bonnes gaufres bien chaudes que l'on arrose d'un verre de cidre pétillant, c'est une occupation agréable en hiver. La tentation était forte, mais je me rappelai que j'avais promis ma visite à ma mère, je pensai qu'elle serait inquiète si je lui manquais de parole, et je déclinai l'invitation.

La Rosinette, alors, se penchant vers son père, lui dit quelques mots à l'oreille, et, sur un geste d'acquiescement du fermier, alla chercher un manteau de gros drap noir qu'elle me jeta familièrement sur les épaules.

— Bon voyage donc! fit-elle en me conduisant jusqu'à la porte ; et si vous m'en croyez, ne vous attardez pas.

Ravi de ces prévenances de mademoiselle Rosine, je cherchais dans ma tête une phrase pour remercier l'excellente demoiselle, quand je m'aperçus que déjà la porte s'était refermée. Je descendis donc les marches du perron ; et, m'abritant du bon manteau que me prêtait complaisamment le fermier, je partis, narguant la neige et la tempête, pour mon cher village de Saint-Cyr. Malgré la difficulté des chemins c'est à peine si je mis deux heures à faire le trajet. Du reste, je ne rencontrai pas une âme en route ; chacun, par ce froid de loup, se tenait renfermé tranquillement chez soi. La seule personne que j'aperçus en entrant dans Saint-Cyr, ce fut le curé de la paroisse, en surplis blanc, qui remontait vers l'église par la rue pleine de neige. Un enfant de chœur également en surplis, une sonnette sous le bras droit et les mains dans ses poches, courait en sabottant derrière le vieux prêtre.

— Monsieur le curé, dis-je, vient de porter le bon Dieu quelque part; il faut croire qu'il y a dans le village quelqu'un en danger de mort.

Et sans m'arrêter plus longtemps sur cette lugubre pensée, je me dirigeai vers la demeure de ma mère.

Comme je frappais du pied sur le seuil pour faire tomber la neige qui s'était attachée à mes sabots, la porte s'ouvrit, et je fus tout surpris de reconnaître la voix d'une de nos voisines, Mathurine Lanternier, une pauvre vieille toute cassée, qui me disait d'entrer. Alors, levant les yeux dans l'intérieur de la chaumière, j'aperçus tout au fond, dans l'alcôve, étendue sur son lit, la tête soulevée au-dessus de son oreiller pour me regarder entrer, ma pauvre chère bonne mère toute défaite et toute blanche.

— C'est toi, Jacques? fit-elle doucement. Entre donc, mon enfant. Par cet horrible temps je ne t'attendais plus! Comme tu dois avoir froid! Assieds-toi près du feu, Jacques. Mais auparavant, approche; viens m'embrasser, mon enfant!

J'étais déjà dans ses bras, couvrant son front de baisers et lui demandant avec des larmes ce qu'elle pouvait bien avoir pour être au lit à cette heure, et si triste et si pâle.

— Ce que j'ai? me répondit-elle ; mais rien de grave, Jacques... rien de grave, mon enfant. Un petit accident m'est arrivé..... Oh ! ce n'est point ta faute à toi, mon bon Jacques. Ne m'avais-tu pas donné tes gages de cette année en me recommandant de m'acheter tout ce dont j'aurais besoin, et surtout de me faire amener du bois?... Oui, mais tu sais... les mères, c'est intéressé, c'est avare, ça n'en fait qu'à sa tête, et voilà ! Ah ! si l'on pouvait l'été recueillir des rayons de soleil pour se chauffer l'hiver, cet accident ne me serait pas arrivé !... Ne pleure pas, Jacques; ce n'est point ta faute, te dis-je ; ce n'est point ta faute, c'est la mienne !

Elle parlait lentement : sa voix était si faible que c'est à peine si je parvenais à l'entendre.

— Mais qu'a-t-elle donc ! m'écriai-je en m'adressant à la vieille Mathurine.

— Laisse-moi te le dire moi-même, Jacques, fit alors ma mère ; laisse-moi te parler, mon enfant ! D'abord, promets-moi de me pardonner l'inquiétude que je te cause. C'est l'avarice, vois-tu ; je ne voulais pas toucher à tes gages. Pour ménager ton argent, j'ai voulu faire comme les autres années : je suis allée ramasser du bois mort... et — ne me gronde pas trop, Jacques, mon enfant — en franchissant un fossé, le dos chargé d'une lourde fouée, j'ai senti mon pied glisser, et je suis tombée tout étourdie, sous mon fardeau... Un passant m'a ramassée, m'a ramenée à la maison ; le médecin est venu ; il m'a tâtée, palpée dans tous les sens, disant qu'il y avait là-dedans quelque chose de rompu, de cassé, de démantibulé, que sais-je ? et que j'en pourrais mourir... Il marmottait cela tout bas à la vieille Mathurine, mais je l'entendais bien tout de même... D'ailleurs, il s'est trompé ce médecin, Jacques!... Il s'est trompé, je te le jure! car rien que de te voir, mon enfant, rien que de te savoir là, près de moi, je me sens beaucoup mieux, je suis presque guérie.

Après avoir parlé de la sorte, ma mère laissa retomber sa tête sur l'oreiller. Mais, ayant pris ma main dans la sienne, elle continua de tourner ses yeux vers moi jusqu'à ce qu'enfin accablée elle parut s'assoupir.

Dans l'âtre, éclairant de ses vives lueurs le chétif mobilier de la chaumière, le feu flambait joyeusement. Je ne songeai cependant point à quitter la place que j'occupais au chevet de ma mère, et ne profitai de ce moment d'abattement que pour m'informer auprès de Mathurine si les prescriptions du médecin avaient été fidèlement suivies.

— Oh! sainte bonne Vierge, monsieur Jacques! je le crois bien, fit la vieille, que les prescriptions du médecin ont été suivies! Il aurait fait beau voir qu'elles ne le fussent pas! monsieur Beaugrand, qui sort d'ici tout à l'heure, aurait fait une belle vie ! Depuis hier matin que l'accident est arrivé, regardez plutôt toutes ces fioles vides !... Mais il faut aussi que je vous le dise, monsieur Jacques, le docteur lui-même ne paraît pas avoir grande confiance dans l'effet de toutes ces mauvaises drogues-là. Le mal est en dedans, voyez-vous, monsieur Jacques ; le docteur a dit un mot... pour sûr, non, ce mot-là n'est point français !... un mot que je ne me rappelle pas. Toujours est-il que le mal est en dedans, et qu'à la connaissance du docteur il n'y a point d'exemple qu'on ait jamais vu sur terre païen ni chrétien en guérir.

A ce moment la malade fit un mouvement comme une personne qui s'éveille. Elle sortait en effet de son abattement ; mais sa paupière, alourdie par la souffrance, ne se soulevait qu'avec peine comme si quelqu'un d'invisible eût pesé sur ses yeux pour ne pas les lui laisser rouvrir.

— C'est toi, Jacques ? me dit-elle en me reconnaissant. Quel brave enfant tu fais de rester là, près de moi !... Est-ce que j'ai dormi ? je n'en sais vraiment rien ; et pourtant — c'est étrange ! —

il me semble avoir rêvé que j'étais morte. Tiens, j'en frissonne encore. Quel affreux rêve!... C'est pourtant vrai, que je n'irai pas loin!... Tout à l'heure, à ton arrivée, je faisais la vaillante : la joie de te voir, quoi! me donnait l'espoir de la guérison... Maintenant je sens bien que je n'irai pas loin... Qu'importe, d'ailleurs! j'ai fait mon temps. Quand j'irais rejoindre ton père, il y a bien assez d'années que le pauvre homme m'attend!... Et puis, te voilà grand et fort ; je n'ai jamais fait de tort ni de mal à personne ; je puis bien m'en aller.

Elle disait toutes ces choses d'un air calme et résigné qui me pénétrait jusqu'au fond de l'âme.

— Oh! ne parlez pas de mourir, ma mère! m'écriai-je. Le mal n'est pas si grave, heureusement! Mathurine et moi, nous vous soignerons bien. Vous guérirez! vous vivrez!

La malade remua tristement la tête et me dit :

— Non, Jacques, je ne survivrai pas. Je suis condamnée. Tu fais bien de vouloir me consoler, mon enfant, mais moi, je sens bien que je vais mourir. Oh! ce qui me chagrine le plus, va, ce n'est pas de quitter ce monde, c'est...

— A propos, fit-elle en changeant de ton tout à coup, et Claude Séguin, qu'est-il devenu?

Cette question, venant de ma mère qui n'avait jamais eu qu'une ou deux fois l'occasion de voir le charretier aux cheveux rouges, me surprit beaucoup en pareil moment. Cependant je m'empressai d'y répondre et je dis que, d'après le bruit courant, le régiment dans lequel servait Claude Séguin venait d'être désigné pour passer en Afrique.

— En Afrique! soupira ma mère. Et c'est loin d'ici, l'Afrique?

— Bien loin, oui, ma mère.

— Et l'on s'y bat, en Afrique?

— On s'y bat, oui, ma mère.

— Et dire, fit-elle, que j'ai souhaité si longtemps de te voir grandir!... Dame, je ne pensais point à cela, moi! Je me disais: — Je suis veuve: il aura beau devenir robuste comme un chêne, on ne me le prendra pas; il restera près de moi tant que je serai vivante, et viendra prier sur ma tombe avec sa femme et ses enfants quand je serai morte. — Voilà ce que je me disais... Et maintenant... Oh! pourquoi donc, mon Jacques, n'es-tu pas resté petit ?

Il n'y avait pas à discuter avec une mourante; je la laissai dire, cherchant seulement à la consoler de mon mieux.

Enfin, elle parut se calmer, et sur sa demande je me mis à réciter les prières qu'elle m'avait apprises du temps de mon enfance. J'avais remarqué depuis un instant que, de seconde en seconde, sa pâleur devenait plus livide et plus effrayante. Sa voix n'était plus qu'un souffle. Cependant la vie rayonnait encore dans ses regards fixés tendrement sur moi, et tandis que je commençais à haute voix l'oraison dominicale : *Notre père qui êtes aux cieux, que votre nom soit sanctifié*, je vis ses lèvres remuer comme pour accompagner ma prière. Puis, quand j'eus dit : *Que votre volonté soit faite*, je pus l'entendre qui répétait avec abandon : — Seigneur, que votre volonté soit faite !

Nous en étions là de notre oraison lorsque le père Gorgis entra dans la chaumière.

— J'ai su, Jacques, me dit-il, par le petit enfant de chœur Daniel, ton arrivée à Saint-Cyr, et je suis venu prendre des nouvelles de la malade, pensant que je pourrais en même temps t'être de quelque secours.

Alors la recommandation de mademoiselle Rosine me revint à l'esprit ; je pensai que ne me voyant pas rentrer à la ferme, mes maîtres seraient inquiets de mon retard ; et pour leur éviter cette contrariété je priai M. Gorgis de dépêcher vers eux quelqu'un qui les mettrait au courant de ce qui se passait chez nous.

— N'est-ce que cela ? s'écria M. Gorgis en se disposant à sortir. Eh bien, tranquillise-toi, ta commission sera faite. Et tes maîtres comprendront très-bien que tu ne puisses retourner ce soir à la ferme quand on leur aura dit que ta mère est malade.

M. Gorgis ouvrait déjà la porte pour s'éloigner : un geste, un signe de ma mère le rappela.

— Non, non, fit-elle, monsieur Gorgis, ne leur

dites pas que je suis malade; dites-leur plutôt que je suis morte !

Et comme je m'étais rapproché du lit elle entoura mon cou de ses faibles bras, et m'attirant doucement vers elle, me posa sur le front ses lèvres déjà froides. — Sois bon, sois honnête, mon enfant ! — murmura-t-elle encore. Puis ses bras se détendirent, je sentis un souffle passer sur mon visage, et je tombai, les mains jointes, à genoux près du lit, pendant que la vieille Mathurine venait, clopin-clopant, s'assurer de la mort de ma mère et lui fermait les yeux.

M. Gorgis s'approcha du lit, regarda tristement la morte, me serra la main en silence, et sortit.

Quand il revint, il faisait nuit. — Je me suis acquitté moi-même de ta commission, me dit-il. M. Jacob Renard et sa fille — la fille surtout — m'ont paru très-chagrins du malheur qui te frappe. Ils m'ont promis d'assister à la cérémonie. Demain, je m'occuperai de toutes les démarches d'usage en ces tristes circonstances. Maintenant, je te conseille de venir manger une croûte et te reposer chez moi. J'enverrai ma femme tenir compagnie à la vieille Mathurine pour veiller la morte.

Je remerciai vivement M. Gorgis de l'intérêt qu'il me témoignait. Je lui dis ensuite, avec des sanglots, que pour ce qui concernait les formalités et démarches d'usage j'acceptais volontiers ses services ; mais que, quant à sa dernière proposition, j'avais le regret de la repousser, vu que mon intention était de rester jusqu'à la fin auprès de ma pauvre mère.

Le brave homme n'insista pas. Seulement, prenant Mathurine à part, il l'envoya tenir compagnie à madame Gorgis, et s'assit tranquillement au coin du feu pour y passer la nuit. Harassé de fatigue, il ne tarda pas à s'endormir. Je restai seul à veiller au chevet de la morte.

On l'enterra dans la matinée du surlendemain. Le cortége des pauvres gens n'est jamais bien nombreux ; cependant je remarquai la présence des Couillard, des Baberlot, de M. Gorgis, et de beaucoup d'autres habitants notables du village. M. Jacob Renard et sa fille, fidèles à la promesse qu'ils avaient faite à M. Gorgis, étaient venus en carriole et ne devaient repartir que le soir afin de me ramener avec eux. Ils étaient descendus chez les Baberlot qui, par considération pour mon maître et par respect pour la mémoire de ma mère, n'avaient pas, bien que très-vains, dédaigné de se joindre à cet humble cortége.

M. Beaugrand seul manquait à cette triste cérémonie. Je ne m'étonnai pas de cette absence, le sachant indisposé. Ce n'est qu'après mon retour à la maison mortuaire que j'appris que cette indisposition avait pour cause le zèle qu'il avait mis, lors de l'accident de ma mère, à courir dans les hameaux à la recherche de l'unique médecin de Saint-Cyr. J'allai voir ce digne homme, mais quand je voulus le remercier de ce qu'il avait fait :

— Non, me dit-il, Jacques, ne crois pas un mot de ce que t'a conté la vieille Mathurine. Une brave femme! pourtant, mais la tête n'est pas forte; non, pas forte du tout, c'est un fait positif.

Et ce fut lui qui, tout malade qu'il était, me donna des consolations et me prêcha le courage.

— Travaille! travaille encore, travaille toujours!

me dit-il. Le travail est la loi du monde ; et cette loi-là, Jacques, a cela d'avantageux, quand on l'observe, qu'elle nous procure assez souvent le bonheur et presque toujours la consolation.

Avant de m'éloigner de Saint-Cyr, je voulus m'asseoir encore une fois au foyer de ma mère. La vieille Mathurine était là qui rangeait, clopin-clopant, dans la maison. Depuis longtemps je savais la pauvre femme dans le besoin. Le propriétaire de la masure qu'elle habitait avait même menacé plusieurs fois de la chasser faute de paiement.

— Faites apporter vos meubles ici, lui dis-je ; ils ne feront pas mauvaise figure à côté de ceux de ma mère.

— Oh ! bonne sainte Vierge ! monsieur Jacques, fit-elle, en vérité vous êtes bien bon ; mais comment vous paierai-je le loyer ?

— Vous ne me le paierez pas, lui dis-je. Il me plaît de vous prêter ce toit sous lequel vous avez assisté ma mère à ses derniers moments.

La brave femme m'embrassa, les yeux pleins de larmes. Ces dispositions arrêtées, j'allai retrouver mes maîtres chez les Baberlot et repris avec eux le chemin de la ferme.

Trois jours après je recevais une lettre datée de Saint-Cyr. Au moment où cette lettre me fut remise, j'étais dans la salle commune en compagnie de la vieille Gertrude et de mademoiselle Rosine. Je déchirai vivement l'enveloppe et je lus. La lettre était de M. Gorgis et m'annonçait que M. Beaugrand, victime de son dévouement, venait de mourir d'une fluxion de poitrine. En apprenant cette nouvelle, je sentis mon cœur se gonfler. J'aurais voulu pleurer, je ne le pouvais pas.

— Cette fois, c'est fini, m'écriai-je en me laissant tomber accablé sur un des bancs de la table, me voici bien seul!

Et comme mademoiselle Rosine me regardait toute surprise, je lui tendis la lettre.

— Je ne chercherai pas à vous consoler, Jacques, me dit-elle quand elle eut pris connaissance des pattes de mouche de M. Gorgis. Je comprends votre douleur, mais il ne faut cependant pas que votre chagrin vous porte à l'injustice. Or, vous avez dit tout à l'heure un mot, Jacques, qui m'a paru cruel : non, non, vous n'avez pas le droit de vous dire seul puisque nous sommes là !

Gertrude approuvait de la tête et du bonnet.

— Jacques ! ami Jacques, fit encore la Rosinette, mais en baissant un peu la voix, souvenez-vous qu'avec du savoir, du courage et de l'honnêteté, un homme intelligent, de si bas qu'il soit parti, peut arriver à tout.

Et comme je la regardais stupéfait : — Vous avez, reprit-elle en me serrant la main, l'intelligence, le savoir et l'honnêteté ; tâchez donc aussi d'avoir le courage, ami Jacques !... Oh ! continua-t-elle avec un sourire, je ne vous parle point de ce courage qui consiste à braver le péril à toute heure et sans hésitation — de celui-là, vous en avez à revendre — mais de ce courage d'un genre supérieur, de ce courage tout d'espoir, de patience, de constance, de persévérance, qui nous fait supporter vaillamment nos peines, nous console dans nos revers, décuple nos forces, nous aide à triompher des obstacles et presque infailliblement nous conduit au succès. Ayez ce courage-là, Jacques... et qui vivra verra !

XVII

Après la double perte que je venais d'éprouver dix-huit mois s'écoulèrent sans événement notable. A mon découragement passager avait succédé l'énergie d'une résolution invincible : Je continuais de travailler et d'espérer. M. Jacob Renard continuait de prospérer et de s'enrichir. Mademoiselle Rosine continuait de rester fille. On ne parlait plus de son mariage. Les prétendants, découragés, s'étaient éloignés tour à tour. Sylvain Durocher seul persistait ; ce qui ne l'empêchait point de mener joyeuse vie, et de remplir la vallée du bruit de ses fredaines. Cependant Sylvain, soigneusement évité par mademoiselle Rosine, n'avait pas cessé d'être accueilli favorablement par M. Jacob ; il semblait même avoir fait des progrès dans l'estime du fermier depuis que celui-ci, se trouvant un jour à La Ferté-sous-Jouarre, avait eu la curiosité de faire un tour jusque du côté de Reuil. C'est si joli quatre-vingts beaux mille francs qui fleurissent au soleil !... Au reste, je n'avais pas non plus à me plaindre : Jacob Renard se montrait plus que jamais plein de bienveillance et d'aménité pour moi.

Il faut te dire aussi, mon cher Pierre, pour t'expliquer ce redoublement d'égards, que peu de temps après la mort de ma mère j'avais eu l'occasion de me signaler à mon maître sous un jour tout à fait imprévu.

Vers la fin de cet hiver-là, M. Jacob, se trouvant à la tête de quelques milliers de francs qui dormaient dans sa cassette, avait résolu de les employer à s'arrondir. C'est, comme tu sais, le terme consacré. Malheureusement les occasions manquaient ; l'année précédente n'avait pas été trop mauvaise, et les visages satisfaits des petits cultivateurs semblaient dire au fermier : — Laissez-nous notre champ, cher brave homme, et gardez votre argent.

M. Jacob était donc fort ennuyé lorsque, par une indiscrétion calculée de M. Népomucène Landureau, le clerc de notaire, qui cherchait à rentrer en faveur auprès du fermier, j'appris qu'il était question de mettre les bois Leclerc à l'affiche. On ne trouverait probablement plus trace de ces bois-là sur le cadastre de Sablonnières ; mais moi qui les ai souvent parcourus dans mon enfance et qui les ai défrichés et cultivés plus tard, je puis en parler savamment. Les bois Leclerc donc allaient être mis à l'affiche, en trois lots, au comptant, le propriétaire, un lion de Paris comme disait M. Népomucène, ayant besoin d'argent pour le moment et voulant faire flèche de tout bois. Le notaire avait, d'ailleurs, pouvoir pour traiter à l'amiable s'il se présentait un acquéreur sérieux avant la mise à l'affiche. Bref, ajoutait M. Népomucène Landureau, il y avait peut-être là quelque chose à faire.

C'était aussi mon opinion, et voilà comment,

connaissant par Gertrude le sujet des préoccupations de mon maître, je m'empressai de communiquer à la vieille servante ce que je venais d'apprendre. Celle-ci n'eut rien de plus pressé, naturellement, que de faire part de cette nouvelle à M. Jacob.

Je pensais que M. Jacob allait être enchanté des renseignements que j'avais eu le bonheur de lui procurer, et je me réjouissais de sa propre joie ; je fus donc très-étonné de le voir m'aborder en faisant la grimace.

— Une belle trouvaille, ma foi, que celle-là ! me dit-il. Les bois Leclerc ! Peuh !... Tout ce qu'il y a de moins bon comme terroir dans l'étendue de la vallée. Un taillis maigre, des bouquets de bouleaux, quelques vieux chênes moussus, des baliveaux noués, rien de bon, rien de fort, rien de vigoureux ; un sol de pierres et de cailloux, avec des *hausses qui baissent* et de vieux trous de carrière pour se rompre les os ! Mon Dieu ! la belle trouvaille !

— Eh mais, lui dis-je, monsieur Jacob, vous êtes parfaitement libre de ne pas aborder l'affaire.

En m'entendant lui répondre sur ce ton, M. Jacob parut se raviser.

— Bah! dit-il, il faut tirer parti de tout.

Ensuite, sachant que je m'occupais d'étudier l'agriculture dans les livres, il me demanda, d'un air qui voulait être paterne et qui n'était que goguenard, l'avis de M. Jacques sur ce qu'il y aurait à faire en cas d'acquisition. Tout d'abord, je me récusai, déclinant mon inexpérience. Il insista, disant qu'étant, lui, de nature routinière, il s'estimerait heureux de recevoir les conseils d'un partisan du progrès. C'était pure moquerie de sa part, et M. Jacob, je le savais de reste, n'aurait pas demandé mieux que de trouver ma science en défaut pour se moquer de moi tout à son aise. Toutefois je ne me laissai point déconcerter, et, dans un langage que n'aurait pas désavoué M. Beaugrand lui-même, cet excellent ami des esprits positifs, j'exprimai franchement et clairement mon opinion, disant que telle partie du champ était tout à fait mauvaise, mais que telle autre valait mieux ; que quant aux inégalités du terrain, il serait facile d'y remédier ; que le taillis et les arbres, sans être des plus vigoureux ni des mieux venus, seraient d'un bon rapport le jour où l'on voudrait défricher, et qu'en fin de compte si les trois lots ensemble n'étaient pas vendus au-delà de dix mille francs le bois qui couvrait la superficie suffirait peut-être à payer le fonds.

Après m'avoir écouté paisiblement, Jacob discuta quelques instants pour la forme, puis demanda sa carriole, entra dans son cabinet, y prit une énorme sacoche, s'installa commodément dans son véhicule, fouetta vigoureusement son cheval et partit pour Rebais.

Le soir même, il rentrait à la ferme au moment du souper, et montrant la sacoche vide, il s'écriait : — Le bois Leclerc est à moi ! Je vais le faire abattre ; à l'automne qui vient nous défricherons, assainirons, aplanirons et cultiverons ces vilaines mauvaises terres-là, et je veux que l'an prochain, au mois d'avril, tout un chacun se pâme d'aise et d'admiration devant les avoines qui pousseront là-dedans.

En entendant ces paroles, le Grand-Guillaume et Bonhommet se mirent à faire chorus, disant qu'il n'y avait que M. Jacob au monde pour avoir des idées aussi merveilleuses. Naturellement je mêlai mes félicitations aux louanges de mes bons vieux camarades. Le fermier se rengorgeait, se fricassait les mains, ne se sentait plus d'aise ; maintenant que l'affaire était conclue, il ne craignait plus aucunement de se montrer ravi.

Et de fait, il avait raison de se réjouir, car mes prévisions et les siennes se réalisèrent. La superficie paya le fonds ; et lorsque l'été revint pour la deuxième fois depuis la conclusion du marché, rien n'était plus beau que de voir dans le champ Leclerc les avoines drues et vigoureuses ondoyer comme une mer à la brise, sous les feux du soleil.

C'est pourtant dans ce champ-là que la Rosinette et moi nous avons failli périr !

XVIII

On était alors en pleine moisson ; et ce jour-là le ciel s'était couvert de tels nuages qu'on eût pu croire qu'un nouveau déluge se préparait. Jacob Renard, au désespoir, pressait ses gens. Laisser une partie de sa récolte exposée aux injures de l'orage lui semblait un sacrifice des plus pénibles. Aussi cherchait-il par tous les moyens possibles à hâter la rentrée de ses belles avoines.

— Eh mon Dieu ! mon père, lui dit la Rosinette, vous voici bien en peine. Tout sera sauvé, je vous en réponds ; mais pourquoi ne songez-vous pas à moi ? — Et grimpant dans la charrette que je venais de décharger : — Attelez une autre voiture, mon père, et prenez Catherine avec vous.

Cela s'était fait d'une manière si prompte, si naturelle, que je ne songeai pas un instant à m'étonner. D'ailleurs, l'arrangement me plaisait ; et l'on n'a pas l'idée de critiquer ce qui plaît. Ayant donné un petit coup de fouet à mon vieux Tranquille, je repris le chemin de la pièce des Carrières. Nous donnions ce nom de Pièce des Carrières à la partie des bois Leclerc dans laquelle se trouvaient les anciens trous dont la seule pensée irritait si fort M. Jacob Renard au moment de son acquisition. Pressés de besogne à l'époque des semailles, nous n'avions point pris le temps de combler ces excavations sur le bord desquelles on ne voyait pousser que des chardons l'été, et des roseaux l'hiver.

Dès que nous fûmes arrivés dans le champ des Carrières, je me mis à tendre les gerbes et la Rosinette à les tasser ; cela marchait rondement, et le chargement commençait à prendre bonne tournure lorsque survint Sylvain Durocher.

Ayant aperçu de loin des moissonneurs dans la pièce des Carrières, il avait laissé sa carriole au bord de la route et s'était dirigé vers nous dans l'espoir de rencontrer le fermier.

Inutile de dire s'il fut de bonne humeur en nous reconnaissant. C'est à peine s'il pouvait contenir sa fureur, et la vue de la Rosinette travaillant avec moi lui déplut si fort que, prenant sa cravache, il en cingla vigoureusement mon cheval, en me regardant de travers comme pour me dire qu'il eût éprouvé plus de plaisir encore à me frapper moi-même. Tranquille était doux et patient, mais il n'était pas habitué le moins du monde à des brutalités de ce genre, si bien qu'il fit un écart, et se trouva tout à coup sur la déclivité d'une de ces anciennes carrières dont j'ai parlé. C'était justement la plus profonde.

Cependant la Rosinette, après avoir failli tomber, était restée sur le faîte de la charrette, toute tremblante et tout interdite. Voyant le danger qu'elle courait, je sautai d'un bond à la bride du cheval que la charge de la voiture menaçait de pousser au fond de la carrière. — Descendez vite, mademoiselle, — lui criai-je. Plus morte que vive, elle m'obéit en se laissant glisser le long des gerbes. Sylvain Durocher la regardait faire.

Moi, je continuais de me cramponner à la bride du cheval qui, s'arc-boutant de son mieux sur ses jambes de devant, résistait à l'impulsion que lui donnait le poids de la charrette. — Aux roues! Sylvain, criai-je encore. Si vous êtes un homme, appelez quelqu'un, et mettez-vous aux roues! — Mais au moment même où la Rosinette posait le pied à terre, je sentis que mon poignet faiblissait; et je vis les jarrets de mon cheval fléchir. En vain redoublai-je d'efforts; je n'en pouvais plus, j'étais à bout; je fus entraîné, renversé, et, tenant toujours à la main la bride de mon cher Tranquille, je roulai comme une masse au fond du précipice.

Ce qui se passa ensuite, on me l'a raconté, mais par moi-même je n'en ai pas souvenance. J'étais comme mort. Je crois me rappeler cependant avoir entendu des cris, des pleurs, des gémissements auxquels succéda tout à coup un grand tumulte de gens qui s'empressaient autour de moi, répétant à qui mieux mieux : — Pauvre garçon! Pauvre garçon! — Là s'interrompent mes souvenirs; il y a comme un trou dans ma mémoire; mes idées, mes sensations, tout s'embrouille, tout s'obcurcit et devient pour moi sombre comme la nuit du tombeau.

Mon évanouissement dura deux jours.

Quand je revins à moi, je me trouvais dans un grand lit à rideaux rouges, le lit du patron, avec un oreiller moelleux sous ma tête, un chaud édredon sur mes pieds, et couché douillettement entre deux draps blancs, sous une couple de couvertures. La vieille Gertrude était assise à mon chevet, préparant un cordial. Un peu plus loin, près de la cheminée, dans l'ombre, une grande jeune fille coupait des bandes et faisait de la charpie. Je la reconnus tout de suite et voulus parler. Mais alors je m'aperçus que j'étais couvert de blessures et ne pouvais remuer. Je demeurai donc immobile, la tête appuyée sur l'oreiller, et mes yeux grands ouverts attachés sur ma protectrice.

Dans la salle commune, à côté, se tenait une conversation dont le bruit parvenait jusqu'à moi. On aurait dit la fin d'une dispute.

— Et moi je vous dis, docteur, s'écriait une voix que je reconnus pour être celle de Bonhommet, qu'il n'y a point là de lésion grave. Je ne m'entends pas à votre latin, moi, mais j'ai... — comment dites-vous? ausculté? Va pour ausculté! — oui, j'ai, monsieur le docteur, ausculté le malade; et je déclare qu'avant quinze jours ou trois semaines, lorsque ses blessures seront guéries et ses plaies refermées, il sera vif comme l'air et joyeux comme pinson.

— Et moi, je vous réponds qu'avant quinze jours le blessé sera dans la terre si vous vous mêlez de la guérison!

— Je ne m'en mêlerai pas, je vous le jure, si vous me promettez de le sauver. N'est-ce pas, monsieur le docteur, que vous le sauverez?

— Dieu le veuille, monsieur Bonhommet, Dieu le veuille!... Mais en attendant, — monsieur Jacob, c'est à vous que je m'adresse, — qu'on ait bien soin du malade et que sur toutes choses on se conforme à mes prescriptions!

— J'y veillerai, monsieur le docteur, fit alors la voix de M. Jacob. J'y veillerai, soyez tranquille. Un si bon domestique!... Allons, au revoir, monsieur le docteur. Ah! je ne partage pas la confiance de Bonhommet, et je crains bien que nous ne perdions ce pauvre garçon !

A ce moment, Gertrude, avec un geste désolé, se tourna vers moi; elle avait l'air de dire, elle aussi : — Pauvre garçon! pauvre garçon! Mais en me voyant lui sourire, les yeux grands ouverts, elle changea soudain de physionomie, et, laissant tomber la tasse qu'elle tenait à la main, elle s'écria, folle de joie : — Bonté divine! Rosine, il est ressuscité !

Je vis alors ma protectrice se retourner vivement, puis me regarder et pâlir.

— Ce cher enfant! fit Gertrude en se penchant sur moi.

Comme elle prononçait ces mots, un grand soupir, suivi d'un bruit de chute sur le plancher, se fit entendre.

La Rosinette s'était évanouie.

— Monsieur le docteur! monsieur le docteur! cria Gertrude.

Justement le médecin, qui n'avait pas encore eu le temps de rejoindre son méchant bidet sous la porte charretière, passait en ce moment sous l'unique fenêtre de la chambre de M. Jacob. S'entendant appeler, il revint sur ses pas, gravit les marches du perron aussi précipitamment que le lui permettaient ses vieilles jambes cagneuses, traversa la salle commune, et, suivi de Bonhommet et du fermier, rentra dans la chambre où Gertrude continuait avec ferveur ses appels et ses lamentations.

Après avoir invité la vieille servante à se taire, M. Lefèvre courut à la fenêtre et l'ouvrit. Le docteur, d'humeur plaisante, était un de ces hommes de sagesse et d'expérience qui comprennent une situation d'un coup d'œil. En voyant son malade sorti de son engourdissement et la Rosinette évanouie, il ne put s'empêcher de sourire ; mais se rappelant aussitôt les devoirs de sa profession, il s'agenouilla près de la jeune fille et se mit à lui prodiguer ses soins.

Quant à M. Jacob Renard, il était hors de lui :
— Ma fille ! ma pauvre fille ! s'écriait-il en s'attachant au collet du médecin ; par grâce, monsieur le docteur, faites tout ce qu'il faut faire et rendez-moi ma fille !

— Eh bon Dieu! vous m'étranglez! repartait le docteur. Cher monsieur Jacob, quel étrange homme vous êtes! Votre fille n'est pas perdue! Un simple évanouissement, monsieur Jacob, un simple évanouissement... Cette chère demoiselle est de constitution nerveuse. Et dame... vous comprenez, la surprise... l'émotion... c'est bien naturel, après tout... et va-t'en voir s'ils viennent, Jean, il n'y a plus personne.

Puis, élevant la voix et lançant un regard de mon côté :

— Je vous demande un peu, continua-t-il, si ce n'est pas une chose ridicule : qu'un grand gaillard, qui reste là pâmé comme une carpe au soleil pendant des journées entières, se mette tout subitement à rouvrir ses paupières comme si quelqu'un s'inquiétait seulement de la couleur de ses yeux. Il y a là de quoi bouleverser les êtres les plus raisonnables! Que diable! avant de ressusciter, monsieur le malade, on avertit son monde!... Allons! allons, revenez à vous, chère demoiselle... Ce n'est qu'un petit étourdissement... rien du tout, quoi!... revenez à vous.

Et ce disant, il faisait respirer un flacon d'éther à la chère demoiselle qui, commençant à reprendre ses sens, se mit à fondre en larmes.

De son côté, la vieille Gertrude pleurait comme une Madeleine.

— Là, là, disait le docteur, le déluge maintenant! Comme s'il n'avait pas assez plu depuis deux grands jours! Que diable! ma bonne madame Gertrude, cessez un peu vos larmes. Après la pluie vient le beau temps, comme dit le proverbe... Et vous, chère demoiselle Renard, riez un peu, voyons! riez un peu, chère demoiselle!... A la bonne heure, au moins, voici qui va bien! Vous êtes charmante lorsque vous riez... Mais pourquoi pleurez-vous encore? A quoi bon toutes ces larmes? Nous n'avons pas besoin d'eau, vous dis-je! Le Petit-Morin, chère demoiselle, est plein à déborder!... N'importe, mon enfant, faites ce qui vous plaira. Après tout, vous avez raison : pleurez et riez à votre aise; le rire et les pleurs sont très-salutaires : tout cela soulage, tout cela fait du bien.

— Quant à toi, mon garçon, reprit monsieur

Lefèvre en se tournant vers mon lit avec un courroux comique, je te prédis que la fièvre va t'empoigner rudement tout à l'heure. Et cela t'apprendra, mauvais plaisant, à causer de semblables émotions aux gens.

Là-dessus, le docteur vint me tâter le pouls, m'appuya la tête sur l'oreiller, retourna près de mademoiselle Rosine alors complétement remise, revint de nouveau pour me répéter en riant sa terrible menace, alla donner une tape sur l'épaule de la vieille Gertrude à laquelle il me recommanda d'une façon toute spéciale, souhaita le bonjour et présenta ses respects à mademoiselle Rosine, sermonna M. Bonhommet, qui, disait-il, avec sa manie de fourrer son nez partout s'occupait trop souvent de ce qui ne le regardait pas, chercha sa canne dans tous les coins de la chambre avant de s'apercevoir qu'il l'avait sous le bras, serra de nouveau la main de M. Jacob, et fit encore un mouvement vers mon lit pour me menacer, puis, ayant enfin terminé ses quinze tours, s'en alla de son pas boiteux, en déclarant qu'avec la grâce de Dieu, tout finirait par aller bien.

Tout finit par aller mieux, en effet, mais pendant plus d'une semaine encore, ma position inspira des inquiétudes à mes amis. Ayant perdu beaucoup de sang, j'étais d'une faiblesse extrême. Mon corps n'était que plaies et meurtrissures. Il fallait du temps pour guérir tout cela ; et Dieu sait ce que j'eus à souffrir.

D'abord, le jour même de la scène que je viens de raconter, un quart d'heure au plus après le départ du docteur, la fièvre arriva comme il l'avait prédit. J'eus le délire ; et cette situation se continua pendant plusieurs jours. Bonhommet, le Grand-Guillaume, et le fermier lui-même passaient tour à tour les nuits auprès de moi. Au chant du coq, ils s'en allaient vaquer à leurs travaux, et cédaient la place à Gertrude qui devenait ma garde-malade. La bonne vieille demeurait à mon chevet toute la journée, attentive et dévouée comme une mère, ne s'absentant d'auprès de moi que lorsque la Rosinette, toujours bonne et compatissante, offrait de la remplacer un instant. J'étais, du reste, au dire de chacun, un malade fort patient, fort doux et fort commode.

Or, le matin du quatrième jour, après une nuit de fièvre et de délire, je m'étais endormi. Dans mon sommeil, il me sembla qu'auprès de mon lit j'apercevais ma mère. Elle était là, vivante, se penchant à mon chevet et me parlant doucement comme un ange gardien. A de certains moments, elle abaissait ses lèvres jusque sur mon front. Une fois même, il me sembla sentir couler sur mon visage une larme tombée de ses yeux. — Ma mère ! lui disais-je, ma bonne mère ! oh ! ne vous en allez pas, demeurez près de moi ! Je vous aime tant, ma mère ! — Et comme la vision paraissait s'éloigner j'étendis mes bras pour la saisir.

Alors, au contact de deux mains douces, fluettes et cependant nerveuses qui repoussaient les miennes, je me réveillai, me demandant si j'étais bien en proie à quelque songe.

Chose étrange ! au-dessus de ma tête les rideaux du lit tremblaient encore.

— Gertrude ! c'était Gertrude ! m'écriai-je, ce n'était point ma mère !

— Non, Jacques, fit alors une voix que malgré son trouble je reconnus fort bien pour celle de la

Rosinette, ce n'était ni ta mère ni Gertrude, mais c'était toujours quelqu'un qui t'aime, car c'était moi !

Alors, écartant les rideaux du lit, la Rosinette, toute rouge et toute confuse, apparut à mes regards.

— Oh ! pardonnez-moi d'avoir troublé votre sommeil, fit-elle avec mélancolie ; mais depuis si longtemps cela me tenait au cœur ! Je sais bien que ma conduite à cette heure doit vous sembler étrange, mais est-ce que ce n'est pas naturel, aussi, d'avoir pitié de qui nous sauve et d'aimer qui nous aime ? Oui, je vous aime, Jacques ! saintement, purement, ardemment, comme on aime ce qui est bon, ce qui est brave, ce qui est beau ! Et si je trouve en moi la force de vous avouer un pareil sentiment, c'est que j'ai bien compris que vous aviez résolu de souffrir en silence plutôt que me déclarer votre amour. Eh bien ! c'est moi qui viens à vous, Jacques ! ne me repoussez pas ! c'est moi qui vous répète encore : — Espoir et courage ! Car à qui n'a pas marchandé son dévouement, je ne marchanderai pas non plus ma reconnaissance, je ne refuserai pas mon amour!

Sur ces derniers mots, Gertrude rentra.

— Espoir et courage, Jacques ! fit encore la Rosinette en posant un doigt sur ses lèvres.

Puis elle sortit.

Voilà ce qui se passa dans la chambre de M. Jacob le matin du quatrième jour de mon retour à la vie, et à partir de ce matin-là, je sentis que j'allais beaucoup mieux. Ah! c'est un fameux baume que l'amour !

Quant à mon brave Tranquille, mon compagnon de malheur, dont le sort m'inquiétait, j'appris qu'en cette affaire, sa part avait été plus rigoureuse que la mienne. On l'avait trouvé raide mort sous la charrette brisée, au fond de la carrière. Pauvre vieux camarade! Je l'ai pleuré, Pierre, je l'ai pleuré !

Mais une chose qui me revient encore après toutes celles que je viens de te dire, une chose qui ne s'effacera jamais de mon esprit, c'est qu'un dimanche matin, comme j'étais à la fenêtre, regardant, avec cette douceur infinie qu'éprouve le malade renaissant à la santé, le va-et-vient joyeux

14.

des bêtes et des gens, M. Sylvain fit son apparition dans la cour de la ferme, et se dirigea vers M. Jacob et sa fille qui sortaient en ce moment du jardin, chargés de fleurs et de légumes. Ayant abordé le fermier, le garçon boucher qui ne m'avait pas aperçu, après quelques mots sur la pluie et le beau temps en vint à demander de mes nouvelles, mais cela d'un ton qui témoignait assez de son peu d'intérêt pour ma personne. Je n'entendis point la réponse de M. Jacob. Il me faut toutefois croire qu'elle était de nature toute bienveillante, car je vis Sylvain rougir de colère, et je l'entendis s'indigner hautement des égards dont j'étais l'objet.

— Voilà-t-il pas, s'écriait-il, un beau jeune homme pour mériter vos soins et votre bienveillance! Un gaillard qui manque de tuer votre fille, qui vous massacre un cheval et vous abîme une charrette toute neuve! Soit dit sans vous offenser, monsieur Jacob, vous pourriez placer plus avantageusement tant de bontés ailleurs! Croyez-vous, par hasard, que si moi, j'avais eu le bonheur d'être à la place de Jacques, cet accident qui vous coûte au bas mot cinq cents francs — oui, mademoiselle Rosine, cinq cents francs, j'en ai fait le compte — croyez-vous, dis-je, que cet accident aurait pu se produire? Oh, non, non, par exemple! Je ne suis pas de ces niais-là! Mais voilà! ces enfants de rien du tout recueillis par charité, c'est toujours comme ça que ça tourne! C'est gâté, c'est mauvais, ça n'a pas de moelle dans les os, ça se croit quelque chose dans la maison et ça n'a pas seulement la force de tenir solidement un vieux cheval à la bride!... Un charretier de cette espèce, monsieur Jacob, si j'en avais un à mon service, au lieu de le poulotter et de le dorlotter comme vous faites, moi, je m'en irais vous le prendre tout bonnement par le bras, et sans plus de manières que le sujet n'en mérite, je vous le flanquerais tranquillement à la porte !

Le fermier, qui savait, heureusement, comment s'étaient passées les choses, avait écouté cette diatribe bouche béante. Cependant, comme il ne s'empressait pas de répondre, se contentant de se gratter l'oreille de l'air d'un homme embarrassé, je commençais à m'ennuyer de son obstination de silence, lorsque je vis la Rosinette se débarrasser de la brassée de fleurs qu'elle portait, relever fièrement sa charmante tête brune, et, montrant du doigt la porte charretière, dire au garçon boucher stupéfait : — Vraiment, monsieur Sylvain, vous parlez comme un livre ! Permettez-moi pourtant d'exprimer mon avis. Je crois, moi, qu'avant de songer à mettre à la porte les gens qui nous rendent des services et qui ne craignent point de risquer leur vie pour sauver la nôtre, mon père fera bien de se débarrasser des importunités de ceux qui ne viennent jamais ici que pour y fomenter le désordre et la haine.

Et comme Sylvain cherchait à répondre :

— Je vous trouve bien osé, monsieur Sylvain, d'accuser Jacques, vous qui par votre mauvaise humeur avez failli causer ma mort! Car vous avez failli causer ma mort, tandis que Jacques, lui, toujours bon et dévoué, m'a sauvé la vie, cette vie qu'il avait déjà préservée l'an dernier d'un imminent danger. Libre à vous de sourire méchamment et de vous indigner, mais ce que je dis est vrai, je l'atteste devant mon père qui nous écoute et devant Dieu qui nous entend. Et j'ajoute que c'est mal à vous, monsieur Sylvain, après avoir failli causer la perte d'un brave garçon comme Jacques, de venir en parler comme vous faites! Il vous déplaît, dites-vous, de nous voir soigner et guérir le zélé serviteur que vous avez mis à deux doigts de la mort? eh bien, soit! évitez-vous ce déplaisir, cette contrariété. La porte est libre. Allez!

Pour le coup, je ne respirais plus, j'écoutais les éclats de cette belle colère, agité, fiévreux, transporté de surprise et d'admiration. Sylvain, lui, paraissait terrassé.

— Allez! répéta la Rosinette.

Alors, l'œil menaçant, les poings crispés, la bouche pleine d'injures et de blasphèmes, le garçon boucher s'éloigna. Il s'éloigna sans que M. Jacob fît un pas pour le retenir. Ce fut seulement quand Sylvain eut disparu que le fermier, retrouvant ses vieux instincts d'avare, se prit à soupirer : — Quatre-vingt mille francs!

ma fille, quatre-vingt mille francs ! et de si belles terres, si tu savais ! de si belles terres !

— Eh mon Dieu ! mon père, fit doucement la Rosinette en gravissant les marches du perron, chargée de sa brassée de fleurs, qu'avons-nous besoin des terres de M. Sylvain ? Vous savez bien le proverbe qui dit que la fortune ne fait pas le bonheur ; et puis ne sommes-nous donc pas assez riches ? L'humeur de M. Sylvain me déplaît ; je le congédie ! A quoi bon, d'ailleurs, vouloir me marier avec des gens que je ne connais pas ou que je n'estime pas ? Il serait bien plus sage, allez ! de me laisser vivre tranquillement auprès de vous, dans cette ferme où je suis née, où je me trouve heureuse !

— Sans doute ! sans doute, ma fille, — répondit le fermier.

Mais, en dépit de cette adhésion aux idées de son enfant, M. Jacob demeura sombre et chagrin pendant toute une semaine. Pendant toute une semaine, il gronda tout le monde, à droite, à gauche, à tort à travers, sans rime ni raison. Il ne venait plus me voir que pour me faire grise mine ; et lorsque, me sentant à peu près rétabli, je quittai sa chambre pour regagner mon grenier et reprendre mon travail ordinaire, ce fut d'un ton bourru qu'il me dit : — Maintenant, Jacques, j'espère que l'on va s'arranger de manière à rattraper le temps perdu.

Cependant Gertrude, à qui je rapportai ces paroles, et qui connaissait la bouderie de mon maître, ne cessait de me répéter : — Eh! mon enfant, ne sais-tu pas que M. Jacob ressemble aux chiens de Bonhommet et qu'il aboie plus qu'il ne mord? Laissons à sa colère le temps de se calmer, et travaillons en attendant, comme si de rien n'était. Patience! Jacques, patience! écoute la vieille Gertrude qui t'aime comme son propre enfant. Nous autres, vieilles, vois-tu, nous devinons bien des mystères et nous savons bien des choses. C'est pourquoi je te répète : — Prends patience, mon ami, prends patience! — et peut-être qu'un jour, comme dit le docteur Lefèvre, tout finira par bien aller.

XIX

L'hiver qui suivit s'écoula rapidement. Je travaillais. J'étais heureux. La Rosinette, aussi prudente que sage, ne me parlait que devant témoins. C'est à peine si, de temps à autre, en passant près de moi dans la cour, elle me laissait lui presser furtivement le bout des doigts. Mais son image, toujours présente à ma pensée, entretenait la bonne humeur de mon esprit et faisait fleurir dans mon âme mille rêves de bonheur. Depuis le congédiement de Sylvain, c'était un fait reconnu dans la vallée que mademoiselle Rosine Renard ne voulait décidément point se marier. On s'étonnait beaucoup de cette résolution, et force bonnes âmes, sachant l'envie que M. Jacob

avait de voir sa fille établie, se lamentaient longuement et démesurément sur l'incroyable sort du malheureux fermier. Maintes fois, dans le cours de cet hiver qui fut long et rude, il arriva que quelque commère du village, venant chercher son lait ou son beurre à la ferme, s'exclama tristement à la vue de la Rosinette : — Peut-on être si belle et ne point prendre époux ! — La chose paraissait des plus inconcevables. Ce qu'entendant, la Rosinette souriait. — Bah ! bah ! madame Brochard, je ne suis point si pressée ! — Eh bon ! bon ! bon ! chère madame Pichu, j'ai bien le temps d'y songer. — Et cette réponse, toujours la même et dite d'un ton indifférent, était, chaque fois que je me trouvais présent, accompagnée d'un petit coup d'œil plaisant qui toujours avait le don de me transporter de joie. Mon seul regret, mon seul chagrin, c'était de la savoir si riche, hélas ! et moi si pauvre. J'aurais voulu, par moment, la voir semblable à l'une de ces mendiantes qui vont pieds nus sur les routes par le froid et l'hiver, pour avoir le droit de lui dire :
— Vous n'avez rien, mademoiselle, que votre

15

misère et votre beauté ; mais moi, j'ai deux bons bras, et je vous aime. Voulez-vous être ma femme? Courons chez M. le maire.

Une autre pensée qui me tourmentait encore, c'était celle du tirage au sort, dont la date approchait. J'avais vingt ans accomplis et je me disais que la Rosinette, malgré toute l'affection qu'elle nourrissait à mon endroit, aurait bien le temps d'oublier le pauvre garçon de charrue, si le garçon de charrue devenait par malheur un beau matin soldat. — Es-tu bête de te faire de ces idées-là ! me disait Bonhommet à qui je confiais mes craintes. Il ne faut jamais s'effrayer d'un malheur avant qu'il ne soit accompli. Attends au moins, pour te désoler, d'avoir pris dans la boîte un mauvais numéro. — Hélas ! je n'attendis pas longtemps. Le troisième jour de mars, par un ciel de pluie et de neige, je plongeai ma main frémissante dans l'urne fatale. Fatale est bien le mot. Je cherchai tout au fond, tout au fond ; et qu'est-ce que je ramenai? le numéro 17. — Le crochet et la pioche, disait Bonhommet. Voilà ce qui s'appelle un numéro de fin laboureur ! — Mais en dépit de cette plaisanterie, le pauvre cher homme demeura tout chagrin. Gertrude et le Grand-Guillaume n'étaient pas moins affectés de ma malechance. Gertrude surtout criait que c'était une abomination de voir qu'un bon sujet comme moi, qui n'avait jamais fait de mal à personne, pouvait être enlevé subitement à son travail et à ses amis comme un Claude Séguin quelconque, pour les beaux yeux de ces messieurs du gouvernement, tandis que des Sylvain Durocher ou autres vauriens de la même espèce continueraient, moyennant finances, à faire leur métier de coureurs de dots ou de coureurs de filles, en toute sécurité, sous le regard tranquille et jamais indigné de ce qu'on appelle les « honnêtes gens. » La pauvre vieille était furieuse, ce qui lui faisait perdre un peu de son bon sens. La Rosinette, elle, se cacha pour pleurer sur mon infortune. Jacob Renard parut touché lui-même de ce qu'il appelait mon infernal guignon. Toutefois il essaya de me rassurer, disant qu'à la suite de mon accident du précédent automne, j'aurais bien du malheur s'il ne m'était point resté dans le corps quelque chose d'imparfaitement remis ou d'un peu détraqué. Mais ce raisonnement, qui ne me consolait guère, n'avait point davantage le don de rassurer Bonhommet qui m'avait soigneusement examiné pendant ma convalescence et qui ne m'avait permis le travail qu'après ma complète guérison.

Vint enfin le jour de la révision. Je partis pour Rebais avec les jeunes gens du village de Sablonnières. En me comptant avec eux, nous étions dix conscrits cette année-là. Groupés derrière le tambour qui nous conduisait, mes camarades sautaient, dansaient et gambadaient sur la route. Silencieux et pensifs, les vieux parents suivaient. On était au printemps et tout riait dans la campagne. Les aubépines étaient en fleurs. On voyait s'envoler des buissons, à notre approche, des myriades d'oiseaux. Oiseaux et conscrits, tout cela jasait, criait, s'égosillait. Moi seul n'avais point le cœur à chanter, et, pour unique distraction, je me contentais d'échanger par intervalles quelques mots avec Bonhommet et le Grand-Guillaume qui, vu la solennité de la circonstance, avaient voulu m'accompagner à la ville pour savoir les premiers le sort qui m'attendait.

Enfin arriva le moment décisif. Quand ce fut mon tour, le major, les besicles sur le nez, m'examina quelques secondes en tous sens, puis, se récriant sur la vigueur de ma constitution et la beauté de mes formes, me déclara bon pour le service.

En retrouvant Bonhommet et le Grand-Guillaume sur la place de la mairie, je n'eus besoin de leur rien dire : l'expression de mon visage leur avait tout appris. Ils vinrent donc à moi, fendant la foule, me prirent aussitôt chacun sous un bras et m'emmenèrent à l'hôtel du *Sauvage*, dans une petite pièce retirée où le vieux berger nous fit servir trois côtelettes, une omelette aux fines herbes, du dessert, et deux vieilles bouteilles de vin blanc. — Parce qu'il nous arrive un malheur, fit-il judicieusement en remplissant les verres, ce n'est pas une raison pour jeûner. Il y a, au contraire, un proverbe qui dit que le bon vin réjouit le cœur de l'homme. Je suis de l'avis du proverbe. — Là-dessus, nous nous mîmes à boire et à manger; mais en silence et sans appétit, comme des gens que tourmente une idée fixe. Pas une parole ne fut échangée entre nous jusqu'au dessert; enfin, quand nous en fûmes là, Bonhommet, avec la brusquerie d'un ressort qui se détend, Bonhommet s'écria tout à coup : — Ça ne se peut pas! ça ne se peut pas! — Et comme je le regardais sans comprendre : — Eh non! reprit-il, il ne se peut pas qu'un fin laboureur comme toi nous quitte pour devenir soldat! — Puis, le brave homme laissa retomber sa tête entre ses mains et pendant quelques minutes encore demeura comme plongé dans ses réflexions.

— Mais voyons, Jacques, fit-il ensuite, tu dois avoir des économies?

— Oh! mes économies ne sont pas grosses!

— Mais enfin?...

— J'ai cinq cents francs.

— Cinq cents francs, c'est quelque chose, mais cela ne suffit pas... Ne pourrais-tu pas vendre ta maison de Saint-Cyr?

— Hé! non, je ne le puis pas.

— A cause de quoi?

— A cause de ma locataire, la vieille Mathurine, que mon acquéreur ne manquerait pas de mettre à la porte et qui ne trouverait plus à se loger nulle part. D'ailleurs la valeur de cette maison est insignifiante.

— Eh bien, Jacques, je suis de ton avis. La vente est impossible. Ce qui me plaît le plus en toi, c'est que dans les moments les plus tristes comme les plus gais, tu manifestes ton bon cœur. Cependant il faudrait trouver un moyen. Ah! si j'étais riche! si j'étais riche! Mais je n'ai rien. J'avais un peu d'argent et je m'en suis servi l'an dernier pour acheter un petit lopin de terre que désirait ma femme.

— Moi, fit le Grand-Guillaume, j'ai bien cent écus que je devais porter un de ces jours à la Caisse d'épargnes. Malheureusement cela ne suffirait toujours pas.

— Comment donc faire? — s'écria Bonhommet. Et il se prit à réfléchir de nouveau.

Tout à coup il releva la tête joyeusement.

— J'ai trouvé, dit-il, j'ai trouvé! C'est le moyen le plus simple du monde. Étions-nous assez niais tout de même! Nous sommes pauvres, mais le patron est riche; quoi de mieux que de nous adresser à la caisse du patron?

— A la caisse du patron?

— Sans doute. Oh! dame, M. Jacob, sois-en persuadé, te fera fort bien payer les intérêts de son argent; mais puisqu'il faut en passer par là...

— Et vous croyez qu'il consentira?

— Je voudrais bien voir qu'il refusât, par exemple! Un gaillard comme toi, qui le sers depuis cinq ans, qui lui as fait gagner un argent fou dans cette acquisition des bois Leclerc, qui, deux fois, as sauvé la vie de sa fille, que diable, mon garçon, cela mérite considération! Allons, allons, je me charge de l'affaire. Maintenant, garçon, si tu m'en crois, buvons un coup à la santé de Jacques et de mademoiselle Rosine.

— De mademoiselle Rosine?...

— Eh oui, de mademoiselle Rosine! N'est-elle pas la fille de notre maître, de l'homme opulent et généreux qui va nous tirer d'embarras?... Allons, buvons, te dis-je, à la santé de mademoiselle Rosine! Et sois tranquille, garçon, je me charge de tout.

En achevant ces mots, Bonhommet frappa sur la table pour appeler la fille d'auberge. — Notre compte, la fille! — lui dit-il. Nous payâmes l'écot et nous partîmes.

Le soir, à la ferme, il y eut grand conciliabule dans la chambre du maître entre M. Jacob Renard, Bonhommet et le Grand-Guillaume. Au reste, l'affaire s'arrangea facilement. Le malheur, c'est que les hommes étaient chers cette année-là : on guerroyait toujours en Afrique. Enfin, pour dix-huit cents francs, je trouvai mon affaire : Un gaillard solidement bâti, natif de la Trétoire, qui, pour des chagrins d'amour, ne demandait, disait-il dans ses moments d'expansion, qu'à s'aller faire tuer au loin pour quelque chose d'utile. Et de fait, le désir de ce brave garçon se réalisa. Il n'était pas au service depuis six mois qu'il mourut frappé d'une balle arabe en pleine poitrine.

Quand cette nouvelle parvint au village, je ne pus retenir mes larmes. J'éprouvais comme un remords ; et parfois encore, lorsque j'y songe, je me demande en vertu de quel droit, j'envoyais cet homme se faire tuer à ma place. Ce qui rassure un peu ma conscience, c'est de savoir que beaucoup d'autres ont fait comme moi. Je me souviens aussi que M. Jacob, à qui je m'avisais un jour de confier mes scrupules, se contenta de hausser les épaules en murmurant : — Imbécile ! — Effectivement mon remplaçant n'avait rien à dire : je l'avais payé.

Mais tu vas trouver, Pierre, que c'est trop m'appesantir sur des circonstances qui pourront te paraître secondaires. Aussi bien, il y a longtemps que je parle, et, pour ne pas abuser de ta patience, il serait peut-être bon de terminer ce récit que j'ai commencé sur ta demande et que j'achèverai sans regret s'il a pu te plaire un instant.

Or donc, tu sauras qu'à peu près à la même époque où me parvint la nouvelle de la mort de mon remplaçant, Claude Séguin, qui s'était fait mettre à la réforme pour je ne sais quelle mauvaise raison, fut renvoyé dans ses foyers. A partir de ce moment, on le vit traîner plus souvent qu'à son tour avec Sylvain Durocher, et la chronique scandaleuse eut maintes fois à enregistrer leurs épouvantables fredaines dont personne bientôt ne se scandalisa plus. Claude Séguin, pour sa part, était un franc buveur. Il était surtout ami du vin, mais le cas échéant — pour rappeler son énergique et pittoresque langage — il ne crachait pas sur les belles. Quant à Sylvain Durocher, il n'avait pas à faire de profession de foi sur ce dernier point. Son caractère était suffisamment connu de toute la vallée. A la vérité, Sylvain avait cependant échoué plus d'une fois dans ses entreprises, témoin ses projets de mariage avec la Rosinette, mais il n'entendait point raillerie sur ce chapitre, et pour ce qui concernait la fille du fermier, on l'avait entendu jurer dans tous les cabarets qu'il avait jeté son dévolu sur mademoiselle Rosine Renard et que de gré ou de force il finirait bien par l'obtenir. Ce qu'il y avait de plus dangereux que ces propos d'ivrogne et que ces vantardises, c'étaient les démarches que venaient faire auprès de M. Jacob plusieurs des notables de la vallée que le garçon boucher, bien avisé, avait su mettre dans ses intérêts. Nous autres gens de la ferme, nous n'ignorions rien de toutes ces manigances, mais il était à craindre que le fermier ne se laissât à la fin gagner par les démarches que les gros bonnets tentaient auprès de lui. Du côté de la Rosinette, du moins, aucun revirement n'était à redouter. Je le savais, et Sylvain le savait aussi bien que moi. Avec cette perspicacité merveilleuse que nous donne la haine, il avait depuis longtemps deviné les sentiments de la Rosinette à mon égard. S'il avait pu me supprimer, il l'aurait fait de grand cœur. Il m'en voulait mortellement et guettait l'occasion ; et comme au demeurant il était homme de ruse et de résolution, il ne désespérait point de la trouver ou de la faire naître.

Le hasard — mais était-ce bien un hasard ? — le servit à souhait.

Un soir que je passais seul par le sentier désert où j'avais eu mon premier entretien avec la Rosinette au bord de la rivière, je vis sortir de l'ombre des saules un homme d'une taille athlétique qui me barra le passage. La nuit était épaisse et pluvieuse, et c'est à peine si j'avais eu le temps de reconnaître le garçon boucher dans la personne de mon agresseur, lorsque je reçus sur le sommet du crâne, assénés d'une façon aussi rapide que violente, deux coups de poing formidables. Je sentis que je m'affaissais, mais la main qui m'avait frappé ne me laissa pas le temps de choir, et m'empoignant au collet, me poussa, tout étourdi, jusque dans la rivière. Je ne savais malheureusement pas nager; d'ailleurs l'aurais-je su que ma science ne m'aurait pas beaucoup servi, tant les coups de poing de mon agresseur m'avaient mis en désarroi. Cependant, après avoir plongé dans l'eau, je revins à la surface, et à la faveur de la nuit, je pus, sans être vu de mon ennemi, m'accrocher aux branches d'un buisson qui me dérobait complétement à ses regards. Dans ma chute mon manteau s'était détaché; j'entendis le bruit de deux grosses pierres que Sylvain, trompé par les ténèbres, jeta dessus dans l'intention de m'achever. Le manteau s'étant enfoncé dans la rivière, le garçon boucher partit ensuite, croyant m'avoir assommé, et prêt à jurer par tous les saints du calendrier qu'il n'avait jamais eu pour moi la moindre haine, et que si je m'étais noyé il n'était pour rien, lui, le bon vivant, dans cette affaire. Je l'écoutai s'éloigner tout courant dans la direction du village ; puis, lorsque le bruit de ses pas se fut perdu dans l'éloignement, j'essayai de me hisser sur la berge. Ce ne fut ni sans peine ni sans efforts que j'y parvins. Je ne me sentais plus. Un engourdissement terrible pesait sur tous mes membres. Néanmoins je ne pouvais passer la nuit là. Je me traînai donc vers le village. Traîner est bien le mot, car j'avais toutes les peines du monde à me tenir debout. A la fin pourtant, j'atteignis la grand'route. Il commençait alors à se faire tard. Les lumières s'éteignaient dans Sablonnières. On fermait les cabarets. Brisé que j'étais par suite de mes coups de poing et de mon bain forcé, je m'assis un instant sur un tas de cailloux ; après quoi, me sentant reposé mais transi, je me mis en devoir de regagner la ferme où l'on était peut-être inquiet de mon absence.

Au loin j'entendais le bruit d'une voiture. A la

façon dont les roues criaient et cahotaient sur le sol inégal et raboteux de la route, je reconnus promptement la guimbarde du père Sarrazin Langlumé, le messager de Villeneuve-sur-Bellot, qui s'en allait au marché de Meaux, comme il faisait à la même heure tous les vendredis. Un signe particulier du père Sarrazin Langlumé, c'est que, confiant jusqu'à l'extrême dans l'intelligence de son cheval, il se reposait absolument sur la brave bête du soin de le conduire à destination. Pour lui, dès qu'il avait pris place dans sa voiture, il se laissait aller doucement au sommeil et faisait les plus beaux rêves du monde. Le signe particulier du père Sarrazin Langlumé, soit dit en passant, me paraît être encore à l'heure actuelle un caractère commun à beaucoup de voituriers.

Comme j'approchais du village, je vis quelqu'un s'avancer sur la route. Un ivrogne, à n'en point douter, car il titubait et zigzaguait de la façon la plus plaisante, tandis que la lune, curieuse comme une femme, semblait écarter, pour le regarder, le lourd rideau de nuages qui cachait à mes yeux les profondeurs du ciel. Tout à coup, l'homme tomba, comme foudroyé. Je compris cependant qu'il n'était qu'ivre-mort. La lune curieuse regardait toujours, et sa douce lumière éclairait la figure de l'ivrogne. — Hé! l'ami! — criai-je en m'approchant. Peine inutile! L'ivrogne s'était mis à ronfler, couché comme avec intention en travers de la route. — Hé, l'homme! — répétai-je en lui secouant le bras. L'homme continua de ronfler, mais grogna. — Qui êtes-vous? d'où êtes-vous? — Pas de réponse. La lune, comme par malice, venait de se cacher; mais, toujours curieuse comme une femme, bientôt elle reparut. Moi, plus curieux qu'elle encore, je m'étais penché sur l'ivrogne, attendant qu'un rayon, tombé du ciel, vînt illuminer cette sorte de guenille d'homme. Le rayon vint, et qu'est-ce que je vis? qui est-ce que je reconnus? Mon mortel ennemi, Sylvain Durocher, qui, puant le vin et l'eau-de-vie, s'était laissé tomber là, sur la route, après avoir noyé dans l'ivresse ce qu'une conscience comme la sienne pouvait bien contenir de honte et de remords. Cependant la voiture approchait et

Sylvain Durocher ronflait toujours. J'aurais pu le laisser là ; j'étais vengé ! Mais j'aurais mal dormi le restant de mes jours. Honteux d'avoir pu concevoir une pareille pensée, je saisis mon ennemi sous les bras, et malgré ses grognements, ses jurements et ses imprécations, je le rangeai sur le bord du fossé. Comme j'achevais cette œuvre de salut la voiture du messager passa. — Bonsoir, père Sarrazin, — criai-je, mais je n'obtins pas la moindre réponse. Accoudé sur sa banquette, les rênes dans ses mains, le messager dormait.

Une voix se fit entendre pourtant quelques instants après. C'était celle de Bonhommet qui, ne me voyant pas rentrer à la ferme, s'était mis à ma recherche. Ma foi, sous le coup des émotions que j'avais ressenties depuis deux heures, je lui racontai mon histoire. Le brave homme pleurait en m'écoutant. — Mais va, dit-il, je vais guérir à tout jamais monsieur Jacob de la pensée de donner sa fille à ce misérable. — Alors, prenant comme un paquet de linge sale, et sans écouter mes réclamations, le garçon boucher ivre-mort, il l'emporta sur ses épaules jusque dans la cour de la ferme, et là, d'une voix de stentor, il s'écria : — Ohé ! tout le monde ! venez donc un peu voir ce que j'ai ramassé sur la route !

Tu peux juger, Pierre, de l'éclat que fit cette aventure.

Il y avait eu ce soir-là grande veillée à la ferme pour fêter la fin des semailles. A l'appel du vieux berger, chacun s'empressa d'accourir ; et, tandis que je montais dans mon grenier pour me débarrasser de mes vêtements mouillés, Bonhommet racontait comment, revenant de voir sa femme, il avait rencontré Sylvain Durocher sur la route. Le berger ne dit rien de plus, m'ayant juré le secret sur le reste de l'aventure.

Je te laisse à penser, Pierre, si le garçon boucher fut surpris et honteux de se retrouver le lendemain, au lever du soleil, couché sur la paille, dans le coin d'un hangar de M. Jacob. Mais ce qui, plus que tout le reste, plongea le garçon boucher dans la stupeur, ce fut de me voir descendre les marches du perron de la ferme pour me rendre à mon travail. Jamais homme ne fît plus piteuse mine : il était blême de colère et d'épouvante. Accoudée à la fenêtre de la salle commune, la Rosinette regardait. J'étais bien vengé ! Je trouvais même que le châtiment dépassait la mesure, et, me dirigeant vers Sylvain, je me disposais à lui dire un mot de pardon et d'oubli, lorsque je m'aperçus que le misérable s'armait d'une fourche pour me recevoir. Comme les fourches m'ont toujours paru des objets des plus dangereux, je laissai là mes intentions de pardon et d'oubli, pour m'occuper tout bonnement de mes chevaux qui réclamaient leur provende. Lorsque je sortis, un moment après, de l'écurie, le garçon boucher avait disparu.

Après un pareil éclat Sylvain Durocher ne pouvait plus décemment prétendre à la main de mademoiselle Rosine. Il pouvait du moins lui nuire et chercher à la déconsidérer. Il ne s'en fit point faute. Claude Séguin l'aidait dans cette honnête besogne. Catherine Moussu, par bêtise ou par jalousie, peut-être aussi par amour pour le charretier aux cheveux rouges, s'associait discrètement à leurs commérages et à leurs calomnies. Bientôt, on n'entendit plus parler dans le village que des belles amours de Jacques Dumont, le garçon de charrue, avec mademoiselle Rosine Renard, la fille du fermier. Tout ce que la bêtise et la haine pouvaient inventer de détails faux, de contes odieux et ridicules, fut mis en circulation par les trois associés. Et malheureusement, les calomniateurs avaient beau jeu contre nous : la Rosinette et moi, nous nous aimions! Dieu sait pourtant de quelle affection sainte et pure étaient remplis nos cœurs ! Mais le monde, pour bienveillant qu'il soit, ne tarde pas à se montrer méchant, lorsque sous les coups incessants d'excitations malveillantes, il a senti s'ébranler sa croyance au bien. Et puis, comment n'aurais-je pas été envié, jalousé? La Rosinette était si belle, si bonne, si riche surtout! et c'est si bon de médire de ceux qu'on jalouse ! On nous calomnia donc, la Rosinette et moi, de mille manières plus infâmes les unes que les autres ; et le scandale fut si grand qu'il en revint quelque chose aux oreilles du fermier.

Alors M. Jacob me fit appeler dans son cabinet, et là, sans autre explication, il me prit au collet, me traita d'ingrat, de misérable, et jetant un coup d'œil sur son fusil posé près de la cheminée, il me cria d'une voix terrible : — Tiens, Jacques, ne me tente pas, tu me ferais faire un mauvais coup. Je te chasse! Va-t'en!

Surpris autant qu'ému de cette étrange entrée en matière, je me jetai à genoux, je priai, je pleurai, je suppliai, demandant à M. Jacob de me dire la cause de sa colère, mais le brave fermier ne voulut pas m'entendre. Je le vois encore, pâle, menaçant, indigné. C'était le soir; une chandelle fumeuse éclairait le front chauve du vieillard. De sa bouche sortaient des mots sans suite, des exclamations. De douleur et de rage le brave homme écumait. — Un domestique! un valet de charrue! oser jeter les yeux sur ma fille! Voilà comme on me paie de mes bontés! Mais c'est fini, bien fini. Jacques, retire-toi! Je te l'ai déjà dit, je te chasse. Va-t'en!

Cette fois encore, Bonhommet vint à mon secours. Il était dans la salle commune : au bruit de la scène, il s'élança dans le cabinet, disant qu'en sa qualité d'ancien ami de mon père, il réclamait le droit d'élever la voix en ma faveur. Le berger était suivi du Grand-Guillaume, de Gertrude et de la Rosinette. On s'expliqua. L'explication dura longtemps. Je ne te rapporterai pas, Pierre, toutes les bonnes raisons que fit valoir Bonhommet pour ma justification, ce serait trop long, et trop difficile. Il y a d'ailleurs quelque chose que je ne saurais rendre, c'est l'accent de conviction profonde avec lequel il s'exprimait. Toujours est-il qu'il fit bonne justice des soupçons, des commérages et des calomnies ; si bien qu'à la fin le visage du vieux fermier se détendit, que sa physionomie s'attendrit, et que, tout d'un coup, les mains posées sur ses yeux, il se mit à pleurer.

Bonhommet, la Rosinette et moi, nous le regardions sans rien dire et pleurions avec lui. Gertrude et le Grand-Guillaume ne gardaient pas meilleure contenance. Quand je vivrais deux mille ans, ce tableau sera toujours présent à ma mémoire. Le silence n'était troublé que par les sanglots du vieillard. — Toute une vie d'honneur, de travail, de probité, s'exclamait-il, devrait pourtant nous mettre à l'abri de ces infamies-là! — Puis, la Rosinette étant à ses genoux, il se reprenait à pleurer sur les cheveux de sa fille.

Cette scène douloureuse dura près d'une heure.

Enfin le fermier, se levant, tira son mouchoir, s'essuya les yeux, et, s'étant mouché bruyamment, nous dit d'un ton ferme :

— N'importe, il faut que Jacques s'en aille, et Jacques s'en ira.

Alors, fouillant dans la poche de sa grosse veste d'hiver, il en tira une lettre qu'il avait reçue la veille.

— Justement, dit-il, un de mes vieux camarades, le parrain de ma fille, Casimir Duflot, qui dirige une grande ferme, la ferme du Vieux-Chêne, me demande de lui procurer un garçon intelligent et capable pour le seconder. Le Vieux-Chêne est à quelque chose comme douze ou quinze lieues d'ici, dans la grande Brie, du côté de Mormant. Quant à Casimir Duflot, c'est un brave homme, un excellent cœur. Resté garçon et devenu vieux, il ne serait pas fâché d'avoir auprès de lui quelqu'un pour lui parler du pays. Jacques fera bien son affaire et n'aura pas à se plaindre de nous avoir quittés.

La Rosinette, en entendant ces paroles, redoubla de sanglots, mais M. Jacob, sans paraître y faire attention, me dit :

— Pour ce qui est de ton compte avec moi, Jacques, nous règlerons cela par correspondance. Plus tard, quand ma fille sera établie, mon Dieu, qui sait? nous nous reverrons peut-être. Mais aujourd'hui, pour faire taire les mauvaises langues, tu comprends bien qu'il faut que tu partes.

— Je partirai, lui dis-je.

— Demain, avant le jour, fit-il.

— Soit, répondis-je; et quoi qu'il advienne, monsieur Jacob, je garderai de vos bontés une éternelle reconnaissance, un éternel souvenir.

Là-dessus, je sortis du cabinet du patron, et Gertrude, le Grand-Guillaume et Bonhommet me suivirent. M. Jacob resta seul avec sa fille.

Quand nous fûmes dans la salle commune, mes deux bons vieux camarades me proposèrent de me faire la conduite le lendemain jusqu'à Coulommiers. J'eus la sagesse de refuser. — Il ne faut pas, leur dis-je, que le travail de la ferme souffre de mon départ. — Et séance tenante, je leur fis mes adieux.

Ensuite, je montai dans ma chambre et me jetai sur mon lit, mais je ne pus fermer l'œil. Aussi, dès le chant du coq, j'étais debout, faisant mes apprêts. Quand j'eus rassemblé toutes mes petites affaires, j'en fis un paquet que j'arrangeai de mon mieux afin de le pouvoir porter facilement. Je fis aussi un paquet de mes livres que je laissais aux bons soins de Bonhommet.

Enfin, mes dernières dispositions prises, mon paquet de linge emmanché d'un bâton posé sur mon épaule, — c'était ainsi que j'étais entré dans cette ferme cinq ans auparavant — je descendis dans la cour et me dirigeai vers la porte charretière. J'avais le cœur serré. — Voilà donc, me disais-je, la méchanceté du monde, qu'il me faille ce matin quitter tout ce que j'aime ! — Et ce disant, je jetais un dernier regard, un long regard d'adieu sur toutes ces choses qu'un rayon de soleil allait animer tout à l'heure, et dont je garderais, moi, dans mon cœur, un éternel et mélancolique souvenir.

A ce moment, une fenêtre s'entr'ouvrit doucement, au-dessus de ma tête; un mouchoir s'agita dans l'air en signe d'adieu, j'entendis une voix qui me disait : — Au revoir et courage! — Je répondis par un signe de la main, puis, la fenêtre s'étant refermée, je me dirigeai vers la porte charretière que je franchis avec un soupir, un grand soupir, — et je partis.

XX

Je ne te raconterai pas en détail, Pierre, les incidents de mon voyage. C'était l'hiver, la campagne était triste et je n'avais pas le cœur gai, voilà tout ce que je puis dire. C'est pourtant un beau pays, tu peux m'en croire, que celui que je parcourais. Quand, en quittant les rives accidentées du Petit-Morin, on traverse la plaine qui sépare Rebais de Coulommiers et qu'ensuite on descend dans cette belle vallée, si riche et si féconde, du Grand-Morin pour gagner finalement le plateau de la grande Brie, il y a véritablement de quoi regarder. Mais c'est surtout au printemps et à l'automne qu'il faut voir ces choses-là. Il y a tel paysage alors qui semble fait tout exprès pour le régal des yeux.

La grande Brie, elle, est moins pittoresque et moins variée. Plus riche peut-être, elle présente aux regards une surface plate et sans animation. Ce n'est pas la monotonie, mais ce n'est plus le pittoresque, et cependant parfois encore, à force d'étendue et de lumière, c'est la grandeur et la beauté.

La culture est là plus développée qu'ailleurs : les fermes y sont pour la plupart très-importantes, et celle du Vieux-Chêne, avant même que j'y fusse entré, me frappa par son air de richesse et de prospérité.

Je trouvai le fermier, M. Casimir Duflot, en train de donner des ordres après souper. A première vue, je jugeai que c'était un brave homme. Sa chevelure, toute blanche, descendait en boucles épaisses jusque sur le collet de sa redingote. Car il portait une redingote le dimanche, comme les messieurs de la ville. Il était debout, dans la salle à manger, la main appuyée sur le dossier d'une chaise et donnant des ordres pour le lendemain à deux ou trois de ses charretiers. Il leur parlait avec politesse, et d'une voix si douce et si pleine de convenance que je fus sur le point de m'écrier : — Mais ce n'est point là le fermier du Vieux-Chêne, l'ami de Jacob Renard; c'est un grand seigneur déguisé. — J'ai reconnu depuis que ce type de cultivateur bien élevé n'est pas rare dans la grande Brie. J'en sais plusieurs — et non des plus considérables pourtant — qui pourraient siéger à la Chambre des députés sans risquer d'y faire trop mauvaise figure. Ce sont, pour la plupart, des gens intelligents et instruits qui, pris d'une passion sincère pour l'agriculture, ont voulu contribuer à ses progrès en employant au service de leurs idées les ressources de leur savoir et de leurs capitaux. Casimir Duflot, sans être au niveau de ces messieurs, eut du moins le mérite de les devancer dans cette voie. Ce n'était pas qu'il fût bien riche, mais, homme de persévérance et de travail, il avait acquis avec le temps une fort honnête aisance. La ferme qu'il cultivait se composait, pour la plus grande portion, des terres d'un conseiller général auquel appartenaient aussi les bâtiments d'exploitation; le reste des terres exploitées par M. Duflot appartenaient au fermier lui-même qui les avait achetées pièce à pièce, au fur et à mesure de ses bénéfices. On n'évaluait pas à moins de soixante-dix ou quatre-vingt mille francs la part de l'intelligent agriculteur. Mais ce n'était ni sa fortune personnelle, ni le prestige de son propriétaire qui lui valaient le dévouement de ses serviteurs, l'amitié de ses égaux et la considération de tous : c'étaient son honnêteté bien connue, son intégrité proverbiale, et surtout son désintéressement à toute épreuve. Il avait l'habitude de dire — un vrai proverbe de laboureur — que ce n'est qu'en glanant qu'un glaneur fait sa gerbe, mais il voulait, quant à lui, que sa gerbe fût pure, et qu'elle ne contînt pas un épi dont quelqu'un eût pu dire : — C'est un épi volé. — Aussi M. Casimir Duflot était-il choisi comme arbitre par les habitants de sa commune en plus d'une circonstance, et dès qu'il avait entendu la cause, on voyait s'apaiser les querelles, s'aplanir les difficultés, disparaître les différends.

Le malheur, c'est qu'il se faisait vieux.

Tel était l'homme auquel mon ancien maître m'envoyait ; et je n'ai pas besoin de dire comment je fus accueilli. Dès le soir même, le fermier me mit au courant de ses affaires : il m'entretint de ses projets, de ses acquisitions, des améliorations à apporter dans l'exploitation de la ferme, et me dit qu'il comptait sur mon intelligence, mon zèle et mon dévouement.

Ce ne fut toutefois que le lendemain, après l'arrivée du facteur, qu'il m'installa dans mes fonctions et me fit connaître à tout son monde comme son homme de confiance, comme son régisseur. Le vieux fermier me donna communication alors d'une lettre qu'il venait de recevoir de son ami Jacob et dans laquelle j'étais chaudement recommandé. De cette lettre M. Casimir Duflot me laissa voir tout à mon aise ce qui se trouvait sur les trois premières pages, mais quand je voulus tourner le second feuillet :

— Le reste, me dit-il, ne vous concerne pas. Ce sont des choses qui doivent rester entre Jacob et moi. Maintenant, buvons un coup, et dites à notre petit commis de nous seller deux chevaux.

Nous visiterons ensemble les terres et les dépendances de la ferme.

— Sitôt dit, sitôt fait ; nous avions enfourché nos bidets lorsqu'une circonstance assez bizarre vint retarder notre départ.

Cette circonstance se produisit tout d'abord sous la forme d'une vieille servante qui tout effarée, tout en larmes, nous apprit que sa maîtresse, la femme du propriétaire, venait, en l'absence de celui-ci, de mettre au monde avant terme un pauvre petit poupon, gros comme la moitié du poing, qui ne vivrait certainement pas deux heures, si l'on ne s'empressait de le porter à l'église pour le baptiser. Le baptême sauverait l'enfant, c'était la conviction de la brave femme, et ni mon maître ni moi n'étions assez irréligieux pour y contredire. Pleine de bonne volonté d'ailleurs, la brave femme s'offrait en sacrifice si l'on ne trouvait personne autre qu'elle pour être la marraine ; seulement il lui fallait un compère, et c'était ce compère qu'elle cherchait. En entendant cela, M. Duflot se gratta l'oreille. Lui, l'homme pacifique par excellence, était depuis certaine partie de piquet un peu trop chaude, en brouille avec le curé de la paroisse, et il ne se souciait pas, nous dit-il, de le revoir si vite.

— Mais, fit-il après avoir exprimé son embarras à la vieille servante, il y a parfaitement moyen de s'arranger, et mon régisseur, M. Jacques Dumont que je vous présente, Madeleine, ne refusera pas de rendre à votre maîtresse, à son enfant et à vous-même le service que vous réclamiez de moi.

— Non, certes, — répondis-je.

Et laissant là mon cheval, je suivis la brave femme qui courait devant moi de toute la vitesse de ses vieilles jambes.

Une heure après, je revenais à la ferme, tout joyeux du service que j'avais rendu pour mon début. Et je ne crains pas de le dire, Pierre, jusqu'à l'heure où je te parle, je n'ai jamais eu lieu de me repentir de mon bon vouloir en cette occasion ; car le poupon dont je t'entretiens en ce moment, cet enfant si chétif et si faible qui semblait n'être venu au monde que pour se dépêcher de mourir, il est devenu gros, grand et fort ; c'est même, dit-on, un garçon de talent et je suis fier d'avoir été choisi par son père mourant pour être son tuteur... Et c'est ainsi, mon cher Pierre, que je fus ton parrain.

Au reste, à dater de ce début ce fut comme une bénédiction du ciel : La ferme, à laquelle je donnais mes soins assidus, s'améliora de telle façon que c'était merveille. Sous ma direction d'importants travaux de drainage furent entrepris et menés à bonne fin ; les défrichements et les amendements donnèrent des résultats superbes. Mieux encore, je sus me faire aimer des ouvriers que je commandais et dont je partageais la tâche. Bref, tout me réussit, tout prospéra. M. Casimir Duflot, qui pouvait maintenant se reposer à son aise, trouvait que j'étais un garçon sans pareil. La première année de mon arrivée ses bénéfices dépassèrent de près de six mille francs ceux des années précédentes. — Nous ferons encore mieux, — me dit-il. En attendant, il voulut se montrer généreux et me remit pour mes gages le tiers de la somme. Deux mille francs en beaux louis bien sonnants et bien trébuchants ! J'étais enchanté, ravi ; je n'avais pas souvenance d'avoir jamais vu tant de belles pièces d'or à la fois. Naturellement mon premier soin fut de rembourser à M. Jacob Renard l'argent qu'il m'avait avancé pour mon remplacement. Un homme d'affaires de Mormant se chargea d'être mon intermédiaire, et j'éprouvai pour la première fois cette sorte de satisfaction qu'éprouve un honnête homme en s'acquittant d'une dette.

Quelques jours après mon envoi, le fermier de Sablonnières m'accusa réception de la somme. Sa missive, courte et brève, avait un accent de tristesse qui, de prime abord, m'inquiéta. Cependant, après réflexion faite, je ne crus pas devoir me tourmenter plus que de raison. Je me bornai simplement à penser que M. Jacob, pour se montrer si laconique avec moi, devait être mécontent de la Rosinette.

Or, interprété de cette façon, le mécontentement de M. Jacob ne pouvait m'être absolument désagréable. La nature humaine a ses faiblesses, et mon héroïsme n'allait certainement pas jusqu'à souhaiter d'être oublié.

Oublié, d'ailleurs, je savais bien que je ne pouvais l'être, puisque de mon côté, moi je n'oubliais pas. J'avais, qui plus est, la certitude de la constance de la Rosinette, car Bonhommet qui savait au besoin tenir une plume ne laissait jamais s'écouler trois semaines sans me mettre au courant de ce qui se passait dans la vallée ; et de toute sa correspondance il ressortait clair comme le jour que le cœur de la fille de mon maître m'était resté fidèle. Vainement de nouveaux prétendants s'étaient présentés, avaient fait leur cour ; Jacob Renard, à son grand regret, avait dû tour à tour les remercier et les éconduire. Il n'était pas jusqu'à Sylvain qui, croyant la place libre et toute prête à se rendre, n'eût hasardé de nouvelles démarches ; mais il avait eu beau prier, supplier, menacer, parler de son amour et jurer une éternelle haine en cas de refus, mademoiselle Rosine Renard n'avait pas accepté de l'entendre et M. Jacob lui-même n'avait accueilli ses protestations et ses menaces qu'avec la résignation de la patience et la tranquillité du dédain. Aussi Bonhommet me répétait-il souvent qu'il ne serait pas trop étonné si le garçon boucher, dont je connaissais du reste le naturel violent, essayait de se venger un jour. A ces sombres pressentiments, Bonhommet ne manquait pas toutefois d'opposer des images plus douces et plus riantes. Il me représentait la Rosinette songeuse, venant lui demander de mes nouvelles et lui remettant parfois une fleur qu'elle avait cueillie elle-même et qu'elle le priait de vouloir bien m'envoyer. La pauvre fleur m'arrivait le plus souvent flétrie, fanée, presque desséchée ; mais n'importe, je la mettais de côté soigneusement avec la lettre qui l'avait contenue, et dans mes rares moments de loisir, je la contemplais avec bonheur, je la respirais avec ivresse ; son vague parfum me transportait jusqu'à l'extase ; il me semblait que la Rosinette était là qui me disait : patience ! et me souriait. Oui, la pauvre chère petite fleur desséchée me faisait éprouver tout cela ; mieux encore : quand elle m'arrivait mêlée pour ainsi dire aux bonnes paroles d'encouragement de mon rustique ami Bonhommet, c'était comme un baiser de ma bien-aimée qui m'arrivait dans une bouffée d'air du pays.

17

Et pourtant, non, — tu me croiras facilement, Pierre, — je n'étais pas heureux. Car au sortir de ces beaux rêves, je me retrouvais face à face avec la réalité. Alors, un soupir de découragement gonflait ma poitrine, et je murmurais en moi-même : — A quoi bon, pauvre fou, te griser de chimères ? Songe donc qu'elle est riche et belle, et que tu n'es, toi, qu'un valet de charrue congédié.

M. Duflot s'apercevait bien de mes tristesses, mais il semblait ne pas oser m'en demander la cause. Je ne fus donc pas peu surpris lorsqu'un jour, juste deux ans après mon entrée à son service, je le vis m'aborder d'un air tout mystérieux en me présentant une lettre que venait d'apporter le facteur. — Ah çà ! me dit-il, grand cachotier que vous êtes, tirons la chose au clair. Voilà deux ans, deux ans ni plus ni moins, que Jacob Renard m'en a touché deux mots. Mais j'étais loin de soupçonner ce que m'apprend aujourd'hui ma filleule. Car c'est ma filleule qui me fait l'honneur de m'écrire, monsieur Jacques ; et puisqu'elle se plaint d'être malade, et qu'elle ne peut être, à ce que je devine, malade qu'à cause de vous, j'espère bien que vous consentirez à chercher avec moi les moyens de la guérir.

La Rosinette malade! Cette nouvelle m'émut au dernier point. J'eus cependant la force de saisir la lettre et de la parcourir. La pauvre enfant était souffrante en effet. Se sentant, disait-elle, dépérir chaque jour de langueur et d'ennui, elle s'était armée d'un grand courage pour confier ses chagrins à son bien-aimé parrain. — Et bien lui en a pris, mon cher Jacques, me dit mon maître, de me conter ces choses, car aussi vrai que je m'appelle Duflot, je vais faire d'un seul coup son bonheur et le vôtre.

Et comme je le regardais avec l'expression inquiète d'un point d'interrogation :

— D'abord, continua-t-il, il faut vous dire ce que peut-être vous avez appris déjà par voix courante, à savoir : que je ne me connais pas au monde le moindre proche parent ni le moindre héritier. Je n'avais qu'un neveu ; le drôle a mal tourné. Il s'est fait tuer dans une rixe, je ne me rappelle plus où, voici cinq ou six mois. Depuis ce temps-là, sachant que ma filleule avait le renom d'une honnête et brave demoiselle, je l'ai toujours, dans ma pensée, considérée comme mon unique héritière. Maintenant que je sais ce que je sais, je vais écrire à mon vieil ami Jacob que je suis prêt à faire un testament en faveur de sa fille, mais à la condition expresse que liberté complète lui sera laissée quant au choix de son époux ; et comme l'homme qui lui convient, c'est vous, Jacques, vous serez le mari de la Rosinette ! Allons ! touchez là, mon filleul, voici qui va s'arranger rondement.

Je renonce à décrire les émotions que je ressentis en entendant M. Duflot parler ainsi. Dans mon enthousiasme, je baisais les mains du vieillard et les baignais de mes larmes. — Là, là ! me dit-il doucement, vous m'inondez, Jacques, et si vous ne vous modérez, pour sûr vous allez me mordre. Ce que je fais n'est-il donc pas tout simple et tout naturel? Allons, embrassez-moi sur les joues, grand enfant que vous êtes, et que ce soit fini !

M. Casimir Duflot m'entretint quelque temps

encore de son projet, riant à la pensée de la stupéfaction dans laquelle sa proposition allait plonger son vieil ami Jacob. — Oui, je voudrais bien voir la mine qu'il prendra quand le notaire de Rebais à qui je vais écrire lui fera connaître mes intentions. Quoi qu'il en soit, Jacques, vous pouvez vous réjouir, car du moment que je ferai tinter aux oreilles de Jacob tous les jolis écus de mon humble escarcelle, le vieux loup s'attendrira, j'en jurerais sur mon âme.

Comment aurait-on pu douter du succès, en effet? M. Jacob, qui voyait sa fille toujours languissante, fut enchanté des propositions généreuses de son ami Duflot, et nous reçûmes, le fermier du Vieux-Chêne et moi, l'invitation de nous mettre en route sans retard pour Sablonnières. Malheureusement, à la date fixée pour notre voyage, M. Casimir Duflot avait la goutte et je dus me résigner à partir sans lui.

— Bah! bah! me dit-il pour me consoler, qu'importe ma présence ou mon absence à votre mariage? Ne serai-je point du fond du cœur avec vous? Ne m'associerai-je point à votre joie, à votre bonheur ? Allez donc, mon cher Jacques ; et ne manquez pas, pendant que vous embrasserez votre femme, d'embrasser pour moi ma filleule.

Sur ces derniers mots nous nous séparâmes. Une carriole légère, attelée du meilleur cheval de la ferme, m'attendait à la porte. Je grimpai dans le véhicule, et fouette, cocher ! en moins de six heures j'arrivais à Sablonnières.

Le mariage eut lieu trois jours après. Inutile d'ajouter qu'il y eut de grandes réjouissances à la ferme et que l'événement fit beaucoup de bruit dans la vallée. La Rosinette était déjà remise de sa langueur. Pour moi, je ne m'étais jamais senti plus allègre. Par un phénomène assez fréquent la faveur publique nous était revenue. Chacun maintenant publiait notre éloge, même ceux qui nous avaient déchirés à belles dents ; surtout ceux-là. La grosse Catherine Moussu n'avait pas assez de politesses et de prévenances pour M. le Marié, et Madame la Mariée. On ne faisait que chuchoter des compliments sur notre passage. — Un bel homme ! — Une bien jolie femme ! —

Et gentil et courageux ! — Aussi bonne que belle ! Et patati, et patata. Nous avions maintenant toutes les qualités, toutes les vertus, toutes les perfections. Ainsi va le monde ! Mais que nous importaient ces caquetages, à la Rosinette et à moi ? Nous étions heureux.

Une circonstance qui se rapporte à notre mariage et que je ne dois pas omettre, malgré la teinte sombre qu'elle ne manquera pas de jeter sur la fin de mon récit, c'est celle que j'eus à noter la veille de mon mariage, et que, pour ne pas répandre inutilement l'inquiétude, j'ai longtemps gardée, comme un secret terrible, pour moi seul. C'était vers la brune. Je revenais de Saint-Cyr où j'étais allé rendre visite au père Gorgis et prier sur la tombe de ma mère. J'approchais de Sablonnières lorsqu'en passant auprès d'un bois j'entendis coup sur coup siffler deux balles à mes oreilles. Sans penser au danger que je pouvais courir, je m'élance résolûment dans le bois, et à peine y ai-je fait quelques pas que je me trouve en face de deux individus qui prennent aussitôt la fuite, épouvantés d'avoir été découverts. Il y a cela d'heureux pour les gens paisibles que messieurs les assassins sont presque toujours lâches ; et sous ce rapport, Sylvain Durocher et Claude Séguin étaient de parfaits assassins. Le garçon boucher, craignant d'être dénoncé, trouva juste assez de courage en lui-même pour se suicider. Le jour même de notre mariage, on le trouva pendu sous la remise de Cadichon, roide mort, à côté d'un bœuf fraîchement écorché. Cet événement fit sensation dans le pays. On expliqua le suicide de Sylvain Durocher par l'abus qu'il faisait des liqueurs fortes, et par la crainte de l'abrutissement dans lequel ses excès n'auraient pas manqué, disait-on, de le faire bientôt tomber.

Quant à Claude Séguin, il s'était éloigné du pays et s'était dirigé vers ce gouffre sans fond qu'on appelle Paris. J'ai su depuis qu'il était mort en prison : ces sortes de gens-là ne peuvent pas finir autrement.

La noce terminée, nous passâmes encore deux ou trois jours auprès de M. Jacob, puis enfin, la Rosinette et moi, nous prîmes place dans la carriole qui m'avait amené et fîmes route pour le

Vieux-Chêne que nous devions habiter désormais. C'était encore, effectivement, une des conditions qu'avait mises M. Casimir Duflot à son testament en faveur de la Rosinette. — Ici, Jacques, m'avait-il dit, le pays est plus riche que dans votre vallée du Petit-Morin. C'est ici qu'il faut vous établir, c'est mon exploitation qu'il faut continuer. Jacob vendra sa ferme ou la louera, suivant les circonstances, puis il viendra vivre tranquillement de ses rentes auprès de vous.

Le plan était sage ; malheureusement mon beau-père s'obstina dans un parti contraire ; si bien qu'il me fallut revenir au Vieux-Chêne sans lui.

Au fait, peut-être avait-il raison, ce brave homme, de tenir tant à son pays ! Pour quiconque a toujours vécu dans son village natal, ce doit être une satisfaction très-grande d'y passer encore les derniers jours de son existence et de se dire que la cloche qui sonnera votre enterrement et saluera votre cercueil sera la même qui carillonna jadis galment votre baptême et salua votre berceau.

Les vieux arbres dénudés ne se transplantent pas. Encore moins ceux-là qu'a frappés la cognée. Et la cognée du malheur avait frappé Jacob. Depuis la scène terrible à la suite de laquelle il m'avait congédié deux ans auparavant, il avait vu décroître rapidement ses forces et décliner sa santé. Après notre mariage, ces fâcheux symptômes s'accusèrent davantage. Cependant il s'obstinait, il persistait. Il lui fallait bien, disait-il, gagner maintenant les layettes de ses petits-enfants. Cet homme de labeur s'acharnait au labeur.

Un jour enfin, on le trouva immobile, accoudé sur sa charrue, au bout du champ où son cheval s'était arrêté pour reprendre haleine. On l'appela, il ne répondit point ; on s'approcha, il ne tourna point la tête ; ce ne fut qu'en le touchant qu'on s'aperçut qu'il était mort. Mort les pieds dans la glèbe et le regard au ciel, en brave laboureur qu'il était, mort au bout du sillon creusé.

Dieu fasse paix à son âme ! La Rosinette et moi, nous avons porté longtemps son deuil sur nos vêtements et dans nos cœurs. Maintenant encore, s'il nous arrive parfois de nous entretenir de lui, c'est toujours avec des sentiments de sincère tendresse et de profond attendrissement.

Puis ce fut M. Casimir Duflot qui prit le chemin du cimetière à son tour. La Rosinette et moi, nous restâmes seuls à la tête de la ferme du Vieux-Chêne avec notre courage, notre espérance et notre amour.

Grâce au ciel nos affaires ont prospéré, nous nous sommes enrichis.

Enfin — bonheur plus grand encore — les enfants nous sont venus. Un peu tard, c'est vrai ; mais dame ! on fait ce qu'on peut. Ils ont grandi ; tu les connais, tu sais comme ils sont forts ! L'aîné, que j'ai nommé Jacob en mémoire de son grand-père, pourra bientôt se passer de mes conseils pour diriger notre exploitation. Le second, qui n'est pas encore sorti du collége, a des goûts de science et de littérature. On le trouve sans cesse le nez dans les livres. Les trois quarts de ses vacances, il les passe dans mon cabinet, à remplir de gros cahiers d'une petite écriture serrée qui me rappelle assez exactement les fines pattes de mouche de M. Beaugrand. Aussi faut-il voir comme sa mère le gronde ! Elle va jusqu'à lui reprocher les bouteilles d'encre qu'il use à barbouiller du papier, mais moi, loin de m'associer aux récriminations de la chère femme, je me contente de souffler à l'oreille de Casimir :

— Modère-toi, mon enfant; mais travaille et laisse ta mère dire ce qui lui plaira. Car c'est parfois de ces bouteilles d'encre-là qu'il sort de la lumière.

Et maintenant, mon cher Pierre, mon histoire est finie. Aussi bien voici que le soleil baisse ; prends ton carton à dessins et tes crayons ; pendant que le dîner s'apprête, nous irons faire un tour à travers la prairie. Tu verras là, leurs grands yeux langoureux perdus dans l'infini, enfoncés jusqu'aux genoux dans l'herbe, mes vaches et mes bœufs. A ce spectacle nous trouverons tous deux notre compte : toi, le plaisir de l'artiste, moi, la satisfaction du propriétaire. Tu verras aussi mes prochaines récoltes :

mes vastes pièces d'avoine, mes trèfles odorants
et mes beaux champs de blés verts. Il y a des
gens qui se torturent la cervelle à composer des
ouvrages pour les générations futures : témoin
mon fils Casimir ; eh bien ! moi aussi, je fais mon
poëme, le poëme de ma fortune, je le dédie à
mes enfants, et dans cette œuvre sainte, j'ai
pour collaborateurs les neiges de l'hiver ; les
brouillards de l'automne, les tiédeurs du printemps, et les ardeurs de l'été, ces gaîtés du ciel
bleu.

Mes collaborateurs ne redoutent point la critique et l'on peut tout à son aise considérer leur
ouvrage. Pour moi, j'aime, j'aime à la passion
mes blés verts, mes trèfles odorants et mes
vastes prairies ; cette belle nature enfin qui
rayonne au soleil et frissonne à la brise. Regarde,
Pierre, regarde, mon ami : c'est de la soie, c'est
de la moire ! Cela vit, cela parle, cela chante,
cela respire ; c'est beau comme tout ce qu'il y a
de beau ; et moi, le vieux fermier prosaïque,
quand je me promène à travers champs, je me
réjouis de toutes ces choses ; et je suis heureux,

bien heureux ; car le bonheur, vois-tu, Pierre, c'est de travailler, de vivre et de prospérer honnêtement, en paix avec son prochain, sous le regard de Dieu.

FIN

Coulommiers — Typog. ALBERT PONSOT et P. BRODARD.

CATALOGUE

DE

CALMANN LÉVY, ÉDITEUR

ANCIENNE MAISON

MICHEL LÉVY

FRÈRES

PREMIÈRE PARTIE[1]

Nouveaux ouvrages en vente Ouvrages divers, format in-8º
Bibliothèque contemporaine, format gr. in-18 — Bibliothèque nouvelle
OEuvres complètes de Balzac — Collection Michel Lévy, format gr. in-18
Collection format in-32 — Collection à 50 centimes
Brochures diverses — Publications périodiques illustrées

Tous les ouvrages portés sur ce Catalogue sont expédiés *franco* (contre mandats ou timbres-poste), sans augmentation de prix, excepté les volumes à 1 fr. 25 c. de la Collection Michel Lévy, auxquels il faut ajouter 25 cent. par volume.

RUE AUBER, 3

ET

A LA LIBRAIRIE NOUVELLE

BOULEVARD DES ITALIENS, 15

PARIS

—

Avril 1876

---

1. Les 2ᵉ et 3ᵉ parties de ce Catalogue seront envoyées *franco* à toute personne qui en fera la demande par lettre affranchie.

CALMANN LÉVY, ÉDITEUR

NOUVEAUX OUVRAGES EN VENTE

Format in-8°

	f. c.
J. AUTRAN de l'Acad. franç. t. c.	
ŒUVRES COMPLÈTES, t. III. — La Flûte et le Tambour...............	6 »
BEAURE	
LA DÉMOCRATIE CONTEMPORAINE, 1 v.	6 »
COMTE DE PARIS	
HISTOIRE DE LA GUERRE CIVILE EN AMÉRIQUE, t. I à IV...............	30 »
ATLAS POUR SERVIR A L'HISTOIRE DE LA GUERRE CIVILE EN AMÉRIQUE. Livraisons I à IV...............	30 »
VICTOR HUGO	
LES CHATIMENTS. 1 volume........	6 »
PAULINE L.	
LE LIVRE D'UNE MÈRE, 1 volume....	6 »
J. H. MERLE D'AUBIGNÉ	
HISTOIRE DE LA RÉFORME EN EUROPE AU TEMPS DE CALVIN, t. VI.......	7 50
ERNEST RENAN f. c.	
L'ANTECHRIST, 1 volume...........	7 50
J. MICHELET	
ORIGINE DES BONAPARTE, 1 volume.	6 »
JUSQU'AU 18 BRUMAIRE, 1 volume...	6 »
JUSQU'A WATERLOO, 1 volume.......	6 »
H. RODRIGUES	
SAINT PAUL, 1 volume.............	6 »
JULES SIMON	
SOUVENIRS DU QUATRE SEPTEMBRE. — Le gouvernement de la Défense nationale. 1 volume...............	6 »
L. DE VIEL-CASTEL de l'Acad. franç.	
HISTOIRE DE LA RESTAURATION, t. XVII	6 »

Format gr. in-18 à 3 fr. 50 c. le volume.

	vol.
A. ACHARD	
LA TRÉSORIÈRE...................	1
A. DE BRÉHAT	
L'HOTEL DU DRAGON...............	1
LE MARI DE MADAME CAZOT........	1
SOUVENIRS DE L'INDE ANGLAISE.....	1
VACANCES D'UN PROFESSEUR.......	1
E. CADOL	
LA BÊTE NOIRE...................	1
JULES DE CARNÉ	
MARGUERITE DE KERADEC..........	1
AL. DUMAS FILS de l'Acad. franç.	
THÉRÈSE.........................	1
O. FEUILLET de l'Acad. franç.	
UN MARIAGE DANS LE MONDE.......	1
D. FILEX	
UN ROMAN VRAI..................	1
DE GASPARIN	
PENSÉES DE LIBERTÉ..............	1
TH. GAUTIER	
PORTRAITS ET SOUVENIRS LITTÉRAIRES.	1
GUSTAVE HALLER	
LE BLEUET.......................	1
N. HAWTHORNE Traduction A. Spoll.	
CONTES ÉTRANGES................	1
ARSÈNE HOUSSAYE	
LES DIANES ET LES VÉNUS.........	1
VICTOR HUGO	
QUATREVINGT-TREIZE..............	2
ALPHONSE KARR	
PLUS ÇA CHANGE.................	1
KEL-KUN	
PORTRAITS.......................	1
NOUVEAUX PORTRAITS.............	1
PROSPER MÉRIMÉE	
LETTRES A UNE AUTRE INCONNUE....	1
MÉRY vol.	
LA FLORIDE......................	1
MICHELET	
LE PRÊTRE.......................	1
CH. MONSELET	
LES ANNÉES DE GAIETÉ............	1
D. NISARD de l'Acad. française	
RENAISSANCE ET RÉFORME.........	2
JULES NORIAC	
LA MAISON VERTE................	1
PAUL PARFAIT	
LA SECONDE VIE DE MARIUS ROBERT....	1
A. DE PONTMARTIN	
NOUVEAUX SAMEDIS. Tome XIII.....	1
C.-A. SAINTE-BEUVE	
CHRONIQUES PARISIENNES..........	1
GEORGE SAND	
LA COUPE.......................	1
LA TOUR DE PERCEMONT..........	1
J. SANDEAU de l'Acad. franç.	
JEAN DE THOMMERAY. — LE COLONEL ÉVRARD........................	1
E. SCHERER	
ÉTUDES CRITIQUES DE LITTÉRATURE.....	1
FRANCISQUE SARCEY	
ÉTIENNE MORET..................	1
LOUIS ULBACH	
MAGDA..........................	1
A. VACQUERIE	
AUJOURD'HUI ET DEMAIN..........	1
PIERRE VÉRON	
LA VIE FANTASQUE...............	1
CES MONSTRES DE FEMMES	1
L. VITET de l'Acad. française	
LE COMTE DUCHATEL avec un portrait.	1

OUVRAGES DIVERS
Format in-8°

J.-J. AMPÈRE — f. c.
CÉSAR. Scènes historiques. 1 vol.... 7 50
L'EMPIRE ROMAIN A ROME. 2 vol... 15 »
L'HISTOIRE ROMAINE A ROME, avec
  des plans topographiques. 4 vol.. 30 »
MÉLANGES D'HISTOIRE LITTÉRAIRE.
  2 volumes........................ 12 »
PROMENADE EN AMÉRIQUE. — États-
  Unis, Cuba, Mexique. 2 volumes... 12 »
VOYAGE EN ÉGYPTE ET EN NUBIE. 1 vol. 7 50

***
MAD. LA DUCH. D'ORLÉANS. 1 vol... 6 »

DUC D'AUMALE de l'Acad. franç.
ALESIA. Étude sur la septième cam-
  pagne de César en Gaule. Avec
  2 cartes (Alise et Alaise). 1 vol... 6 »
HISTOIRE DES PRINCES DE CONDÉ PEN-
  DANT LES XVIe ET XVIIe SIÈCLES,
  avec cartes et portraits gravés
  par M. Henriquel-Dupont. 2 vol... 15 »
LES INSTITUTIONS MILITAIRES DE LA
  FRANCE. 1 volume................. 6 »

J. AUTRAN de l'Acad. française.
LE CYCLOPE, d'après Euripide. 1 vol. 3 »
PAROLES DE SALOMON. 1 volume.... 6 »
LE POÈME DES BEAUX JOURS. 1 vol... 5 »
Œuvres complètes :
— T. I. LES POÈMES DE LA MER..... 6 »
— T. II. LA VIE RURALE........... 6 »
— T. III. LA FLUTE ET LE TAMBOUR... 6 »
— T. IV. SONNETS CAPRICIEUX...... 6 »

L. BABAUD-LARIBIÈRE
ÉTUDES HIST. ET ADMINISTR. 2 vol... 12 »

H. DE BALZAC
Œuvres complètes :
SCÈNES DE LA VIE PRIVÉE. 4 volumes. 30 »
SCÈNES DE LA VIE DE PROVINCE. 3 vol. 22 50
SCÈNES DE LA VIE PARISIENNE. 4 vol. 30 »
SCÈNES DE LA VIE MILITAIRE. 1 vol.. 7 50
SCÈNES DE LA VIE POLITIQUE. 1 vol.. 7 50
SCÈNES DE LA VIE DE CAMPAGNE. 1 vol. 7 50
ÉTUDES PHILOSOPHIQUES. 3 volumes. 22 50
THÉÂTRE COMPLET. 1 volume........ 7 50
CONTES DROLATIQUES. 1 volume..... 7 50
CONTES ET NOUVELLES. — ESSAIS ANA-
  LYTIQUES. 1 volume............... 7 50
PHYS. ET ESQUISSES PARISIENNES. 1 v. 7 50
PORTRAITS ET CRITIQUE LITTÉRAIRE. —
  POLÉMIQUE JUDICIAIRE. 1 volume.. 7 50
ÉTUDES HIST. ET POLITIQUES. 1 vol.. 7 50

L. BAUDENS
Membre du conseil de santé des armées
LA GUERRE DE CRIMÉE. — Campements,
  abris, ambulances, etc. 1 vol.... 6 »

BEAURE
DÉMOCRATIE CONTEMPORAINE. 1 vol... 6 »

IS. BÉDARRIDE
LES JUIFS EN FRANCE, EN ITALIE ET
  EN ESPAGNE. 1 volume............ 7 50
DU PROSÉLYTISME ET DE LA LIBERTÉ
  RELIGIEUSE. 1 volume............. 4 »

PRINCESSE DE BELGIOJOSO f. c.
ASIE MINEURE ET SYRIE. 1 volume... 7 50
HIST. DE LA MAISON DE SAVOIE. 1 vol. 7 50

E. BÉNAMOZEGH
MORALE JUIVE ET MOR. CHRÉTIENNE. 1 v. 7 50

HECTOR BERLIOZ
MÉMOIRES, comprenant ses voyages
  1803-1865, avec portrait de l'auteur. 1 fort volume............... 12 »

BERRIAT SAINT-PRIX
LA JUSTICE RÉVOLUTIONNAIRE. — Août
  1792. Prairial an III. D'après des
  documents originaux. T. I........ 7 50

E. BEULÉ
AUGUSTE, SA FAMILLE ET SES AMIS.
  1 volume.......................... 6 »
LE SANG DE GERMANICUS. 1 volume.. 6 »
TIBÈRE ET L'HÉRITAGE D'AUGUSTE.
  1 volume.......................... 6 »
TITUS ET SA DYNASTIE. 1 vol........ 6 »

J.-B. BIOT
ÉTUDES SUR L'ASTRONOMIE INDIENNE ET
  SUR L'ASTRONOMIE CHINOISE. 1 vol. 7 50
MÉLANGES SCIENTIFIQUES ET LITTÉ-
  RAIRES. 3 volumes................ 22 50

CORNELIUS DE BOOM
SOLUTION POLIT. ET SOCIALE. 1 vol.. 6 »

FRANÇOIS DE BOURGOING
HISTOIRE DIPLOMATIQUE DE L'EUROPE
  PENDANT LA RÉVOL. FRANÇAISE. 3 v. 22 50

M.-L. BOUTTEVILLE
LA MORALE DE L'ÉGLISE ET LA MO-
  RALE NATURELLE. 1 volume........ 7 50

DUC DE BROGLIE
VUES SUR LE GOUVERNEMENT DE LA
  FRANCE. 1 volume................. 7 50

DUC DE BROGLIE de l'Ac. fr.
QUESTIONS DE RELIGION ET D'HIS-
  TOIRE. 2 volumes................. 15 »

A. CALMON
HISTOIRE PARLEMENTAIRE DES FINAN-
  CES DE LA RESTAURATION. 2 vol... 15 »

LÉON CARRÉ
L'ANCIEN ORIENT. 4 volumes........ 24 »

CALMANN LÉVY, ÉDITEUR

AUGUSTE CARLIER
DE L'ESCLAVAGE dans ses rapports avec l'Union américaine. 1 volume. — 6 »
HISTOIRE DU PEUPLE AMÉRICAIN — États-Unis — et de ses rapports avec les Indiens. 2 volumes. — 12 »

J. COHEN
LES DÉICIDES. Examen de la Vie de Jésus et des développements de l'Église chrétienne dans leurs rapports avec le Judaïsme. 2ᵉ édition, revue, corrigée. 1 volume. — 6 »

OSCAR COMETTANT
LA MUSIQUE, LES MUSICIENS ET LES INSTRUMENTS DE MUSIQUE chez les différents peuples du monde. 1 fort volume orné de 150 dessins. — 20 »

J.-J. COULMANN
RÉMINISCENCES. 3 volumes. — 15 »

VICTOR COUSIN
PHILOSOPHIE ÉCOSSAISE. 1 volume. — 5 »

J. CRÉTINEAU-JOLY
LE PAPE CLÉMENT XIV. 1 volume. — 3 »

PRINCE L. CZARTORYSKI
ALEXANDRE Iᵉʳ ET LE PRINCE CZARTORYSKI. Correspondance particulière et conversations, publiées avec une introduction. 1 volume. — 7 50

GÉNÉRAL E. DAUMAS
LES CHEVAUX DU SAHARA ET LES MŒURS DU DÉSERT. 1 volume. — 7 50
LA VIE ARABE ET LA SOCIÉTÉ MUSULMANE. 1 volume. — 7 50

MAXIME DU CAMP
CHANTS MODERNES. 1 volume. — 6 »
LES CONVICTIONS. 1 volume. — 5 »

A. DU CASSE
DU SOIR AU MATIN. Scènes de la vie militaire. 1 volume. — 5 »

Mᵐᵉ DU DEFFAND
CORRESPONDANCE COMPLÈTE AVEC LA DUCHESSE DE CHOISEUL, L'ABBÉ BARTHÉLEMY ET M. CRAUFURT. Nouvelle édit., revue et aug. avec introd. de M. de Sainte-Aulaire. 3 vol. — 22 50

MARIE ALEXANDRE DUMAS
AU LIT DE MORT. 1 volume. — 6 »

DUMONT DE BOSTAQUET
MÉMOIRES INÉDITS, publiés par Ch. Read et Fr. Waddington. 1 vol. — 7 50

DUVERGIER DE HAURANNE de l'Ac. fr.
HISTOIRE DU GOUVERNEMENT PARLEMENTAIRE EN FRANCE. 10 volumes. — 75 »

BARON ERNOUF
HIST. DE LA DERNIÈRE CAPITULATION DE PARIS. Événem. de 1815. 1 vol. — 6 »

PRINCE EUGÈNE
MÉMOIRES ET CORRESPONDANCE POLITIQUE ET MILITAIRE, publiés par A. Du Casse. 10 volumes. — 60 »

J. FERRARI
HISTOIRE DE LA RAISON D'ÉTAT. 1 vol. — 7 50

GUSTAVE FLAUBERT
L'ÉDUCATION SENTIMENTALE — HISTOIRE D'UN JEUNE HOMME. 2 volumes. — 12 »

AD. FRANCK de l'Institut
ÉTUDES ORIENTALES. 1 volume. — 7 50
RÉFORMATEURS ET PUBLICISTES DE L'EUROPE. Moyen âge et Renaiss. 1 vol. — 7 50

CHARLES DE FREYCINET
LA GUERRE EN PROVINCE PENDANT LE SIÈGE DE PARIS, 1870-1871. 1 volume avec cartes. — 7 50

C. FRÉGIER
LES JUIFS ALGÉRIENS, leur passé, leur présent, leur avenir, etc. 1 volume. — 8 »

H. GACHARD
DON CARLOS ET PHILIPPE II. 1 vol. — 7 50

Cᵗᵉ AGÉNOR DE GASPARIN
L'AMÉRIQUE DEVANT L'EUROPE. 1 vol. — 6 »
UN GRAND PEUPLE QUI SE RELÈVE, LES ÉTATS-UNIS EN 1861. 1 volume. — 5 »

G.-G. GERVINUS
INSURRECTION ET RÉGÉNÉRATION DE LA GRÈCE. 2 volumes. — 16 »

ÉMILE DE GIRARDIN
LE CONDAMNÉ DU 6 MARS. 1 volume. — 6 »
LES DROITS DE LA PENSÉE. 1 volume. — 8 »
FORCE OU RICHESSE. 1 volume. — 6 »
LETTRES D'UN LOGICIEN. 1 volume. — 5 »
PAIX ET LIBERTÉ. 1 volume. — 6 »
POUVOIR ET IMPUISSANCE. 1 volume. — 6 »
QUESTIONS DE MON TEMPS. 12 volumes. — 72 »
LE SUCCÈS. 1 volume. — 6 »

ÉDOUARD GOURDON
HISTOIRE DU CONGRÈS DE PARIS. 1 vol. — 5 »

HENRI GRADIS
HIST. DE LA RÉVOLUTION DE 1848. 2 v. — 10 »

OUVRAGES DIVERS — FORMAT IN-8°

H. GRAETZ

	f. c.
LES JUIFS D'ESPAGNE, 945-1205. 1 vol.	7 50
SINAÏ ET GOLGOTHA, ou les Origines du judaïsme et du christianisme. 1 vol.	7 50

EDMOND DE GUERLE

MILTON, sa vie et ses mœurs. 1 vol..	7 50

F. GUIZOT

LA CHINE ET LE JAPON, par *Laurence Oliphant* (Traduction). 2 volumes.	12 »
L'ÉGLISE ET LA SOCIÉTÉ CHRÉTIENNES. 1 volume.	5 »
HISTOIRE DE LA FONDATION DE LA RÉPUBLIQUE DES PROVINCES-UNIES, par *J. Lothrop Motley* (Trad. nouvelle avec introduction). 4 volumes.	24 »
HISTOIRE PARLEMENTAIRE DE FRANCE, formant le complément des *Mémoires pour servir à l'histoire de mon temps*. 5 volumes.	37 50
LA JEUNESSE DU PRINCE ALBERT (traduction). 1 volume.	6 »
MÉDITATIONS SUR L'ESSENCE DE LA RELIGION CHRÉTIENNE. 1 volume...	6 »
MÉDITATIONS SUR L'ÉTAT ACTUEL DE LA RELIGION CHRÉTIENNE. 1 vol...	6 »
MÉDITATIONS SUR LA RELIGION CHRÉTIENNE dans ses rapports avec l'état actuel des sociétés et des esprits. 1 v.	6 »
MÉLANGES BIOGRAPHIQUES ET LITTÉRAIRES. 1 volume.	7 50
MÉLANGES POLITIQUES ET HISTORIQUES. 1 volume.	7 50
MÉMOIRES pour servir à l'histoire de mon temps (ouvrage auquel a été décerné par l'Institut le grand prix biennal de 1871). 8 volumes.	60 »
LE PRINCE ALBERT, son caractère et ses discours (traduction et préface). 1 volume.	6 »
WILLIAM PITT ET SON TEMPS, par *lord Stanhope* (trad. et introd.). 4 vol.	24 »

COMTE D'HAUSSONVILLE de l'Acad. fr.

L'ÉGLISE ROMAINE ET LE PREMIER EMPIRE. 5 volumes.	37 50

VICOMTE D'HAUSSONVILLE

LES ÉTABLISSEMENTS PÉNITENTIAIRES EN FRANCE ET AUX COLONIES. 1 vol.	7 50

ERNEST HAVET

LE CHRISTIANISME ET SES ORIGINES. 2 volumes.	15 »

HERMINJARD

CORRESPONDANCE DES RÉFORMATEURS dans les pays de langue française. 4 volumes.	40 »

ROBERT HOUDIN

TRICHERIES DES GRECS DÉVOILÉES. 1 v.	5 »

ARSÈNE HOUSSAYE

MADEMOISELLE CLÉOPATRE. 1 volume.	6 »
LES MAINS PLEINES DE ROSES, PLEINES D'OR ET PLEINES DE SANG. 1 vol...	6 »

VICTOR HUGO

	f. c.
L'ANNÉE TERRIBLE. 1 volume.	7 50
AVANT L'EXIL. 1 volume.	6 »
LES CHATIMENTS. 1 volume.	6 »
NAPOLÉON LE PETIT. 1 volume.	6 »
PENDANT L'EXIL. 1 volume.	6 »
QUATORZE DISCOURS. 1 volume.	3 »
QUATRE-VINGT-TREIZE. 3 volumes.	18 »

EDMOND HUGUES

HIST. DE LA RESTAURATION DU PROTESTANTISME EN FRANCE AU XVIII° SIÈCLE, d'après des documents inédits. 2 volumes.	15 »

VICTOR JACQUEMONT

CORRESPONDANCE INÉDITE avec sa famille, ses amis, 1824-1832, notice par *V. Jacquemont neveu*, et introduction de *Pr. Mérimée*. 2 vol...	12 »

PAUL JANET de l'Institut

LES PROBLÈMES DU XIX° SIÈCLE. 1 v.	7 50

JULES JANIN

LES GAIETÉS CHAMPÊTRES. 2 volumes.	12 »

ALPHONSE JOBEZ

LA FEMME ET L'ENFANT. 1 volume...	5 »

PRINCE DE JOINVILLE

ÉTUDES SUR LA MARINE. 1 volume...	7 50

A. KUENEN — *Trad. A. Pierson*

HIST. CRIT. DES LIVRES DE L'ANCIEN TESTAMENT, préface d'*E. Renan*. 1 v.	7 50

LAMARTINE

ANTONIELLA. 1 volume.	6 »
GENEVIÈVE. Hist. d'une servante. 1 v.	5 »
NOUVELLES CONFIDENCES. 1 volume.	5 »
TOUSSAINT LOUVERTURE. 1 volume.	5 »
VIE DE CÉSAR. 1 volume.	5 »

CHARLES LAMBERT

L'IMMORTALITÉ SELON LE CHRIST. 1 v.	7 50
LE SYSTÈME DU MONDE MORAL. 1 vol.	7 50

PATRICE LARROQUE

DE LA GUERRE ET DES ARMÉES. 1 vol.	6 »
DE L'ORGANISATION DU GOUVERNEMENT RÉPUBLICAIN. 1 volume.	5 »
EXAMEN CRITIQUE DES DOCTRINES DE LA RELIGION CHRÉTIENNE. 2 vol.	15 »
RÉNOVATION RELIGIEUSE. 1 volume.	7 50

JULES DE LASTEYRIE

HISTOIRE DE LA LIBERTÉ POLITIQUE EN FRANCE. 1 volume.	7 50

DE LATENA

ÉTUDE DE L'HOMME. 1 volume.	7 50

LATOUR SAINT-YBARS

NÉRON, sa vie et son époque. 1 vol.	7 50

LÉONCE DE LAVERGNE

LES ASSEMBLÉES PROVINCIALES SOUS LOUIS XVI. 1 volume.	50

CALMANN LÉVY, ÉDITEUR

JULES LE BERQUIER
f. c.
LA COMMUNE DE PARIS. 1 volume... 3 »

VICT. LE CLERC ET E. RENAN
HISTOIRE LITTÉRAIRE DE LA FRANCE AU XIVᵉ SIÈCLE. 2 volumes...... 16 »

PAULINE L...
LE LIVRE D'UNE MÈRE. 1 volume.... 6 »

CHARLES LENORMANT
BEAUX-ARTS ET VOYAGES, précédés d'une lettre de M. Guizot. 2 vol. 15 »

L. DE LOMÉNIE de l'Acad. franç.
LA COMTESSE DE ROCHEFORT ET SES AMIS. Études sur les mœurs en France au XVIIIᵉ siècle, avec des documents inédits. 1 volume..... 7 50

LORD MACAULAY — Trad. G. Guizot
ESSAIS HIST. ET BIOGRAPHIQUES, 2 v. 12 »
— LITTÉRAIRES. 1 volume.......... 6 »
— POLIT. ET PHILOSOPHIQUES. 1 vol. 6 »
— SUR L'HIST. D'ANGLETERRE. 1 vol. 6 »
— ESSAIS D'HISTOIRE ET DE LITTÉRATURE. 1 volume............ 6 »

EDMOND MAGNIER
HISTOIRE D'UNE COMMUNE DE FRANCE au XVIIIᵉ siècle. 1 volume...... 5 »

JOSEPH DE MAISTRE
CORRESPONDANCE DIPLOMATIQUE (1811-1817), publiée par A. Blanc. 2 v. 15 »
MÉMOIRES POLIT. ET CORRESPONDANCE DIPLOMATIQUE, publiés par A. Blanc. 1 volume.................... 6 »

COMTE DE MARCELLUS
CHATEAUBRIAND ET SON TEMPS. 1 vol. 7 50
LES GRECS ANCIENS ET LES GRECS MODERNES. Études littéraires. 1 vol.. 7 50
SOUV. DIPLOMATIQUES. Correspondance de Chateaubriand. 1 volume..... 5 »

THOMAS ERSKINE MAY
HIST. CONSTIT. DE L'ANGLETERRE (1760-1860). Traduction et introd. de Cornélis de Witt. 2 volumes..... 12 »

PROSPER MÉRIMÉE
LETTRES A UNE INCONNUE avec étude de H. Taine. 2 volumes........ 15 »

J.-H. MERLE D'AUBIGNÉ
HISTOIRE DE LA RÉFORMATION EN EUROPE AU TEMPS DE CALVIN. 6 vol... 45 »

MÉRY
NAPOLÉON EN ITALIE. Poëme. 1 vol.. 5 »

J. MICHELET
GUERRES DE RELIGION. 1 volume.... 6 »
HENRI IV ET RICHELIEU. 1 volume.. 6 »
RICHELIEU ET LA FRONDE. 1 volume. 6 »
LOUIS XIV ET LA RÉVOCATION DE L'ÉDIT DE NANTES. 1 volume... 6 »
LOUIS XV (1724-1757). 1 volume..... 6 »
PRÉCIS DE L'HIST. MODERNE. 1 vol... 5 »

J. MICHELET (suite)
f. c.
ORIGINE DES BONAPARTE. 1 vol...... 6 »
JUSQU'AU 18 BRUMAIRE. 1 volume... 6 »
JUSQU'A WATERLOO. 1 volume....... 6 »

Mme A. MOLINOS-LAFITTE
SOLITUDES. 1 volume............... 5 »

COMTE DE MONTALIVET
LE ROI LOUIS-PHILIPPE (liste civile). Nouv. édition, avec notes, pièces, portrait et fac-simile du roi, plan du château de Neuilly. 1 volume.. 6 »

MORTIMER-TERNAUX
HIST. DE LA TERREUR (1792-1794). 7 volumes..................... 42 »

J. LOTHROP MOTLEY
Traduction nouvelle avec une grande introd. de M. Guizot.
HIST. DE LA FONDATION DE LA RÉPUBLIQUE DES PROVINCES-UNIES. 4 volumes......................... 24 »

BARON DE NERVO
LE COMTE DE CORVETTO. 1 volume... 7 50
L'ESPAGNE EN 1867. 1 volume....... 5 »
LES FINANCES FRANÇAISES SOUS L'ANCIENNE MONARCHIE, LA RÉPUBLIQUE, LE CONSULAT ET L'EMPIRE. 2 vol... 15 »
LES FINANCES FRANÇAISES SOUS LA RESTAURATION. 4 volumes........ 30 »
HISTOIRE D'ESPAGNE DEPUIS SES ORIGINES. 4 volumes............. 30 »
ISABELLE LA CATHOLIQUE. 1 volume. 8 »
LA MONARCHIE ESPAGNOLE, SON ORIGINE, SA CONDITION, etc. 1/2 vol. 2 »

ADOLPHE NEUBAUER
LA GÉOGRAPHIE DU TALMUD. 1 vol... 15 »

MICHEL NICOLAS
LES DOCTRINES RELIGIEUSES DES JUIFS pendant les deux siècles antérieurs à l'ère chrétienne. 1 volume...... 7 50
ESSAIS DE PHILOSOPHIE ET D'HISTOIRE RELIGIEUSE. 1 volume........... 7 50
ÉTUDES CRITIQUES SUR LA BIBLE. Ancien Testament. 1 volume...... 7 50
ÉTUDES CRITIQUES SUR LA BIBLE. Nouveau Testament. 1 volume..... 7 50
ÉTUDES SUR LES ÉVANGILES APOCRYPHES. 1 volume.................. 7 50
LE SYMBOLE DES APOTRES. 1 volume. 7 50

CHARLES NISARD
LES GLADIATEURS DE LA RÉPUBLIQUE DES LETTRES. 2 volumes......... 15 »

MARQUIS DE NOAILLES
HENRI DE VALOIS ET LA POLOGNE EN 1572. 2 volumes................. 15 »

DUC D'ORLÉANS
CAMPAGNES DE L'ARMÉE D'AFRIQUE — 1835-1839, — publié par ses fils. Avant-propos de M. le comte de Paris, introduction de M. le duc de Chartres, avec un portrait du duc d'Orléans, par Horace Vernet et une carte de l'Algérie. 1 beau volume vélin................... 7 50

OUVRAGES DIVERS — FORMAT IN-8°

COMTE DE PARIS
f. c.

DE LA SITUATION DES OUVRIERS EN ANGLETERRE. 1 volume............ 6 »
HISTOIRE DE LA GUERRE CIVILE EN AMÉRIQUE, Tom. I à IV, 4 volumes. 30 »
ATLAS POUR SERVIR A L'HIST. DE LA GUERRE CIVILE EN AMÉRIQUE, livraisons I à IV (contenant 19 planches) 30 »

Cte PELET DE LA LOZÈRE
PENSÉES MORALES ET POLITIQUES. 1 volume................... 7 50

CASIMIR PERIER
LES FINANCES ET LA POLITIQUE. 1 vol. 5 »

GEORGES PERROT
SOUVENIRS D'UN VOYAGE EN ASIE MINEURE. 1 volume............ 7 50

A. PEYRAT
HISTOIRE ÉLÉMENTAIRE ET CRITIQUE DE JÉSUS. 1 volume............ 7 50

L'ABBÉ PIERRE
CONSTANTINOPLE, JÉRUSALEM ET ROME, avec plan et carte. 2 vol........ 15 »

F. PONSARD
ŒUVRES COMPLÈTES. 3 volumes..... 15 »

COMTE DE PONTÉCOULANT
SOUVENIRS HISTORIQUES ET PARLEMENTAIRES (1764-1848). 4 volumes.... 24 »

PRÉVOST-PARADOL
ÉLISABETH ET HENRI IV (1595-1598). 1 volume..................... 6 »
ESSAIS DE POLITIQUE ET DE LITTÉRATURE. 3 volumes................ 22 50
LA FRANCE NOUVELLE. 1 volume..... 7 50

EDGAR QUINET
HISTOIRE DE LA CAMPAGNE DE 1815. 1 volume avec carte............ 7 50
MERLIN L'ENCHANTEUR. 2 volumes... 15 »

J. DE RAINNEVILLE
LA FEMME DANS L'ANTIQUITÉ ET D'APRÈS LA MORALE NATURELLE. 1 vol. 7 50

Mme RÉCAMIER
COPPET ET WEIMAR — MADAME DE STAEL ET LA GRANDE-DUCHESSE LOUISE. Récits et Correspondances, par l'auteur des Souvenirs de Madame Récamier. 1 volume........ 7 50
MADAME RÉCAMIER, LES AMIS DE SA JEUNESSE ET SA CORRESPONDANCE INTIME. 1 volume............... 7 50

CH. DE RÉMUSAT
POLITIQUE LIBÉRALE, ou Fragments pour servir à la défense de la révolution française. 1 volume....... 7 50

ERNEST RENAN de l'Institut
f. c.

L'ANTECHRIST. 1 volume............. 7 50
LES APOTRES. 1 volume............. 7 50
AVERROÈS ET L'AVERROISME, essai historique. 1 volume................ 7 50
LE CANTIQUE DES CANTIQUES, traduit de l'hébreu, avec une étude sur le plan, l'âge et le caractère du poëme. 1 volume........................ 6 »
LA CHAIRE D'HÉBREU AU COLLÈGE DE FRANCE. Brochure.............. 1 »
DE LA PART DES PEUPLES SÉMITIQUES DANS L'HISTOIRE DE LA CIVILISATION. Brochure................ 1 »
DE L'ORIGINE DU LANGAGE. 1 volume.. 6 »
DIALOGUES PHILOSOPHIQUES. 1 vol.. 7 50
ESSAIS DE MORALE ET DE CRITIQUE. 1 volume........................ 7 50
ÉTUDES D'HISTOIRE RELIGIEUSE. 1 volume........................ 7 50
HISTOIRE GÉNÉRALE DES LANGUES SÉMITIQUES. 1 volume............ 12 »
HISTOIRE LITTÉRAIRE DE LA FRANCE AU XIVe SIÈCLE. 2 volumes...... 10 »
LE LIVRE DE JOB, traduit de l'hébreu, avec une étude sur l'âge et le caractère du poëme. 1 volume....... 7 50
QUESTIONS CONTEMPORAINES. 1 volume 7 50
LA RÉFORME INTELLECTUELLE ET MORALE. 1 volume................ 7 50
SAINT PAUL. 1 volume avec carte.... 7 50
VIE DE JÉSUS. 1 volume............ 7 50

D. JOSÉ GUELL Y RENTÉ
CONSIDÉRATIONS POLIT. ET LIT. 1 vol. 5 »
PENSÉES CHRÉTIENNES, POLITIQUES ET PHILOSOPHIQUES. 1 volume.... 5 »

LOUIS REYBAUD de l'Institut
ÉCONOMISTES MODERNES. 1 volume... 7 50
ÉTUDES SUR LE RÉGIME DES MANUFACTURES. — LA SOIE. 1 volume... 7 50
— LE COTON. Son régime, ses problèmes, son influence en Europe. 1 v. 7 50
— LA LAINE. 1 volume............. 7 50
— LE FER ET LA ROUILLE. 1 volume. 7 50

PAUL RIBAUT
DU SUFFRAGE UNIVERSEL. 1 volume. 6 »

COMTE R. R.
LA JUSTICE ET LA MONARCHIE POPULAIRE. La Guerre d'Orient. 1 vol. 3 »

H. RODRIGUES
LA JUSTICE DE DIEU. 1 volume...... 5 »
LES ORIGINES DU SERMON DE LA MONTAGNE. 1 volume................ 3 »
HISTOIRE DES PREMIERS CHRÉTIENS. 1re partie. Le roi des Juifs. 1 volume. 5 »
2e — Saint Pierre. 1 volume.. 5 »
HISTOIRE DES DEUXIÈMES CHRÉTIENS. — Saint Paul. 1 volume............ 6 »

J.-J. ROUSSEAU
ŒUVRES ET CORRESPONDANCE INÉDITES, publiées par M. Streckeisen-Moultou. 1 volume............... 7 50
J. J. ROUSSEAU, SES AMIS ET SES ENNEMIS. Correspondance publ. par M. Streckeisen-Moultou, avec appréciat. crit. de Sainte-Beuve. 2 v. 15 »

SAINTE-BEUVE

POÉSIES COMPLÈTES — JOSEPH DELORME — LES CONSOLATIONS — PENSÉES D'AOUT. 2 volumes.......... 10 »

SAINT-MARC GIRARDIN

LA FONTAINE ET LES FABULISTES. 2 v. 15 »
SOUVENIRS ET RÉFLEXIONS POLITIQUES D'UN JOURNALISTE. 1 volume..... 7 50

SAINT-RENÉ TAILLANDIER de l'Ac. fr.

ÉTUDES SUR LA RÉVOLUTION EN ALLEMAGNE. 2 volumes.............. 15 »
MAURICE DE SAXE. Étude historique. 1 volume.................. 7 50

PAUL DE SAINT-VICTOR

HOMMES ET DIEUX. 1 volume....... 7 50

J. SALVADOR

HISTOIRE DES INSTITUTIONS DE MOÏSE ET DU PEUPLE HÉBREU. 2 volumes. 15 »
JÉSUS-CHRIST ET SA DOCTRINE. Histoire de la naissance de l'Église. Nouv. édition augmentée. 2 vol... 15 »
PARIS, ROME, JÉRUSALEM (Question religieuse au XIXe siècle). 2 vol... 15 »

MAURICE SAND

RAOUL DE LA CHASTRE. 1 volume.... 6 »

EDMOND SCHÉRER

MÉLANGES D'HISTOIRE RELIGIEUSE. 1 v. 7 50

DE SÉNANCOUR

RÊVERIES. 1 volume................ 5 »

JULES SIMON

SOUVENIRS DU 4 SEPTEMBRE. Origine et chute du second empire. 1 volume.......................... 6 »
— Le gouvernement de la défense nationale. 1 volume............. 6 »

JAMES SPENCE

L'UNION AMÉRICAINE. 1 volume..... 6 »

LORD STANHOPE

WILLIAM PITT ET SON TEMPS. Trad. avec introd. de M. Guizot. 4 vol. 24 »

DANIEL STERN

HISTOIRE DES COMMENCEMENTS DE LA RÉPUBLIQUE AUX PAYS-BAS, 1581-1625. 1 volume................ 7 50

DAVID-FRÉDÉRIC STRAUSS
auteur de la Vie de Jésus

ESSAIS D'HISTOIRE RELIGIEUSE ET MÉLANGES LITTÉRAIRES. Traduction avec introduct. d'E. Renan. 1 vol. 7 50

A. DE TOCQUEVILLE

OEuvres complètes — *Nouv. édition*
L'ANCIEN RÉGIME ET LA RÉVOLUTION. 1 volume...................... 6 »

A. DE TOCQUEVILLE (suite)

DE LA DÉMOCRATIE EN AMÉRIQUE. 3 volumes...................... 18 »
ÉTUDES ÉCONOMIQUES, POLITIQUES ET LITTÉRAIRES. 1 volume......... 6 »
MÉLANGES, Fragments historiques et Notes. 1 volume............... 6 »
NOUV. CORRESPONDANCE inédite. 1 v. 6 »
OEUVRES POSTHUMES ET CORRESPONDANCE. Introd. de G. de Beaumont. 2 volumes................... 12 »

AUG. TROGNON

VIE DE MARIE-AMÉLIE, reine des Français. 1 volume............. 7 50

AUGUSTE VACQUERIE

MES PREMIÈRES ANNÉES DE PARIS. 1 v. 7 50

OSCAR DE VALLÉE

ANTOINE LEMAISTRE ET SES CONTEMPORAINS. 1 volume.............. 7 50
LE DUC D'ORLÉANS ET LE CHANCELIER D'AGUESSEAU. 1 volume......... 7 50

DUC DE VALMY

LE PASSÉ ET L'AVENIR DE L'ARCHITECTURE. 1 volume................ 5 »

PAUL VARIN

EXPÉDITION DE CHINE. 1 volume.... 5 »

DOCTEUR L. VÉRON

QUATRE ANS DE RÈGNE, OU EN SOMMES-NOUS? 1 volume.............. 5 »

LOUIS DE VIEL-CASTEL de l'Acad. fr.

HIST. DE LA RESTAURATION. 17 vol. 102 »

ALFRED DE VIGNY

OEuvres complètes — *Nouv. édition*
CINQ-MARS. 1 volume.............. 5 »
LES DESTINÉES. Poèmes philos. 1 vol. 6 »
POÈMES ANTIQUES ET MODERNES. 1 v. 5 »
SERVITUDE ET GRANDEUR MILITAIRES. 1 volume....................... 5 »
STELLO. 1 volume................. 5 »
THÉATRE COMPLET. 1 volume........ 5 »

VILLEMAIN

LA TRIBUNE MODERNE : M. DE CHATEAUBRIAND, sa vie, ses écrits, etc. 1 v. 7 50

L. VITET

L'ACADÉMIE ROYALE DE PEINTURE ET DE SCULPTURE. Étude hist. 1 vol. 6 »
LE COMTE DUCHATEL. 1 volume avec portrait gravé par Flameng d'après Ingres......................... 6 »
LE LOUVRE. Étude historique, *revue et augmentée* (sous presse). 1 vol.... 6 »

CORNÉLIS DE WITT

HIST. CONST. DE L'ANGLETERRE (1760-1860), par Th. Erskine May. (traduction et introduction). 2 vol. 12 »

CHRIST. WORDSWORT

DE L'ÉGLISE ET DE L'INSTRUCTION PUBLIQUE EN FRANCE. 1 volume..... 5 »

BIBLIOTHÈQUE CONTEMPORAINE

Format grand in-18 à 3 fr. 50 c. le volume

EDMOND ABOUT — vol.
LETTRES D'UN BON JEUNE HOMME A SA COUSINE.................................. 1
DERN. LETTRES D'UN BON JEUNE HOMME. 1

AMÉDÉE ACHARD
BELLE-ROSE.. 1
LA CAPE ET L'ÉPÉE............................. 1
LES COUPS D'ÉPÉE DE M. DE LA GUERCHE. 1
DROIT AU BUT.................................... 1
LE DUC DE CARLEPONT....................... 1
ENVERS ET CONTRE TOUS.................... 1
HISTOIRE D'UN HOMME....................... 1
MADAME DE VILLERSEL....................... 1
MAURICE DE TREUIL........................... 1
NELLY.. 1
RÉCITS D'UN SOLDAT......................... 1
LES RÊVES DE GILBERTE..................... 1
SOUVENIRS PERSONNELS D'ÉMEUTES ET DE RÉVOLUTIONS......................... 1
LA TOISON D'OR................................. 1
LA TRÉSORIÈRE................................... 1
LA VIPÈRE... 1

ALARCON
THÉATRE, traduct. Alphonse Royer....... 1

TH. B. ALDRICH
MARJORIE DAW................................... 1

GUSTAVE D'ALAUX
L'EMPEREUR SOULOUQUE ET SON EMPIRE. 1

DUC D'ALENÇON
LUÇON ET MINDANAO, journal de voyage dans l'extrême Orient, avec carte.... 1

*
SOUV. D'UN OFFICIER DU 2e DE ZOUAVES. 2e édition augmentée.................... 1

DUC D'AUMALE de l'Acad. franç.
LES ZOUAVES ET LES CHASSEURS A PIED.. 1

UN ARTILLEUR
CAPOUE EN CRIMÉE............................ 2

ALFRED ASSOLLANT
D'HEURE EN HEURE............................. 1
GABRIELLE DE CHÉNEVERT.................. 1

XAVIER AUBRYET
LES JUGEMENTS NOUVEAUX................. 1

L'AUTEUR de John Halifax
UNE EXCEPTION................................. 1
LA MÉPRISE DE CHRISTINE.................. 1
OLIVIA.. 2

L'AUTEUR de Le Vaste Monde
ÉLÉONORE POWLE............................... 2

L'AUTEUR de La duchesse d'Orléans
VIE DE JEANNE D'ARC......................... 1

J. AUTRAN de l'Académie française
ÉPITRES RUSTIQUES............................. 1
LA LÉGENDE DES PALADINS................. 1

AUGUSTE AVRIL
SALTIMBANQUES ET MARIONNETTES....... 1

Cte CÉSAR BALBO Trad. J. Amigues
HISTOIRE D'ITALIE.............................. 2

LOUIS BAMBERGER
M. DE BISMARCK................................. 1

THÉOD. DE BANVILLE — vol.
LES PARISIENNES DE PARIS.................. 1

CH. BARBARA
HISTOIRES ÉMOUVANTES...................... 1

J. BARBEY D'AUREVILLY
L'AMOUR IMPOSSIBLE.......................... 1
LE CHEVALIER DES TOUCHES................. 1
LES PROPHÈTES DU PASSÉ.................... 1

ALEX. BARBIER
LETTRES FAMILIÈRES SUR LA LITTÉRATURE. 1

JULES BARBIER
LE FRANC-TIREUR. Chants de guerre.... 1

J. BARTHÉLEMY SAINT-HILAIRE
LETTRES SUR L'ÉGYPTE........................ 1

CH. BATAILLE — E. RASETTI
ANTOINE QUÉRARD, Drames de Village.. 2

CHARLES BAUDELAIRE
Œuvres complètes — Édition définitive
LES FLEURS DU MAL. Poésies complètes.. 1
CURIOSITÉS ESTHÉTIQUES..................... 1
L'ART ROMANTIQUE............................. 1
PETITS POÈMES EN PROSE — LES PARADIS ARTIFICIELS................................... 1
HISTOIRES EXTRAORDINAIRES D'EDGAR POE. (Traduction)............................ 1
NOUVELLES HISTOIRES EXTRAORDINAIRES. 1
ARTHUR GORDON PYM — EUREKA....... 1

L. BAUDENS
LA GUERRE DE CRIMÉE. Les Campements, les Abris, les Ambulances, les Hôpitaux, etc................................... 1

BARON DE BAZANCOURT
LE CHEVALIER DE CHABRIAC................ 1

GUSTAVE DE BEAUMONT
L'IRLANDE SOCIALE, POLIT. ET RELIGIEUSE, 7e édition, revue et corrigée........... 2

ROGER DE BEAUVOIR
COLOMBES ET COULEUVRES................. 1
DUELS ET DUELLISTES........................ 1
LES MEILLEURS FRUITS DE MON PANIER.. 1

PRINCESSE DE BELGIOJOSO
ASIE-MINEURE ET SYRIE...................... 1

GEORGES BELL
LES REVANCHES DE L'AMOUR............... 1
VOYAGE EN CHINE.............................. 1

A. DE BELLOY Traducteur
COMÉDIES DE PLAUTE......................... 1
THÉATRE COMPLET DE TÉRENCE........... 1

ADOLPHE BELOT
LE DRAME DE LA RUE DE LA PAIX......... 1

TH. BENTZON
LES HUMORISTES AMÉRICAINS.............. 1
LE ROMAN D'UN MUET........................ 1
UNE VIE MANQUÉE.............................. 1
LE VIOLON DE JOB.............................. 1
LA VOCATION DE LOUISE..................... 1

HECTOR BERLIOZ
A TRAVERS CHANTS............................. 1
LES GROTESQUES DE LA MUSIQUE......... 1
LES SOIRÉES DE L'ORCHESTRE.............. 1

CH. DE BERNARD
	vol.
NOUVELLES ET MÉLANGES, avec portrait.	1
POÉSIES ET THÉATRE	1

ÉLIE BERTHET
LES CHAUFFEURS	1

EUGÈNE BERTHOUD
UN BAISER MORTEL	1

E. BEULÉ
LE DRAME DU VÉSUVE	1

H. BLAZE DE BURY
LE CHEVALIER DE CHASOT	1
ÉCRIVAINS MODERNES DE L'ALLEMAGNE	1
ÉPISODE DE L'HISTOIRE DU HANOVRE	1
INTERMÈDES ET POÈMES	1
LA LÉGENDE DE VERSAILLES	1
LES MAITRESSES DE GOETHE	1
MEYERBEER ET SON TEMPS	1
SOUV. ET RÉCITS DES CAMP. D'AUTRICHE	1

* * *
LES BONSHOMMES DE CIRE	1
HOMMES DU JOUR	1
LES SALONS DE VIENNE ET DE BERLIN	1

COMTESSE DE BOIGNE
LA MARÉCHALE D'AUBEMER	1
UNE PASSION DANS LE GRAND MONDE	2

E. BOQUET-LIANCOURT
THÉATRE DE FAMILLE	1

L'AMIRAL P. BOUVET
PRÉCIS DE SES CAMPAGNES	1

FÉLIX BOVET
VOYAGE EN TERRE SAINTE	1

CHARLES BRAINNE
BAIGNEUSES ET BUVEURS D'EAU	1

A. DE BRÉHAT
L'HOTEL DU DRAGON	2
LES MAITRESSES DU DIABLE	1
LE MARI DE MADAME CAROT	1
LE ROMAN DE DEUX JEUNES FEMMES	1
SOUVENIRS DE L'INDE ANGLAISE	1
LE TESTAMENT DE LA COMTESSE	1
LES VACANCES D'UN PROFESSEUR	1

BRET-HARTE Traduct. Th. Bentzon
RÉCITS CALIFORNIENS	1

DUC DE BROGLIE
VUES SUR LE GOUVERNEMENT DE LA FRANCE	1

DUC DE BROGLIE de l'Ac. franç.
LA DIPLOMATIE ET LE DROIT NOUVEAU	1
QUEST. DE RELIGION ET D'HIST	2

F. BUNGENER
PAPE ET CONCILE AU XIXᵉ SIÈCLE	1
ROME ET LE VRAI	1

ÉDOUARD CADOL
MADAME ÉLISE	1
LA BÊTE NOIRE	1

PAUL CAILLARD
CHASSES EN FRANCE ET EN ANGLETERRE	1

AUGUSTE CALLET
L'ENFER	1

A. CALMON
WILLIAM PITT. Étude parlementaire	1

JULES DE CARNÉ
CHARLOTTE DUVAL	1
MARGUERITE DE KERADEC	1
PÊCHEURS ET PÊCHERESSES	1

Mme E. CARO
	vol.
FLAMEN	1
HISTOIRE DE SOUCI	1
LES NOUVELLES AMOURS D'HERMANN ET DOROTHÉE	1
LE PÉCHÉ DE MADELEINE	1

MICHEL CERVANTES
THÉATRE. Traduction d'Alph. Royer	1

CÉLESTE DE CHABRILLAN
MISS PEWEL	1

CHAMPFLEURY
AVENTURES DE MADEMOISELLE MARIETTE	1
CHIEN-CAILLOU	1
LES DEMOISELLES TOURANGEAU	1
LA MASCARADE DE LA VIE PARISIENNE	1
M. DE BOISD'HYVER	1
LES PREMIERS BEAUX JOURS	1
LE RÉALISME	1
L'USURIER BLAIZOT	1

EUGÈNE CHAPUS
LES HALTES DE CHASSE	1
MANUEL DE L'HOMME ET DE LA FEMME COMME IL FAUT	1

PHILARÈTE CHASLES
LE VIEUX MÉDECIN	1

F. DE CHATEAUBRIAND
ESQUISSE D'UN MAITRE. Souvenirs d'enfance et de jeunesse suivis de lettres inédites de Chateaubriand et d'une étude par Ch. Lenormant	1

VICTOR CHERBULIEZ
UN CHEVAL DE PHIDIAS	1
LE PRINCE VITALE	1

H. DE CLAIRET
LES AMOURS D'UN GARDE CHAMPÊTRE	1

JULES CLARETIE
MADELEINE BERTIN	1
LE ROMAN DES SOLDATS	1

CHARLES CLÉMENT
ÉTUDES SUR LES BEAUX-ARTS EN FRANCE	1

Mme LOUISE COLET
LUI	1

ATHANASE COQUEREL
LES FORÇATS POUR LA FOI	1

EUGÈNE CORDIER
LE LIVRE D'ULRICH	1

CHARLES DE COURCY
LES HISTOIRES DU CAFÉ DE PARIS	1

AIMÉ COURNET
L'AMOUR EN ZIGZAG	1

J. M. COURNIER
UNE FAMILLE EN 1870-1871	1

VICTOR COUSIN
PHILOSOPHIE ÉCOSSAISE	1

MARQUISE DE CRÉQUY
SOUVENIRS — De 1710 à 1803 — Nouv. édition augmentée d'une correspondance inédite et authentique de la marquise de Créquy	8

CUVILLIER-FLEURY de l'Acad. fr.
ÉTUDES ET PORTRAITS	2
ÉTUDES HISTORIQUES ET LITTÉRAIRES	2
NOUV. ÉTUDES HIST. ET LITTÉRAIRES	2
DERN. ÉTUDES HISTOR. ET LITTÉRAIRES	2
HISTORIENS, POÈTES ET ROMANCIERS	2
VOYAGES ET VOYAGEURS	1

COMTESSE DASH

	vol.
L'ARBRE DE LA VIERGE............	1
LES AVENTURES D'UNE JEUNE MARIÉE...	1
LA BOHÈME DU XVIIᵉ SIÈCLE........	1
BOHÈME ET NOBLESSE............	1
LA CHAMBRE ROUGE.............	1
LES COMÉDIES DES GENS DU MONDE.....	1
COMMENT ON FAIT SON CHEMIN DANS LE MONDE. Code du savoir-vivre.......	1
COMMENT TOMBENT LES FEMMES........	1
UN COSTUME DE BAL.............	1
LA DETTE DE SANG.............	1
LE DRAME DE LA RUE DU SENTIER......	1
LA FÉE AUX PERLES............	1
LES FEMMES A PARIS ET EN PROVINCE...	1
LE FILS DU FAUSSAIRE...........	1
UN FILS NATUREL..............	1
LES HÉRITIERS D'UN PRINCE........	1
LE LIVRE DES FEMMES...........	1
MADEMOIS. CINQUANTE MILLIONS......	1
LES MALHEURS D'UNE REINE........	1
LA NUIT DE NOCES.............	1
LE ROMAN D'UNE HÉRITIÈRE........	1
LA ROUTE DU SUICIDE...........	1
UN SECRET DE FAMILLE..........	1
LE SOUPER DES FANTOMES.........	1
LES VACANCES D'UNE PARISIENNE.....	1
LA VIE CHASTE ET LA VIE IMPURE.....	1

ALPHONSE DAUDET

LE ROMAN DU CHAPERON ROUGE.......	1

GÉNÉRAL DAUMAS

LES CHEVAUX DU SAHARA ET LES MOEURS DU DÉSERT, avec commentaires d'Abd-el-Kader............	1

L. DAVESIÈS DE PONTÈS

ÉTUDES SUR L'ANGLETERRE.........	1
ÉTUDES SUR L'HISTOIRE DES GAULES...	1
ÉTUDES SUR L'HISTOIRE DE PARIS.....	1
ÉTUDES SUR L'ORIENT...........	1
ÉTUDES SUR LA PEINTURE VÉNITIENNE...	1
NOTES SUR LA GRÈCE...........	1

DÉCEMBRE-ALONNIER

TYPOGRAPHES ET GENS DE LETTRES.....	1

COMTESSE DELLA ROCCA

CORRESPONDANCE ENFANTINE. Modèles de lettres pour jeunes filles....	1
CORRESP. INÉDITE DE LA DUCH. DE BOURGOGNE ET DE LA REINE D'ESPAGNE....	1

PAUL DELTUF

CONTES ROMANESQUES............	1
FIDÈS..................	1
PETITS MALHEURS D'UNE JEUNE FEMME...	1
RÉCITS DRAMATIQUES............	1

MARIA DERAISMES

NOS PRINCIPES ET NOS MOEURS.......	1

A. DESBAROLLES

VOYAGE D'UN ARTISTE EN SUISSE A 3 FR. 50 C. PAR JOUR............	1

ÉMILE DESCHANEL

CAUSERIES DE QUINZAINE.........	1
CHRISTOPHE COLOMB ET VASCO DE GAMA..	1

KARL DES MONTS

LÉGENDES DES PYRÉNÉES..........	1

PAUL DHORMOYS

	vol.
LA VERTU DE M. BOURGET.........	1

PASCAL DORÉ

LE ROMAN DE DEUX JEUNES FILLES.....	1

DRAPEYRON-SELIGMANN

LES DEUX FOLIES DE PARIS........	1

CAMILLE DOUCET

OEUVRES COMPLÈTES............	2

MAXIME DU CAMP

LES BUVEURS DE CENDRES.........	1
EN HOLLANDE...............	1
EXPÉDITION DE SICILE. Souvenirs.....	1
LES FORCES PERDUES...........	1

J.-A. DUCONDUT

ESSAI DE RHYTHMIQUE FRANÇAISE......	1

E. DUFOUR

LES GRIMPEURS DES ALPES (Traduction).	1

ALEXANDRE DUMAS

HISTOIRE DE MES BÊTES..........	1
SOUVENIRS DRAMATIQUES..........	2
THÉATRE COMPLET.............	15

ALEX. DUMAS FILS de l'Acad. franç.

AFF. CLÉMENCEAU. Mém. de l'acc.,....	1
CONTES ET NOUVELLES...........	1
THÉATRE COMPLET. Préfaces inéd.....	4
THÉRÈSE................	1

MARIE ALEXANDRE DUMAS

AU LIT DE MORT.............	1
MADAME BENOIT..............	1
LE MARI DE MADAME BENOIT........	1

HENRI DUPIN

CINQ COUPS DE SONNETTE.........	1

THÉODORE DURET

VOYAGE EN ASIE.............	1

MISS EDGEWORTH

DEMAIN !................	1

CHARLES EDMOND

SOUVENIRS D'UN DÉPAYSÉ.........	1

Mme ELLIOTT

MÉMOIRES SUR LA RÉVOLUTION FRANÇAISE, avec étude de Sainte-Beuve et un portrait gravé sur acier.........	1

ADOLPHE D'ENNERY

LE PRINCE DE MORIA...........	1

ERCKMANN-CHATRIAN

L'ILLUSTRE DOCTEUR MATHEUS.......	1

ÉVODIE

UN HOMME D'HONNEUR...........	1

XAVIER EYMA

LES FEMMES DU NOUVEAU MONDE......	1
LES PEAUX NOIRES............	1
LES PEAUX ROUGES............	1

ALBERT EYRAUD

SCÈNES DE LA VIE ORIENTALE.......	1

ACHILLE EYRAUD

VOYAGE A VÉNUS.............	1

A.-L.-A. FÉE

L'ESPAGNE A 50 ANS D'INTERVALLE.....	1
SOUVENIRS DE LA GUERRE D'ESPAGNE....	1

FEUILLET DE CONCHES

LÉOPOLD ROBERT, sa vie, ses oeuvres et sa correspondance............	1

OCT. FEUILLET de l'Acad. franç. vol.
- BELLAH.................................... 1
- HISTOIRE DE SIBYLLE........................ 1
- JULIA DE TRÉCOEUR.......................... 1
- UN MARIAGE DANS LE MONDE................... 1
- MONSIEUR DE CAMORS......................... 1
- LA PET. COMTESSE. Le Parc, Onesta.......... 1
- LE ROMAN D'UN J. HOMME PAUVRE.............. 1
- SCÈNES ET COMÉDIES......................... 1
- SCÈNES ET PROVERBES........................ 1

PAUL FÉVAL
- LES AMOURS DE PARIS........................ 2
- BLANCHEFLEUR............................... 1
- LE CAPITAINE SIMON......................... 1
- LES DERNIÈRES FÉES......................... 1
- QUATRE FEMMES ET UN HOMME.................. 1
- LA REINE DES ÉPÉES......................... 1
- LE VICOMTE PAUL............................ 1

ERNEST FEYDEAU
- ALGER. Étude............................... 1
- L'ALLEMAGNE EN 1871........................ 1
- LES AMOURS TRAGIQUES....................... 1
- LES AVENT. DU BARON DE FÉRESTE — COM. SE FORMENT LES JEUNES GENS................ 1
- CATHERINE D'OVERMEIRE...................... 1
- LA COMTESSE DE CHALIS...................... 1
- DANIEL..................................... 2
- UN DÉBUT A L'OPÉRA......................... 1
- FANNY...................................... 1
- LE LION DEVENU VIEUX....................... 1
- DU LUXE, DES FEMMES, DES MŒURS, etc........ 1
- LE MARI DE LA DANSEUSE..................... 1
- MÉMOIRES D'UN COULISSIER................... 1
- MONSIEUR DE SAINT-BERTRAND................. 1
- LE ROMAN D'UNE JEUNE MARIÉE................ 1
- LE SECRET DU BONHEUR....................... 2
- SYLVIE..................................... 1

LOUIS FIGUIER
- LES EAUX DE PARIS.......................... 1

D. FILEX
- UN ROMAN VRAI.............................. 1

P.-A. FIORENTINO
- COMÉDIES ET COMÉDIENS...................... 2
- LES GRANDS GUIGNOLS........................ 2

GUSTAVE FLAUBERT
- L'ÉDUCATION SENTIMENTALE................... 2
- Mme BOVARY, édition princeps............... 2

EUGÈNE FORCADE
- ÉTUDES HISTORIQUES......................... 1
- HIST. DES CAUSES DE LA GUERRE D'ORIENT..... 1

G. FOURCADE-PRUNET
- UNE FIN DE MONDE........................... 1

MARC FOURNIER
- LE MONDE ET LA COMÉDIE. (Sous presse).

VICTOR FRANCONI
- LE CAVALIER. Cours d'équitation pratique... 1
- L'ÉCUYER. Cours d'équitation pratique...... 1

ARNOULD FRÉMY
- LA GUERRE FUTURE........................... 1
- LES MŒURS DE NOTRE TEMPS................... 1
- PENSÉES DE TOUT LE MONDE................... 1

CH. DE FREYCINET
- LA GUERRE EN PROVINCE PENDANT LE SIÈGE DE PARIS, avec cartes.................. 1

LÉOPOLD DE GAILLARD
- QUESTIONS ITALIENNES....................... 1

N. GALLOIS vol.
- LES ARMÉES FRANÇAISES EN ITALIE............ 1

GALOPPE D'ONQUAIRE
- LE DIABLE BOITEUX EN PROVINCE.............. 1
- LE SPECTACLE AU COIN DU FEU................ 1

Cte AGÉNOR DE GASPARIN
- LE BONHEUR................................. 1
- LE BON VIEUX TEMPS......................... 1
- LA CONSCIENCE.............................. 1
- LES ÉCOLES DU DOUTE ET L'ÉCOLE DE LA FOI... 1
- L'ÉGALITÉ.................................. 1
- L'ENNEMI DE LA FAMILLE..................... 1
- LA FAMILLE, ses devoirs, ses joies et ses douleurs................................. 2
- LA FRANCE, nos fautes, nos périls, notre avenir................................... 2
- UN GRAND PEUPLE QUI SE RELÈVE.............. 1
- INNOCENT III............................... 1
- LA LIBERTÉ MORALE.......................... 2
- LUTHER ET LA RÉFORME AU XVIe SIÈCLE........ 1
- PENSÉES DE LIBERTÉ......................... 1

L'AUTEUR des Horizons prochains
- BANDE DU JURA. — Les Prouesses............. 1
- — Premier voyage........................... 1
- — Chez les Allemands — Chez nous........... 1
- — A Florence............................... 1
- A CONSTANTINOPLE........................... 1
- A TRAVERS LES ESPAGNES..................... 1
- AU BORD DE LA MER.......................... 1
- CAMILLE.................................... 1
- LES HORIZONS CÉLESTES...................... 1
- LES HORIZONS PROCHAINS..................... 1
- JOURNAL D'UN VOY. AU LEVANT................ 3
- LES TRISTESSES HUMAINES.................... 1
- VESPER..................................... 1

THÉOPHILE GAUTIER
- CONSTANTINOPLE............................. 1
- LES GROTESQUES............................. 1
- LOIN DE PARIS.............................. 1
- LA PEAU DE TIGRE........................... 1
- PORTRAITS ET SOUVENIRS LITTÉRAIRES......... 1
- QUAND ON VOYAGE............................ 1

JULES GÉRARD le Tueur de lions
- VOYAGES ET CHASSES DANS L'HIMALAYA......... 1

GÉRARD DE NERVAL
OEuvres complètes — Nouvelle édition
- LES DEUX FAUST DE GOETHE, traduction....... 1
- LES ILLUMINÉS — Les Faux saulniers......... 1
- LE RÊVE ET LA VIE — LES FILLES DU FEU — LA BOHÈME GALANTE....................... 1
- VOYAGE EN ORIENT, édition complète......... 2

Mme ÉMILE DE GIRARDIN
- M. LE MARQUIS DE PONTANGES................. 1
- NOUVELLES..................................

ÉMILE DE GIRARDIN
- LE DROIT AU TRAVAIL, au Luxembourg et à l'Assemblée nationale................. 2
- ÉTUDES POLITIQUES.......................... 1

GŒTHE
- FAUST. Trad. nouvelle de Bacharach avec introduction d'Alex. Dumas fils...... 1

EDMOND et JULES DE GONCOURT
- SŒUR PHILOMÈNE............................. 1

ÉDOUARD GOURDON
- NAUFRAGE AU PORT........................... 1

BIBLIOTHÈQUE CONTEMPORAINE — 3 FR. 50 C. LE VOL.

LÉON GOZLAN
	vol.
BALZAC CHEZ LUI................	1
BALZAC EN PANTOUFLES...........	1
LA DERNIÈRE SŒUR GRISE.........	1
LE DRAGON ROUGE................	1
LA FAMILLE LAMBERT.............	1
HISTOIRE D'UN DIAMANT..........	1
LE PLUS BEAU RÊVE D'UN MILLIONNAIRE.	1

CARLO GOZZI
THÉÂTRE FIABESQUE, trad. d'A. Royer..	3

Mme MANOEL DE GRANDFORT
RYNO...........................	1

GRANIER DE CASSAGNAC
DANAË..........................	1

GRÉGOROVIUS Trad. de F. Sabatier
LES TOMBEAUX DES PAPES ROMAINS, avec introduction de J.-J. Ampère......	1

F. DE CROISEILLIEZ
LES COZAQUES DE LA BOURSE.......	1

AD. GUÉROULT
ÉTUDES DE POLIT. ET DE PHIL. RELIGIEUSE	1

AMÉDÉE GUILLEMIN
LES MONDES. Causeries astron......	1

M. GUIZOT
3 GÉNÉRATIONS — 1789-1814-1848...	1

Cte GUY DE CHARNACÉ
ÉTUDES D'ÉCONOMIE RURALE........	1

IDA HAHN-HAHN Trad. Am. Pichot
LA COMTESSE FAUSTINE............	1

F. HALÉVY
SOUVENIRS ET PORTRAITS..........	1
DERNIERS SOUVENIRS ET PORTRAITS...	1

LUDOVIC HALÉVY
L'INVASION — SOUV. ET RÉCITS.....	1
MADAME ET MONSIEUR CARDINAL.....	1

GUSTAVE HALLER
LE BLEUET......................	1

B. HAURÉAU
SINGULARITÉS HISTOR. ET LITTÉRAIRES...	1

Cte D'HAUSSONVILLE de l'Ac. fr.
L'ÉGLISE ROMAINE ET LE PREMIER EMPIRE.	5
HIST. DE LA POLIT. EXTÉRIEURE DU GOUVERN. FRANÇAIS (1830-1848)......	2
HISTOIRE DE LA RÉUNION DE LA LORRAINE A LA FRANCE...............	4

Vte D'HAUSSONVILLE
SAINTE-BEUVE, sa vie et ses œuvres..	1

L'AUTEUR de Robert Emmet
LA JEUNESSE DE LORD BYRON.......	1
LES DERNIÈRES ANNÉES DE LORD BYRON.	1
MARGUER. DE VALOIS, reine de Navarre..	1
ROBERT EMMET...................	1
SOUVENIRS D'UNE DEMOIS. D'HONNEUR DE LA DUCH. DE BOURGOGNE........	1

NATHANIEL HAWTHORNE. Tr. Spoll.
CONTES ÉTRANGES................	1

HENRI HEINE
Œuvres complètes — Nouvelle édition
ALLEMANDS ET FRANÇAIS...........	1
CORRESPONDANCE INÉDITE..........	2
DE L'ALLEMAGNE.................	2
DE L'ANGLETERRE................	1
DE LA FRANCE...................	1
DE TOUT UN PEU.................	1
DRAMES ET FANTAISIES...........	1
LUTÈCE.........................	1

HENRI HEINE (suite)
	vol.
POÈMES ET LÉGENDES.............	1
RHEINBILDER, tableaux de voyage, avec portrait de H. Heine............	2
SATIRES ET PORTRAITS...........	1

CAMILLE HENRY
UNE NOUVELLE MADELEINE.........	1
LE ROMAN D'UNE FEMME LAIDE.....	1

ROBERT HOUDIN
CONFIDENCES D'UN PRESTIDIGITATEUR...	2

ARSÈNE HOUSSAYE
LES AMOURS DE CE TEMPS-LA.......	1
AVENT. GALANTES DE MARGOT......	1
LA BELLE RAFAELLA..............	1
BLANCHE ET MARGUERITE..........	1
LES DIANES ET LES VÉNUS........	1
LES FEMMES DU DIABLE...........	1
LES FILLES D'ÈVE...............	1
MADEMOISELLE CLÉOPATRE.........	1
MADEMOISELLE MARIANI...........	1
LA PÉCHERESSE..................	1
LE REPENTIR DE MARION..........	1
LA VERTU DE ROSINE.............	1

F. HUET
RÉVOLUTION PHILOSOPH. AU XIXe SIÈCLE.	1
RÉVOLUTION RELIGIEUSE AU XIXe SIÈCLE..	1

CHARLES HUGO
LA BOHÈME DORÉE................	2
LE COCHON DE SAINT ANTOINE.....	1
UNE FAMILLE TRAGIQUE...........	1

VICTOR HUGO
L'ANNÉE TERRIBLE...............	1
EN ZÉLANDE.....................	1
QUATRE-VINGT-TREIZE............	2

F. HUGONNET
SOUV. D'UN CHEF DE BUREAU ARABE....	1

UN INCONNU
MONSIEUR X... ET MADAME ***.....	1
LA PLAGE D'ÉTRETAT.............	1

WASHINGTON IRVING Trad. Lefebvre
AU BORD DE LA TAMISE...........	1

ALFRED JACOBS
L'OCÉANIE NOUVELLE.............	1

VICTOR JACQUEMONT
CORRESPONDANCE AVEC SA FAMILLE ET SES AMIS pendant son voyage dans l'Inde (1828-1832). Nouv. édit. revue et augmentée, la seule complète, avec une étude par M. Cuvillier-Fleury......	2

PAUL JANET de l'Institut
LA FAMILLE.....................	1
PHILOSOPHIE DU BONHEUR.........	1
LES PROBLÈMES DU XIXe SIÈCLE....	1

JULES JANIN
BARNAVE........................	1
CONTES FANTAST. ET CONTES LITTÉRAIRES.	1
HIST. DE LA LITTÉRATURE DRAMATIQUE..	6
L'INTERNÉ......................	1

PRINCE DE JOINVILLE
ÉTUD. SUR LA MARINE ET RÉCITS DE GUERRE.	2

AUGUSTE JOLTROIS
LES COUPS DE PIED DE L'ANE......	1

LOUIS JOURDAN
LES FEMMES DEVANT L'ÉCHAFAUD...	1

ARMAND JUSSELAIN
LES AMOURS DE JEUNESSE.........	1
UN DÉPORTÉ A CAYENNE...........	1

	vol.		vol.
MIECISLAS KAMIENSKI tué à Magenta		**DE LATENA**	
SOUVENIRS....................................	1	ÉTUDE DE L'HOMME.......................	2
ALPHONSE KARR		**ÉMILE DE LATHEULADE**	
AGATHE ET CÉCILE........................	1	DE LA DIGNITÉ HUMAINE...............	1
LE CREDO DU JARDINIER................	1	**A. LAUGEL**	
DE LOIN ET DE PRÈS.......................	1	GRANDES FIGURES HISTORIQUES.....	1
LES DENTS DU DRAGON..................	1	**ANTOINE DE LATOUR**	
DIEU ET DIABLE.............................	1	LA BAIE DE CADIX........................	1
EN FUMANT....................................	1	L'ESPAGNE RELIGIEUSE ET LITTÉRAIRE...	1
FA DIÈZE......................................	1	ÉTUDES LITTÉR. SUR L'ESPAGNE CONTEMP.	1
LES GAIETÉS ROMAINES..................	1	ÉTUDES SUR L'ESPAGNE.................	2
LETTRES ÉCRITES DE MON JARDIN...	1	LES SAYNÈTES DE RAMON DE LA CRUZ.	1
LA MAISON CLOSE..........................	1	TOLÈDE ET LES BORDS DU TAGE.....	1
PLUS ÇA CHANGE...		**CHARLES DE LA VARENNE**	
...PLUS C'EST LA MÊME CHOSE.........	1	VICTOR-EMMANUEL II ET LE PIÉMONT...	1
LA PROMENADE DES ANGLAIS..........	1	**CH. LAVOLLÉE**	
PROMENADES AU BORD DE LA MER..	1	LA CHINE CONTEMPORAINE.............	1
LA QUEUE D'OR..............................	1	**A. LEFÈVRE-PONTALIS**	
LE ROI DES ILES CANARIES. (*Sous presse*)..		LES LOIS ET LES MŒURS ÉLECTORALES EN FRANCE ET EN ANGLETERRE............	1
LES SOIRÉES DE SAINTE-ADRESSE.....	1	**ERNEST LEGOUVÉ** de l'Acad. franç.	
SUR LA PLAGE................................	1	LECTURES A L'ACADÉMIE................	1
KEL-KUN		**JOHN LEMOINNE**	
PORTRAITS.....................................	1	NOUV. ÉTUDES CRIT. ET BIOGRAPHIQUES..	1
NOUVEAUX PORTRAITS....................	1	**FRANÇOIS LENORMANT**	
LA BRUYÈRE		LA GRÈCE ET LES ILES IONIENNES....	1
LES CARACTÈRES. *Nouvelle édition*, commentée par A. Destailleur............	2	**LÉOUZON LE DUC**	
JULES LACROIX		L'EMPEREUR ALEXANDRE II............	1
THÉATRE COMPLET........................	3	**JULES LEVALLOIS**	
LAMARTINE		LA PIÉTÉ AU XIXᵉ SIÈCLE...............	1
ANTONIELLA...................................	1	**CH. LIADIÈRES**	
LES CONFIDENCES...........................	1	ŒUVRES DRAMATIQUES ET LÉGENDES.....	1
GENEVIÈVE. Hist. d'une Servante.....	1	SOUVENIRS HIST. ET PARLEMENTAIRES...	1
NOUVEAU VOYAGE EN ORIENT........	1	**FRANZ LISZT**	
TOUSSAINT LOUVERTURE.................	1	DES BOHÉMIENS ET DE LEUR MUSIQUE...	1
JULIETTE LAMBER		**LOUIS DE LOMÉNIE** de l'Acad. franç.	
DANS LES ALPES............................	1	BEAUMARCHAIS ET SON TEMPS.......	2
L'ÉDUCATION DE LAURE..................	1	**LE VICOMTE DE LUDRE**	
IDÉES ANTI-PROUDHONNIENNES.......	1	DIX ANNÉES DE LA COUR DE GEORGE II..	1
LE MANDARIN................................	1	**MADELEINE**	
MON VILLAGE................................	1	LETTRES D'UNE HONNÊTE FEMME.....	1
RÉCITS D'UNE PAYSANNE................	1	**HENRY DE LA MADELÈNE**	
RÉCITS DU GOLFE JUAN...................	1	LA RÉDEMPTION D'OLIVIA...............	1
SAINE ET SAUVE.............................	1	**CHARLES MAGNIN**	
LE SIÉGE DE PARIS. Journal d'une Parisienne...................................	1	HISTOIRE DES MARIONNETTES EN EUROPE, depuis l'antiquité.......................	1
VOYAGE AUTOUR DU GRAND PIN.....	1	**FÉLICIEN MALLEFILLE**	
PRINCE DE LA MOSKOWA		LE CAPITAINE LAROSE....................	1
SOUVENIRS ET RÉCITS.....................	1	LE COLLIER. Contes et Nouvelles.....	1
LANFREY		**EUGÈNE MANUEL**	
LES LETTRES D'ÉVERARD................	1	PAGES INTIMES, poésies..................	1
THÉODORE DE LANGEAC		PENDANT LA GUERRE, poésies.........	1
LES AVENTURES D'UN SULTAN........	1	POÈMES POPULAIRES.....................	1
V. DE LAPRADE de l'Acad. franç.		**AUGUSTE MAQUET**	
POÈMES ÉVANGÉLIQUES..................	1	LE COMTE DE LAVERNIE.................	3
PSYCHÉ. Odes et poëmes..............	1	**MARC-DAVEUX**	
LES SYMPHONIES. Idylles héroïques....	1	LA PREMIÈRE ÉTAPE......................	1
WILLIAM DE LA RIVE		**MARC-MONNIER**	
LA MARQUISE DE CLÉROL................	1	LA CAMORRA.................................	1
PATRICE LARROQUE		**COMTE DE MARCELLUS**	
DE L'ESCLAVAGE CHEZ LES NATIONS CHRÉTIENNES.................................	1	CHANTS POPUL. DE LA GRÈCE MODERNE...	1
FERDINAND DE LASTEYRIE			
LES TRAVAUX DE PARIS. Examen critiq.	1		

BIBLIOTHÈQUE CONTEMPORAINE — 3 FR. 50 C. LE VOL.

CH. MARCOTTE DE QUIVIÈRES vol.
DEUX ANS EN AFRIQUE.................. 1
X. MARMIER de l'Acad. française
LES DRAMES DU CŒUR.................. 1
LES DRAMES INTIMES................... 1
EN CHEMIN DE FER..................... 1
FÉLIX MAYNARD
JOURNAL D'UNE DAME ANGLAISE.......... 1
VOYAGES ET AVENTURES AU CHILI........ 1
CH. DE MAZADE
DEUX FEMMES DE LA RÉVOLUTION......... 1
L'ITALIE ET LES ITALIENS............. 1
L'ITALIE MODERNE..................... 1
LA POLOGNE CONTEMPORAINE............. 1
E. DU MERAC
PLACIDE DE JAVERNY................... 1
PROSPER MÉRIMÉE
LES COSAQUES D'AUTREFOIS............. 1
DERNIÈRES NOUVELLES.................. 1
LES DEUX HÉRITAGES................... 1
ÉPISODE DE L'HISTOIRE DE RUSSIE...... 1
ÉTUDES SUR LES ARTS AU MOYEN AGE..... 1
ÉTUDES SUR L'HISTOIRE ROMAINE........ 1
LETTRES A UNE INCONNUE............... 2
LETTRES A UNE AUTRE INCONNUE......... 1
MÉLANGES HISTORIQUES ET LITT......... 1
NOUVELLES. Carmen — Arsène Guillot —
  L'abbé Aubain, etc.................. 1
PORTRAITS HIST. ET LITTÉRAIRES....... 1
MÉRY
LES AMOURS DES BORDS DU RHIN......... 1
LE CHATEAU DES TROIS TOURS........... 1
LA COMTESSE ADRIENNE................. 1
LA FLORIDE........................... 1
UN CRIME INCONNU..................... 1
LES JOURNÉES DE TITUS................ 1
HÉVA................................. 1
MONSIEUR AUGUSTE..................... 1
LES MYSTÈRES D'UN CHATEAU............ 1
LES NUITS ANGLAISES.................. 1
LES NUITS D'ORIENT................... 1
POÉSIES INTIMES...................... 1
THÉATRE DE SALON..................... 1
NOUVEAU THÉATRE DE SALON............. 1
LES UNS ET LES AUTRES................ 1
URSULE............................... 1
LA VÉNUS D'ARLES..................... 1
LA VIE FANTASTIQUE................... 1

***
LA DAME AU RUBIS..................... 1
PAUL MEURICE
CÉSARA............................... 1
ÉDOUARD MEYER
CONTES DE LA MER BALTIQUE............ 1
FRANCISQUE MICHEL
DU PASSÉ ET DE L'AVENIR DES HARAS.... 1
J. MICHELET
L'AMOUR.............................. 1
BIBLE DE L'HUMANITÉ.................. 1
LA FEMME............................. 1
LES FEMMES DE LA RÉVOLUTION.......... 1
LA MER............................... 1
LE PRÊTRE, LA FEMME ET LA FAMILLE.... 1
MIE D'AGHONNÉ
BONJOUR ET BONSOIR................... 1
ALBERT MILLAUD
VOYAGES D'UN FANTAISISTE............. 1
MIOT DE MÉLITO
MÉMOIRES, 1788-1815.................. 3

Cte DE MIRABEAU-Vte DE GRENVILLE
HISTOIRE DE DEUX HÉRITIÈRES.......... 1
EUGÈNE DE MIRECOURT vol.
COMMENT LES FEMMES SE PERDENT........ 1
LA MARQUISE DE COURCELLES............ 1
L'ABBÉ TH. MITRAUD
DE LA NATURE DES SOCIÉTÉS HUMAINES... 1
LE LIVRE DE LA VERTU................. 1
CÉLESTE MOGADOR
MÉMOIRES COMPLETS.................... 4
L. MOLAND
LE ROMAN D'UNE FILLE LAIDE........... 1
PAUL DE MOLÈNES
L'AMANT ET L'ENFANT.................. 1
AVENTURES DU TEMPS PASSÉ............. 1
LE BONHEUR DES MAIGE................. 1
CARACTÈRES ET RÉCITS DU TEMPS........ 1
LA FOLIE DE L'ÉPÉE................... 1
HIST. SENTIMENTALES ET MILITAIRES.... 1
Mme MOLINOS-LAFITTE
L'ÉDUCATION DU FOYER................. 1
HENRY MONNIER
MÉMOIRES DE JOSEPH PRUDHOMME......... 2
CHARLES MONSELET
LES AMOURS DU TEMPS PASSÉ............ 1
LES ANNÉES DE GAITÉ.................. 1
L'ARGENT MAUDIT...................... 1
LA FIN DE L'ORGIE.................... 1
LA FRANC-MAÇONNERIE DES FEMMES....... 1
FRANÇOIS SOLEIL...................... 1
LES GALANTERIES DU XVIIIe SIÈCLE..... 1
M. DE CUPIDON........................ 1
M. LE DUC S'AMUSE.................... 1
LES ORIGINAUX DU SIÈCLE DERNIER...... 1
SCÈNES DE LA VIE CRUELLE............. 1
LES SOULIERS DE STERNE............... 1
Cte DE MONTALIVET anc. ministre
RIEN. — Dix-huit années de gouverne-
ment parlementaire................... 1
HENRY MURGER
LES BUVEURS D'EAU.................... 1
DONA SIRÈNE.......................... 1
NUITS D'HIVER. Poésies compl......... 1
LES ROUERIES DE L'INGÉNUE............ 1
SCÈNES DE CAMPAGNE................... 1
SCÈNES DE LA VIE DE JEUNESSE......... 1
PAUL DE MUSSET
LA BAVOLETTE......................... 1
UN MAITRE INCONNU.................... 1
PUYLAURENS........................... 1
NADAR
LA ROBE DE DÉJANIRE.................. 1
EMILE DE NAJAC
THÉATRE DES GENS DU MONDE............ 1
CHARLES NARREY
LE BAL DU DIABLE, illustré de 22 vign. 1
LES DERNIERS JEUNES GENS............. 1
BARON DE NERVO
SOUVENIRS DE MA VIE.................. 1
HENRI NICOLLE
COURSES DANS LES PYRÉNÉES............ 1
CHARLES NISARD
MÉMOIRES ET CORRESPONDANCES HISTORI-
QUES ET LITTÉRAIRES, inédits......... 1
D. NISARD de l'Académie française
ÉTUDES SUR LA RENAISSANCE............ 1
MÉLANGES D'HISTOIRE ET DE LITTÉRATURE 1
NOUV. ÉTUDES D'HIST. ET DE LITTÉRATURE 1

D. NISARD de l'Acad. franç.

	vol.
PORTRAITS ET ÉTUDES D'HIST. LITTÉRAIRE.	1
LES QUATRE GRANDS HISTORIENS LATINS.	1
RENAISSANCE ET RÉFORME.	2
SOUVENIRS DE VOYAGE.	1

VICOMTE DE NOÉ

BACHI-BOZOUCKS ET CHASSEURS D'AFRIQ.	1

JULES NORIAC

LA BÊTISE HUMAINE.	1
LE CAPITAINE SAUVAGE.	1
LE 101ᵉ RÉGIMENT.	1
LES COQUINS DE PARIS.	1
DICTIONNAIRE DES AMOUREUX.	1
LES GENS DE PARIS.	1
LE GRAIN DE SABLE.	1
JOURNAL D'UN FLANEUR.	1
MADEMOISELLE POUCET.	1
LA MAISON VERTE.	1

LAURENCE OLIPHANT

VOYAGE PITT. D'UN ANGLAIS EN RUSSIE.	1

COMTE D'OSMOND

SYMPHONIES DU CŒUR ET CHANSONS DE L'ESPRIT.	1

ÉD. OURLIAC — Œuvres complètes

LES CONFESSIONS DE NAZARILLE.	1
LES CONTES DE LA FAMILLE.	1
CONTES DU BOCAGE.	1
CONTES SCEPTIQUES ET PHILOSOPHIQUES.	1
DERNIÈRES NOUVELLES.	1
FANTAISIES.	1
LA MARQUISE DE MONTMIRAIL.	1
NOUVEAUX CONTES DU BOCAGE.	1
NOUVELLES.	1
LES PORTRAITS DE FAMILLE.	1
PROVERBES ET SCÈNES BOURGEOISES.	1
SUZANNE.	1
THÉÂTRE DU SEIGNEUR CROQUIGNOLE.	1

OUIDA

DEUX PETITS SABOTS.	1

ALPHONSE PAGÈS

BALZAC MORALISTE ou Pensées de Balzac.	1

ÉDOUARD PAILLERON

AMOURS ET HAINES.	1

PAUL PARFAIT

L'ASSASSIN DU BEL ANTOINE.	1
LA SECONDE VIE DE MARIUS ROBERT.	1

THÉOD. PARMENTIER

DESCRIPTION TOPOGRAPHIQUE ET STRATÉGIQUE DU THÉÂTRE DE LA GUERRE TURCO-RUSSE, avec carte topographique.	1

TH. PAVIE

RÉCITS DE TERRE ET DE MER.	1
SCÈNES ET RÉCITS DES PAYS D'OUTRE-MER.	1

P. CASIMIR PERIER

PROPOS D'ART.	1

PAUL PERRET

L'AMOUR ÉTERNEL.	1
LES AMOURS SAUVAGES.	1
LA BAGUE D'ARGENT.	1
LE CHATEAU DE LA FOLIE.	1
LES ROUERIES DE COLOMBE.	1

LÉONCE DE PESQUIDOUX

L'ÉCOLE ANGLAISE — 1672-1851.	1

A. PEYRAT

	vol.
ÉTUDES HISTORIQUES ET RELIGIEUSES.	1
HISTOIRE ET RELIGION.	1
LA RÉVOLUTION.	1

P. PICART

L'HÉRITAGE DE MON ONCLE.	1
L'OFFICIER PAUVRE.	1
UNE SŒUR.	1
UNE VEUVE.	1
UNE RÉHABILITATION.	1

LAURENT-PICHAT

CARTES SUR TABLE.	1
LA SIBYLLE.	1

AMÉDÉE PICHOT

LA BELLE RÉBECCA.	1
UN ENLÈVEMENT.	1
SIR CHARLES BELL.	1

BENJAMIN PIFFTEAU

DEUX ROUTES DE LA VIE.	1

GUSTAVE PLANCHE

ÉTUDES SUR L'ÉCOLE FRANÇAISE.	2
ÉTUDES SUR LES ARTS.	1

EDMOND PLAUCHUT

LE TOUR DU MONDE EN 120 JOURS.	1
LES QUATRE CAMPAGNES MILITAIRES DE 1874.	1

ÉDOUARD PLOUVIER

LA BELLE AUX CHEVEUX BLEUS.	1

EDGAR POE Trad. Ch. Baudelaire

HISTOIRES EXTRAORDINAIRES.	1
NOUVELLES HIST. EXTRAORDINAIRES.	1
ARTHUR GORDON PYM. — EURÉKA.	1

A. DE PONTMARTIN

CAUSERIES LITTÉRAIRES.	1
NOUV. CAUSERIES LITTÉRAIRES.	1
DERNIÈRES CAUSERIES LITTÉRAIRES.	1
CAUSERIES DU SAMEDI.	1
NOUVELLES CAUSERIES DU SAMEDI.	1
DERNIÈRES CAUSERIES DU SAMEDI.	1
LES CORBEAUX DU GÉVAUDAN.	1
ENTRE CHIEN ET LOUP.	1
LE FILLEUL DE BEAUMARCHAIS.	1
LE FOND DE LA COUPE.	1
LES JEUDIS DE Mᵐᵉ CHARBONNEAU.	1
LA MANDARINE.	1
LE RADEAU DE LA MÉDUSE.	1
LES SEMAINES LITTÉRAIRES.	1
NOUVELLES SEMAINES LITTÉRAIRES.	1
DERNIÈRES SEMAINES LITTÉRAIRES.	1
NOUVEAUX SAMEDIS.	12

EUGÈNE POUJADE

LE LIBAN ET LA SYRIE.	1

ERNEST PRAROND

DE MONTRÉAL A JÉRUSALEM.	1

EDMOND DE PRESSENSÉ

LES LEÇONS DU 18 MARS.	1

PRÉVOST-PARADOL

ÉLISABETH ET HENRI IV (1595-1598).	1
ESSAIS DE POLIT. ET DE LITTÉRAT.	3
LA FRANCE NOUVELLE.	1
QUELQ. PAGES D'HIST. CONTEMPORAINE.	4

CHARLES RABOU

LA GRANDE ARMÉE.	2

BIBLIOTHÈQUE CONTEMPORAINE — 3 FR. 50 C. LE VOL.

MAX RADIGUET
	vol.
A TRAVERS LA BRETAGNE	1
SOUV. DE L'AMÉRIQUE ESPAGNOLE	1

RAMON DE LA CRUZ
SAYNÈTES, traduction A. de Latour	1

LOUIS RATISBONNE
ALFRED DE VIGNY. Journal d'un poëte	1
L'ENFER DE DANTE, traduction en vers, texte en regard	1
LE PARADIS DE DANTE	1
LE PURGATOIRE DE DANTE	1
IMPRESSIONS LITTÉRAIRES	1
MORTS ET VIVANTS	1

DOCTEUR RAULAND
LE LIVRE DES ÉPOUX	1

JEAN REBOUL de Nîmes
LETTRES avec introd. de M. Poujoulat	1

MADAME RÉCAMIER
LES AMIS DE SA JEUNESSE ET SA CORRESPONDANCE INTIME	1
SOUVENIRS ET CORRESPONDANCE, tirés de ses papiers	2

PAUL DE RÉMUSAT
LES SCIENCES NATURELLES	1

ERNEST RENAN
ÉTUDES D'HISTOIRE RELIGIEUSE	1

D. JOSÉ GUELL Y RENTÉ
LÉGENDES AMÉRICAINES	1
LÉGENDES D'UNE AME TRISTE	1
LÉGENDES DE MONTSERRAT	1
TRADITIONS AMÉRICAINES	1
LA VIERGE DES LYS — PETITE-FILLE DE ROI	1

RODOLPHE REY
HIST. DE LA RENAISSANCE POL. DE L'ITALIE	1

LOUIS REYBAUD de l'Institut
LA COMTESSE DE MAULÉON	1
LES ÉCOLES EN FRANCE ET EN ANGLETERRE	1
JÉRÔME PATUROT à la recherche de la meilleure des républiques	2
MARINES ET VOYAGES	1
ROMANS	1
SCÈNES DE LA VIE MODERNE	1
LA VIE A REBOURS	1
LA VIE DE CORSAIRE	1
LA VIE DE L'EMPLOYÉ	1

HENRI RICHEBOURG
LA COMÉDIE AU VILLAGE	1

HENRI RIVIÈRE
AVENTURES DE TROIS AMIS	1
LE CACIQUE. Journal d'un marin	1
LA FAUTE DU MARI	1
LA GRANDE MARQUISE	1
MADEMOISELLE D'AVREMONT	1
LA MAIN COUPÉE	1
LES MÉPRISES DU CŒUR	1
LE MEURTRIER D'ALBERTINE RENOUF	1
PIERROT. — CAIN. — L'ENVOUTEMENT	1
LA POSSÉDÉE	1

EDGAR RODRIGUES
LES VOLONTAIRES DE 1870	1

AMÉDÉE ROLLAND
	vol.
LES FILS DE TANTALE	1
LA FOIRE AUX MARIAGES	1

NESTOR ROQUEPLAN
LA VIE PARISIENNE	1

VICTORINE ROSTAND
UNE BONNE ÉTOILE	1
AU BORD DE LA SAONE	1
LES SARRASINS AU VIIe SIÈCLE	1

DOCTEUR FÉLIX ROUBAUD
LES EAUX MINÉRALES DE LA FRANCE	1

JEAN ROUSSEAU
LES COUPS D'ÉPÉE DANS L'EAU	1
PARIS DANSANT	1

ÉMILE RUBEN
CE QUE COUTE UNE RÉPUTATION	1

MARÉCHAL DE SAINT-ARNAUD
LETTRES (1832-1854), avec une notice de Sainte-Beuve	2

***
LE CHATEAU DE ZOLKIEW, tiré des récits historiques de Ch. Szajnocha	1

SAINTE-BEUVE
CHATEAUBRIAND et son groupe littéraire sous l'Empire. Nouvelle édition, corrigée et augmentée de notes	2
CHRONIQUES PARISIENNES	1
ÉTUDE SUR VIRGILE	1
LETTRES A LA PRINCESSE	1
NOUVEAUX LUNDIS	13
PORTRAITS CONTEMPORAINS. Nouv. édit. revue, corrigée et très-augmentée	5
P.-J. PROUDHON, SA VIE, SA CORRESP.	1
PREMIERS LUNDIS	3
SOUVENIRS ET INDISCRÉTIONS	1

SAINT-GERMAIN LEDUC
M. LE COMTE ET Mme LA COMTESSE	1

SAINT-MARC GIRARDIN
SOUVENIRS ET RÉFLEXIONS POLITIQUES D'UN JOURNALISTE	1

SAINT-RENÉ TAILLANDIER de l'Ac. fr.
ALLEMAGNE ET RUSSIE	1
LA COMTESSE D'ALBANY	1
HISTOIRE ET PHILOSOPHIE RELIGIEUSE	1
LITTÉRATURE ÉTRANGÈRE — ÉCRIVAINS ET POÈTES MODERNES	1

SAINT-SIMON
DOCTRINE SAINT-SIMONIENNE	1

PAUL DE SAINT-VICTOR
BARBARES ET BANDITS — La Prusse et la Commune	1
HOMMES ET DIEUX	1

Mme PRUDENCE DE SAMAN
LES ENCHANTEMENTS DE PRUDENCE	1
LES NOUVEAUX ENCHANTEMENTS	1
GERTRUDE — DERNIERS ENCHANTEMENTS	1

GEORGE SAND
ANDRÉ	1
ANTONIA	1
AUTOUR DE LA TABLE	1
LE BEAU LAURENCE	1
CADIO	1
CÉSARINE DIETRICH	1
LE CHATEAU DE PICTORDU	1
LA CONFESSION D'UNE JEUNE FILLE	2

GEORGE SAND (Suite)

	vol.
CONSTANCE VERRIER	1
LA COUPE	1
LE DERNIER AMOUR	1
LA DERNIÈRE ALDINI	1
LES DEUX FRÈRES	1
ELLE ET LUI	1
LA FAMILLE DE GERMANDRE	1
FLAMARANDE	1
FRANCIA	1
FRANÇOIS LE CHAMPI	2
UN HIVER A MAJORQUE — SPIRIDION	1
IMPRESSIONS ET SOUVENIRS	1
INDIANA	1
JACQUES	1
JEAN DE LA ROCHE	1
JEAN ZYSKA — GABRIEL	1
JOURNAL D'UN VOY. PENDANT LA GUERRE	1
LAURA	1
LETTRES D'UN VOYAGEUR	1
MADEMOISELLE MERQUEM	1
MADEMOISELLE LA QUINTINIE	1
LES MAITRES MOSAISTES	1
LES MAITRES SONNEURS	1
MALGRÉTOUT	1
LA MARE AU DIABLE	1
LE MARQUIS DE VILLEMER	1
MA SŒUR JEANNE	1
MAUPRAT	1
MONSIEUR SYLVESTRE	1
MONT-REVÊCHE	1
NANON	1
NOUVELLES	1
LA PETITE FADETTE	1
PIERRE QUI ROULE	1
LES SEPT CORDES DE LA LYRE	1
TAMARIS	1
THÉATRE COMPLET	4
THÉATRE DE NOHANT	1
LA TOUR DE PERCEMONT	1
L'USCOQUE	1
VALENTINE	1
VALVÈDRE	1
LA VILLE NOIRE	1

MAURICE SAND

L'AUGUSTA	1
CALLIRHOÉ	1
MADEMOISELLE AZOTE	1
MADEMOISELLE DE CERIGNAN	1
MISS MARY	1
SIX MILLE LIEUES A TOUTE VAPEUR	1

Mme CLÉSINGER-SAND

JACQUES BRUNEAU	1

JULES SANDEAU de l'Acad. franç.

UN DÉBUT DANS LA MAGISTRATURE	1
UN HÉRITAGE	1
JEAN DE THOMMERAY — LE COLONEL ÉVRARD	1
LA MAISON DE PENARVAN	1
NOUVELLES	1

FRANCISQUE SARCEY

LE MOT ET LA CHOSE	1
ÉTIENNE MORET	1

C. DE SAULT

ESSAIS DE CRITIQUE D'ART	1

AD. SCHÆFFER

HISTOIRE D'UN HOMME HEUREUX	1

EDMOND SCHÉRER

ÉTUDES CRITIQUES de littérature	5
MÉLANGES D'HIS. RELIGIEUSE	1

FERNAND SCHICKLER

	vol.
EN ORIENT, souvenirs de voyage	1

AURÉLIEN SCHOLL

LES GENS TARÉS	1
HÉLÈNE HERMANN	1
L'OUTRAGE	1
LES PETITS SECRETS DE LA COMÉDIE	1
LA DAME DES PALMIERS	1

ALBÉRIC SECOND

A QUOI TIENT L'AMOUR ?	1
CONTES SANS PRÉTENTION	1

WILLIAM N. SENIOR

LA TURQUIE CONTEMPORAINE	1

DE SÉRANON

LA CAMPANIE. — Pompeï, Herculanum	1

J.-C.-L. DE SISMONDI

LETTRES INÉDITES, suivies de lettres de Bonstetten, de Mmes de Staël et de Souza. Intr. de St-René Taillandier	1

DE STENDHAL

OEuvres complètes — *Nouvelle édition*

LA CHARTREUSE DE PARME	1
CHRONIQUES ITALIENNES	1
CORRESPONDANCE INÉDITE. Introduction de P. Mérimée et Portrait	2
DE L'AMOUR	1
HISTOIRE DE LA PEINTURE EN ITALIE	1
MÉLANGES D'ART ET DE LITTÉRATURE	1
MÉMOIRES D'UN TOURISTE	2
NOUVELLES INÉDITES	1
PROMENADES DANS ROME	1
RACINE ET SHAKSPEARE	1
ROMANS ET NOUVELLES	1
ROME, NAPLES ET FLORENCE	1
LE ROUGE ET LE NOIR	1
VIE DE ROSSINI	1
VIES DE HAYDN, MOZART ET MÉTASTASE	1

DANIEL STERN

ESSAI SUR LA LIBERTÉ	1
FLORENCE ET TURIN. Art et politique	1
NÉLIDA	1

MATHILDE STEV...

LE OUI ET LE NON DES FEMMES	1

EUGÈNE SUE

LA BONNE AVENTURE	2

MAURICE TALMEYR

VICTOR HUGO — L'HOMME QUI RIT, QUATRE-VINGT-TREIZE (Conférences)	1

EDMOND TEXIER

CONTES ET VOYAGES	1
LA GRÈCE ET SES INSURRECTIONS avec cartes	1

EDMOND THIAUDIÈRE

UN PRÊTRE EN FAMILLE	1

AUGUSTIN THIERRY

OEuvres complètes — *Nouvelle édition*

ESSAI SUR L'HISTOIRE DE LA FORMATION DU TIERS ÉTAT	1
HISTOIRE DE LA CONQUÊTE DE L'ANGLETERRE PAR LES NORMANDS	2
LETTRES SUR L'HISTOIRE DE FRANCE. Dix ans d'études historiques	1
RÉCITS DES TEMPS MÉROVINGIENS	1

CH. THIERRY-MIEG
SIX SEMAINES EN AFRIQUE. Souvenirs de voyage, avec cartes et 9 dessins... 1
A. THIERS
HISTOIRE DE LAW............ 1
ÉMILE THOMAS
HISTOIRE DES ATELIERS NATIONAUX...... 1
TIRSO DE MOLINA
THÉATRE. *Traduction d'Alphonse Royer*. 1
V. TISSOT
A LA RECHERCHE DU BONHEUR.......... 1
A. TROGNON
VIE DE MARIE-AMÉLIE, reine des Français... 1
MARIO UCHARD
LA COMTESSE DIANE.................. 1
UNE DERNIÈRE PASSION............... 1
JEAN DE CHAZOL..................... 1
LE MARIAGE DE GERTRUDE............. 1
RAYMON............................. 1
LOUIS ULBACH
CAUSERIES DU DIMANCHE.............. 1
LA CHAUVE-SOURIS................... 1
LES CINQ DOIGTS DE BIROUK.......... 1
LA COCARDE BLANCHE................. 1
ÉCRIVAINS ET HOMMES DE LETTRES..... 1
FERRAGUS........................... 1
FRANÇOISE.......................... 1
HISTOIRE D'UNE MÈRE ET DE SES ENFANTS. 1
L'HOMME AUX CINQ LOUIS D'OR........ 1
LE JARDIN DU CHANOINE.............. 1
LOUISE TARDY....................... 1
LA MAISON DE LA RUE DE L'ÉCHAUDÉ... 1
LE MARI D'ANTOINETTE............... 1
MÉMOIRES D'UN INCONNU.............. 1
M. ET Mme FERNEL................... 1
LES PARENTS COUPABLES.............. 1
LE PARRAIN DE CENDRILLON........... 1
PAULINE FOUCAULT................... 1
LE PRINCE BONIFACIO................ 1
LA PRINCESSE MORANI................ 1
LA RONDE DE NUIT................... 1
LES ROUÉS SANS LE SAVOIR........... 1
LE SACRIFICE D'AURÉLIE............. 1
LE SECRET DE MADlle CHAGNIER....... 1
LES SECRETS DU DIABLE.............. 1
SUZANNE DUCHEMIN................... 1
VOYAGE AUTOUR DE MON CLOCHER....... 1
AUGUSTE VACQUERIE
AUJOURD'HUI ET DEMAIN.............. 1
E. DE VALBEZEN (LE MAJOR FRIDOLIN)
LA MALLE DE L'INDE................. 1
RÉCITS D'HIER ET D'AUJOURD'HUI..... 1
OSCAR DE VALLÉE
LES MANIEURS D'ARGENT.............. 1
MAX VALREY
CES PAUVRES FEMMES !............... 1
LES FILLES SANS DOT................ 1
LES VICTIMES DU MARIAGE............ 1
THÉODORE VERNES
NAPLES ET LES NAPOLITAINS.......... 1

DOCTEUR L. VÉRON
CINQ CENT MILLE FRANCS DE RENTE.... 1
MÉM. D'UN BOURGEOIS DE PARIS....... 5
PIERRE VÉRON
LE CARNAVAL DU DICTIONNAIRE........ 1
LES COULISSES DU GRAND DRAME....... 1
LES DINDONS DE PANURGE............. 1
LA VIE FANTASQUE................... 1
CES MONSTRES DE FEMMES............. 1
PARIS A TOUS LES DIABLES........... 1
LE SAC A LA MALICE................. 1
J. CH. VIATOR
VOYAGES EN FAMILLE, notes et souvenirs... 1
CLAUDE VIGNON
CHATEAU-GAILLARD................... 1
ÉLISABETH VERDIER.................. 1
UN NAUFRAGE PARISIEN............... 1
ALFRED DE VIGNY
OEuvres complètes — *Nouvelle édition*
CINQ-MARS, avec 2 autographes...... 1
JOURNAL D'UN POÈTE................. 1
POÉSIES COMPLÈTES.................. 1
SERVITUDE ET GRANDEUR MILITAIRES... 1
STELLO............................. 1
THÉATRE COMPLET.................... 1
SAMUEL VINCENT
DU PROTESTANTISME EN FRANCE. Introd. de *Prévost-Paradol*............. 1
MÉDITATIONS RELIGIEUSES. Notice de *Fontanès*. Introd. d'*A. Coquerel fils*.. 1
LÉON VINGTAIN
DE LA LIBERTÉ DE LA PRESSE......... 1
VIE PUBLIQUE DE ROYER-COLLARD. préface du *duc de Broglie*........ 1
L. VITET
OEuvres complètes.
LE COMTE DUCHATEL avec un portrait gravé par Flameng d'après Ingres. 1
ESSAIS HISTORIQUES ET LITTÉRAIRES.. 1
ÉTUDES PHILOSOPHIQUES ET LITTÉRAIRES. avec notice de *M. Guizot*......... 1
ÉTUDES SUR L'HISTOIRE DE L'ART..... 4
HISTOIRE DE DIEPPE................. 1
LA LIGUE. — SCÈNES HISTORIQUES. Précéd. des ÉTATS D'ORLÉANS............. 1
RICHARD WAGNER
QUATRE POÈMES D'OPÉRAS ALLEMANDS... 1
J.-J. WEISS
ESSAIS SUR L'HISTOIRE DE LA LITTÉRATURE FRANÇAISE................. 1
FRANCIS WEY
LES ANGLAIS CHEZ EUX............... 1
CHRISTIAN.......................... 1
Mme DE WITT née Guizot
HISTOIRE DU PEUPLE JUIF, depuis son retour de la captivité à Babylone.... 1
CORNÉLIS DE WITT
LA SOCIÉTÉ FRANÇAISE ET LA SOCIÉTÉ ANGLAISE AU XVIIIe SIÈCLE......... 1
ALBERT WOLFF
DEUX EMPEREURS, 1870-1871.......... 1
LE TYROL ET LA CARINTHIE........... 1
E. YEMENIZ Consul de Grèce
LA GRÈCE MODERNE................... 1
SCÈNES ET RÉCITS DES GUERRES DE L'INDÉPENDANCE..................... 1

BIBLIOTHÈQUE NOUVELLE
Format grand in-18 à 3 francs le volume

EDMOND ABOUT — vol.
LE CAS DE M. GUÉRIN.................. 1
LE NEZ D'UN NOTAIRE.................. 1

AMÉDÉE ACHARD
LA TRAITE DES BLONDES................ 1

PIOTRE ARTAMOV
HISTOIRE D'UN BOUTON................. 1
LES INSTRUMENTS DE MUSIQUE DU DIABLE. 1
LA MÉNAGERIE LITTÉRAIRE.............. 1

BABAUD-LARIBIÈRE
HISTOIRE DE L'ASSEMBLÉE NATIONALE CONSTITUANTE...................... 2

H. DE BARTHÉLEMY
LA NOBLESSE EN FRANCE avant et depuis 1789......................... 1

Mme DE BAWR
ROBERTINE............................ 1
LES SOIRÉES DES JEUNES PERSONNES..... 1

ROGER DE BEAUVOIR
LES MYSTÈRES DE L'ILE SAINT-LOUIS.... 1
LES ŒUFS DE PAQUES................... 1

FRÉDÉRIC BÉCHARD
L'ÉCHAPPÉ DE PARIS................... 1
LES EXISTENCES DÉCLASSÉES............ 1

GEORGES BELL
LUCY LA BLONDE....................... 1

ÉMILE BERGERAT
PEINTURES DÉCORATIVES DE PAUL BAUDRY AU GRAND FOYER DE L'OPÉRA. Préface de *Th. Gautier*............ 1

PIERRE BERNARD
L'A B C DE L'ESPRIT ET DU CŒUR....... 1

CHARLES BERTHOUD
FRANÇOIS D'ASSISE.................... 1

ALBERT BLANQUET
LE ROI D'ITALIE. Roman historique.... 1

RAOUL BRAVARD
CES SAVOYARDS !...................... 1

COMTE DE BRAYER
SOUVENIRS, poésies................... 1

E. BRISEBARRE ET E. NUS
LES DRAMES DE LA VIE................. 3

CLÉMENT CARAGUEL
SOUVENIRS ET AVENTURES D'UN VOLONTAIRE GARIBALDIEN.............. 1

COMTESSE DE CHABRILLAN
EST-IL FOU ?......................... 1

***
LA PONDÉRATION DES POUVOIRS.......... 1

GLOGENSON
BEPPO, *de Byron*, trad. en vers..... 1

A. CONSTANT
LE SORCIER DE MEUDON................. 1

DÉCEMBRE-ALONNIER
LA BOHÈME LITTÉRAIRE................. 1

ÉDOUARD DELESSERT
LE CHEMIN DE ROME.................... 1

CAMILLE DERAINS
LA FAMILLE D'ANTOINE MOREL........... 1

CH. DICKENS Trad. *Amédée Pichot*
LES CONTES D'UN INCONNU.............. 1

MAXIME DU CAMP
LES CHANTS MODERNES.................. 1
LE CHEVALIER DU CŒUR-SAIGNANT........ 1
L'HOMME AU BRACELET D'OR............. 1

MAXIME DU CAMP (*Suite*) — vol.
LE SALON DE 1859..................... 1
LE SALON DE 1861..................... 1

JOACHIM DUFLOT
SECRETS DES COULISSES DES THÉATRES DE PARIS, préface de *J. Noriac*..... 1

ALEXANDRE DUMAS
L'ART ET LES ARTISTES CONTEMPORAINS.. 1
DE PARIS A ASTRAKAN.................. 3
LA SAN-FÉLICE....................... 9
SOUVENIRS D'UNE FAVORITE............. 4

ALEXANDRE DUMAS FILS
L'HOMME-FEMME........................ 1

ÉMILIE
CHANTS D'UNE ÉTRANGÈRE............... 1

XAVIER EYMA
LE ROMAN DE FLAVIO................... 1

ERNEST FEYDEAU
L'ART DE PLAIRE...................... 1

JULES GÉRARD *le Tueur de lions*
MES DERNIÈRES CHASSES................ 1

ÉMILE DE GIRARDIN
BON SENS, BONNE FOI.................. 1
L'ÉGALE DE SON FILS.................. 1
L'HOMME ET LA FEMME. — L'homme suzerain, la femme vassale............ 1
LES LETTRES D'UN LOGICIEN............ 1
LE POUR ET LE CONTRE................. 1
QUESTIONS ADMINIST. ET FINANCIÈRES... 1

ÉDOUARD GOURDON
CHACUN LA SIENNE..................... 1
LES FAUCHEURS DE NUIT................ 1
LOUISE............................... 1

LÉON GOZLAN
LES AVENTURES DU PRINCE DE GALLES.... 1

Mme MANOEL DE GRANDFORT
MADAME N'EST PAS CHEZ ELLE........... 1
OCTAVE. — COMMENT ON S'AIME QUAND ON NE S'AIME PLUS................. 1

ED. GRIMARD
L'ÉTERNEL FÉMININ.................... 1

JULES GUÉROULT
FABLES............................... 1

CHARLES D'HÉRICAULT
LA FILLE AUX BLUETS.................. 1
LES PATRICIENS DE PARIS.............. 1

LÉON HOLLAENDER
18 SIÈCLES DE PRÉJUGÉS CHRÉTIENS..... 1

VICTOR HUGO
ACTES ET PAROLES. 1870-1871-1872..... 1

A. JAIME FILS
L'HÉRITAGE DU MAL.................... 1
LES TALONS NOIRS..................... 1

LOUIS JOURDAN
LES PEINTRES FRANÇAIS................ 1

AURÈLE KERVIGAN
HISTOIRE DE RIRE..................... 1

MARY LAFON
LA BANDE MYSTÉRIEUSE................. 1
LA PESTE DE MARSEILLE................ 1

MARQUISE DE LAGRANGE — vol.
LA RÉSINIÈRE D'ARCACHON.................. 1

G. DE LA LANDELLE
LA GORGONE............................... 2

STEPHEN DE LA MADELAINE
UN CAS PENDABLE.......................... 1

L'ABBÉ DE LAMENNAIS
DE LA SOCIÉTÉ PREMIÈRE et de ses lois... 1

LARDIN et MIE D'AGHONNE
JEANNE DE FLERS.......................... 1

LOGEROTTE
DE PALERME A TURIN....................... 1

FANNY LOVIOT
LES PIRATES CHINOIS...................... 1

LOUIS LURINE
VOYAGES DANS LE PASSÉ.................... 1

VICTOR LURO
MARGUERITE D'ANGOULÊME................... 1

AUGUSTE MAQUET
LE BEAU D'ANGENNES....................... 1
LA BELLE GABRIELLE....................... 3
DETTES DE CŒUR........................... 1
L'ENVERS ET L'ENDROIT.................... 2
LA MAISON DU BAIGNEUR.................... 2
LA ROSE BLANCHE.......................... 1

MÉRY
MARSEILLE ET LES MARSEILLAIS............. 1

ALFRED MICHIELS
CONTES D'UNE NUIT D'HIVER................ 1

EUGÈNE DE MIRECOURT
LES CONFESSIONS DE MARION DELORME........ 3
 — DE NINON DE LENCLOS................... 3

MARC-MONNIER
HISTOIRE DU BRIGANDAGE DANS L'ITALIE MÉRIDIONALE............................. 1

MORTIMER-TERNAUX
LA CHUTE DE LA ROYAUTÉ................... 1
LE PEUPLE AUX TUILERIES.................. 1

CHARLES NARREY
LE QUATRIÈME LARRON...................... 1

JULES NORIAC — vol.
LA DAME A LA PLUME NOIRE................. 1
MÉMOIRES D'UN BAISER..................... 1
SUR LE RAIL.............................. 1

COMTE A. DE PONTÉCOULANT
HISTOIRES ET ANECDOTES................... 1

A. DE PONTMARTIN
LES BRULEURS DE TEMPLES.................. 1

CHARLES RABOU
LE CAPITAINE LAMBERT..................... 1
LOUISON D'ARQUIEN........................ 1
LES TRIBULATIONS DE MAITRE FABRICIUS..... 1

GIOVANI RUFINI
MÉMOIRES D'UN CONSPIRATEUR ITALIEN....... 1

SAINTE-BEUVE
LE GÉNÉRAL JOMINI........................ 1
MADAME DESBORDES-VALMORE................. 1
M. DE TALLEYRAND......................... 1

VICTORIEN SARDOU
LA PERLE NOIRE........................... 1

AURÉLIEN SCHOLL
LES AMOURS DE THÉÂTRE.................... 1
SCÈNES ET MENSONGES PARISIENS............ 1

E. SCRIBE
THÉÂTRE. Tome IV. — Opéras............... 1

E.-A. SEILLIÈRE
AU PIED DU DONON......................... 1

Mme SURVILLE née de Balzac
LE COMPAGNON DU FOYER.................... 1

THACKERAY Trad. Am. Pichot
MORGIANA................................. 1

EM. DE VARS
LA JOUEUSE. Mœurs de province............ 1

A. VERMOREL
LES AMOURS FUNESTES...................... 1
LES AMOURS VULGAIRES..................... 1

DOCTEUR L. VÉRON
PARIS EN 1860. LES THÉÂTRES DE PARIS DE 1806 A 1860, avec gravures............ 1

LOUIS DE VILLEPREUX
ÉTIENNE MARTIAL CHARRIÉ. Étude biographique............................. 1

ALBERT WOLFF
VICTORIEN SARDOU ET L'ONCLE SAM.......... 1

BIBLIOTHÈQUE A 50 CENTIMES
Jolis volumes format grand in-32, sur beau papier

UN ASTROLOGUE — vol.
LA COMÈTE ET LE CROISSANT. Présages et prophéties sur la guerre d'Orient..... 1

GUSTAVE CLAUDIN
PALSAMBLEU !............................. 1

LOUISE COLET
4 POÈMES couronnés par l'Académie........ 1

ALEXANDRE DUMAS
LA JEUNESSE DE PIERROT, Conte de fée..... 1
MARIE DORVAL............................. 1

HENRY DE LA MADELÈNE
GERMAIN BARBE-BLEUE...................... 1

LÉON PAILLET — vol.
VOLEURS ET VOLÉS......................... 1

J. PETIT-SENN
BLUETTES ET BOUTADES..................... 1

AURÉLIEN SCHOLL
CLAUDE LE BORGNE......................... 1

EDMOND TEXIER
UNE HISTOIRE D'HIER...................... 1

H. DE VILLEMESSANT
LES CANCANS.............................. 1

OUVRAGES DIVERS

THÉOD. DE BANVILLE — f. c.
ODES FUNAMBULESQUES. 1 vol. (épuisé) — 6 »

BARBEY D'AUREVILLY
L'ENSORCELÉE. 1 vol. (épuisé)........ — 6 »

PRINCESSE DE BELGIOJOSO
SCÈNES DE LA VIE TURQUE. 1 volume
(épuisé)........................ — 6 »

CAROLINE BERTON
LE BONHEUR IMPOSSIBLE. 1 v. (épuisé) — 6 »

J.-B. BORÉDON
GABRIEL ET FIAMMETTA. 1 v. (épuisé). — 6 »

CLÉMENT CARAGUEL
SOIRÉES DE TAVERNY. 1 vol. (épuisé). — 6 »

ÉMILE CARREY
RÉCITS DE KABYLIE. 1 vol. (épuisé).. — 6 »

CHAMPFLEURY
AMOUREUX DE SAINTE PÉRINE 1 vol.
(épuisé)..................... — 6 »
BOURGEOIS DE MOLINCHART. 1 v. (ép.) — 6 »

COMTE GUY DE CHARNACÉ
LES FEMMES D'AUJOURD'HUI. 2 vol. — 10 »

AL. COMPAGNON
CLASSES LABORIEUSES. 1 vol. (épuisé). — 6 »

E.-J. DELÉCLUZE
SOUV. DE 60 ANNÉES. 1 vol. (épuisé). — 6 »

MAX. DUCAMP
LE NIL. 1 vol. (épuisé)............ — 6 »

PAUL FÉVAL
LE TUEUR DE TIGRES. 1 vol. (épuisé). — 6 »

GUSTAVE FLAUBERT
SALAMMBO. 1 vol. in-8, vélin....... — 25 »
SALAMMBO. 1 vol. in-18 (épuisé)..... — 0 »

ARNOULD FRÉMY
LES GENS MAL ÉLEVÉS. 1 vol. (épuisé). — 6 »

EUGÈNE FROMENTIN
UNE ANNÉE DANS LE SAHEL. 1 vol... — 6 »

LÉON GOZLAN
L'AMOUR DES LÈVRES ET L'AMOUR DU
CŒUR. 1 volume (épuisé).......... — 6 »
ÉMOTIONS DE POLYDORE MARASQUIN.
1 volume (épuisé).............. — 6 »
LE MÉDECIN DU PECQ. 1 vol. (épuisé). — 6 »
NUITS DU PÈRE LACHAISE. 1 v. (ép.). — 6 »

THÉOPHILE GAUTIER
LA BELLE JENNY. 1 volume (épuisé).. — 6 »

DON JOSÉ GUELL Y RENTÉ
NÉLUDIA. 1 volume................ — 3 »
LÉGENDE DE CATHERINE OSSEMA. 1 vol. — 3 »

HOFFMANN Trad. Champfleury
CONTES POSTHUMES. 1 vol. (épuisé).. — 6 »

REINE HORTENSE f. c.
EN ITALIE, EN FRANCE ET EN ANGLE-
TERRE. 1 volume (épuisé).......... — 6 »

HENRI D'IDEVILLE
M. BEULÉ. Souv. personnels. 1 vol... — 3 »

J. JANIN
L'ANE MORT. 1 volume (épuisé)..... — 6 »
CONTES DU CHALET. 1 vol. (épuisé).. — 6 »

LAMARTINE
GRAZIELLA. 1 volume (épuisé)...... — 6 »
NOUVELLES CONFIDENCES. 1 vol.(ép.). — 6 »

X. MARMIER
UNE GRANDE DAME RUSSE. 1 v. (ép.). — 6 »

MÉRY
LES NUITS ESPAGNOLES. 1 vol.(épuisé) — 6 »

PAUL MEURICE
SCÈNES DU FOYER. 1 volume (épuisé) — 6 »

COMTE MIOT DE MELITO
Ancien ambassadeur et ministre
MÉMOIRES, publiés par sa famille
(1788-1815). 3 vol. in-8 (épuisés).. — 30 »

FÉLIX MORNAND
LA VIE ARABE. 1 volume (épuisé).... — 6 »

COMTESSE NATHALIE
LA VILLA GALIETTA. 1 vol. (épuisé).. — 6 »

BARON DE NERVO
DICTONS ET PROVERBES ESPAGNOLS. 1 v. — 2 50

A. PEYRAT
UN NOUVEAU DOGME. Histoire de l'Im-
maculée Conception. 1 vol. (épuisé) — 6 »

GUSTAVE PLANCHE
ÉTUDES LITTÉRAIRES. 1 vol. (épuisé). — 6 »

DOCTEUR ROUBAUD
POUGUES, ses eaux minérales, ses environs, etc. 1 volume............ — 4 »

ROI LOUIS-PHILIPPE
MON JOURNAL. Évènements de 1815.
2 volumes (épuisés).............. — 12 »

MARÉCHAL DE SAINT ARNAUD
LETTRES avec pièces justificatives, et
notice de Sainte-Beuve, 2e édition..
2 volumes vélin, ornés du portrait
et d'un autographe................ — 30 »

AUGUSTE VACQUERIE
PROFILS ET GRIMACES. 1 vol. (épuisé) — 6 »

ŒUVRES COMPLÈTES
DE
H. DE BALZAC
NOUVELLE ÉDITION — 55 VOLUMES
1 fr. 25 cent. le volume (*Chaque volume se vend séparément*)

La Comédie humaine, 40 vol. — Les Contes drolatiques, 3 vol. — Le Théâtre, édition complète, 2 vol. — Œuvres de jeunesse, 10 vol.

COMÉDIE HUMAINE
SCÈNES DE LA VIE PRIVÉE
Tome 1. — LA MAISON DU CHAT-QUI-PELOTTE. Le Bal de Sceaux. La Bourse. La Vendetta. Mme Firmiani. Une Double Famille.

Tome 2. — LA PAIX DU MÉNAGE. La Fausse Maîtresse. Étude de femme. Autre étude de femme. La Grande Bretèche. Albert Savarus.

Tome 3. — MÉMOIRES DE DEUX JEUNES MARIÉES. Une Fille d'Ève.

Tome 4. — LA FEMME DE TRENTE ANS. La Femme abandonnée. La Grenadière. Le Message. Gobseck.

Tome 5. — LE CONTRAT DE MARIAGE. Un Début dans la vie.

Tome 6. — MODESTE MIGNON.

Tome 7. — BÉATRIX.

Tome 8. — HONORINE. Le Colonel Chabert. La Messe de l'Athée. L'Interdiction. Pierre Grassou.

SCÈNES DE LA VIE DE PROVINCE
Tome 9. — URSULE MIROUET.

Tome 10. — EUGÉNIE GRANDET.

Tome 11. — LES CÉLIBATAIRES — I. Pierrette. Le Curé de Tours.

Tome 12. — LES CÉLIBATAIRES — II. Un Ménage de garçon.

Tome 13. — LES PARISIENS EN PROVINCE. L'illustre Gaudissart. Muse du département.

Tome 14. — LES RIVALITÉS. La Vieille Fille. Le Cabinet des antiques.

Tome 15. — LE LYS DANS LA VALLÉE.

Tome 16. — ILLUSIONS PERDUES — I. Les Deux Poëtes. Un grand Homme de province à Paris, 1re partie.

Tome 17. — ILLUSIONS PERDUES — II. Un grand Homme de province, 2e p. Ève et David.

SCÈNES DE LA VIE PARISIENNE
Tome 18. — SPLENDEURS ET MISÈRES DES COURTISANES. Esther heureuse. A combien l'amour revient aux vieillards. Où mènent les mauvais chemins.

Tome 19. — LA DERNIÈRE INCARNATION DE VAUTRIN. Un Prince de la Bohême. Un Homme d'affaires. Gaudissart II. Les Comédiens sans le savoir.

Tome 20. — HIST. DES TREIZE. Ferragus. Duchesse de Langeais. Fille aux yeux d'or.

Tome 21. — LE PÈRE GORIOT.

Tome 22. — CÉSAR BIROTTEAU.

Tome 23. — LA MAISON NUCINGEN. Les Secrets de la princesse de Cadignan. Les Employés. Sarrasine. Facino Cane.

Tome 24. — LES PARENTS PAUVRES — I. La Cousine Bette.

Tome 25. — LES PARENTS PAUVRES — II. Le Cousin Pons.

SCÈNES DE LA VIE POLITIQUE
Tome 26. — UNE TÉNÉBREUSE AFFAIRE. Un Épisode sous la Terreur.

Tome 27. — L'ENVERS DE L'HISTOIRE CONTEMPORAINE. Madame de la Chanterie. L'Initié. Z. Marcas.

Tome 28. — LE DÉPUTÉ D'ARCIS.

SCÈNES DE LA VIE MILITAIRE
Tome 29. — LES CHOUANS. Une Passion dans le désert.

SCÈNES DE LA VIE DE CAMPAGNE
Tome 30. — LE MÉDECIN DE CAMPAGNE.

Tome 31. — LE CURÉ DE VILLAGE.

Tome 32. — LES PAYSANS.

ÉTUDES PHILOSOPHIQUES
Tome 33. — LA PEAU DE CHAGRIN.

Tome 34. — LA RECHERCHE DE L'ABSOLU. Jésus-Christ en Flandre. Melmoth réconcilié. Le Chef-d'œuvre inconnu.

Tome 35. — L'ENFANT MAUDIT. Gambara, Massimilla Doni.

Tome 36. — LES MARANA. Adieu. Le Réquisitionnaire. El Verdugo. Un Drame au bord de la mer. L'Auberge rouge. L'Élixir de longue vie. Maître Cornélius.

Tome 37. — SUR CATHERINE DE MÉDICIS. Le Martyr calviniste. La Confidence des Ruggieri. Les deux Rêves.

Tome 38. — LOUIS LAMBERT. Les Proscrits. Séraphita.

ÉTUDES ANALYTIQUES
Tome 39. — PHYSIOLOGIE DU MARIAGE.

Tome 40. — PETITES MISÈRES DE LA VIE CONJUGALE.

CONTES DROLATIQUES
Tome 41. — Tome 42. — Tome 43.

THÉÂTRE
Tome 44. — VAUTRIN, drame. Les Ressources de Quinola, comédie.

Tome 45. — LA MARATRE, drame. Le Faiseur (Mercadet), comédie.

ŒUVRES DE JEUNESSE
Tome 46. — JEAN-LOUIS.

Tome 47. — L'ISRAÉLITE.

Tome 48. — L'HÉRITIÈRE DE BIRAGUE.

Tome 49. — LE CENTENAIRE.

Tome 50. — LA DERNIÈRE FÉE.

Tome 51. — LE VICAIRE DES ARDENNES.

Tome 52. — ARGOW LE PIRATE.

Tome 53. — JANE LA PALE.

Tome 54. — DOM GIGADAS.

Tome 55. — L'EXCOMMUNIÉ.

COLLECTION MICHEL LÉVY
ET BIBLIOTHÈQUE DE LA LIBRAIRIE NOUVELLE
1 fr. 25 c. le volume grand in-18 de 300 à 400 pages

	vol.
AMÉDÉE ACHARD	
BRUNES ET BLONDES..................	1
LA CHASSE ROYALE....................	2
LES DERNIÈRES MARQUISES............	1
LES FEMMES HONNÊTES................	1
PARISIENNES ET PROVINCIALES........	1
LES PETITS-FILS DE LOVELACE.........	1
LES RÊVEURS DE PARIS................	1
LA ROBE DE NESSUS...................	1
ACHIM D'ARNIM Tr. *Th. Gautier fils*	
CONTES BIZARRES.....................	1
ADOLPHE ADAM	
SOUVENIRS D'UN MUSICIEN............	1
DERNIERS SOUVENIRS D'UN MUSICIEN...	1
W. H. AINSWORTH Trad. *H. Révoil*	
LE GENTILHOMME DES GRANDES ROUTES.	2
***	
MADAME LA DUCHESSE D'ORLÉANS, HÉLÈNE DE MECKLEMBOURG-SCHWERIN......	1
ARNOULD & FOURNIER	
LE FILS DU CZAR......................	1
L'HÉRITIER DU TRONE.................	1
STRUENSÉE............................	1
ALFRED ASSOLANT	
HISTOIRE FANTASTIQUE DE PIERROT....	1
ÉMILE AUGIER de l'Acad. française	
POÉSIES COMPLÈTES...................	1
DUC D'AUMALE de l'Acad. franç.	
INSTITUTIONS MILITAIRES DE LA FRANCE.	1
LES ZOUAVES ET LES CHASSEURS A PIED.	1
J. AUTRAN de l'Académie franç.	
MILIANAH. Épisode des guer. d'Afrique..	1
H. DE BALZAC	
THÉATRE COMPLET....................	2
ODYSSE BAROT	
HISTOIRE DES IDÉES AU XIXᵉ SIÈCLE. — EM. DE GIRARDIN, sa vie, ses idées, etc.	1
Mᵐᵉ DE BASSANVILLE	
LES SECRETS D'UNE JEUNE FILLE.......	1
Mᵐᵉ DE BAWR	
NOUVELLES...........................	1
RAOUL ou l'Énéide...................	1
ROBERTINE...........................	1
LES SOIRÉES DES JEUNES PERSONNES...	1
BEAUMARCHAIS	
THÉATRE, avec Notice de *L. de Loménie*.	1
GUSTAVE DE BEAUMONT	
L'IRLANDE SOCIALE, POLITIQUE ET RELIG..	2
ROGER DE BEAUVOIR	
AVENTURIÈRES ET COURTISANES........	1
LE CABARET DES MORTS...............	1
LE CHEVALIER DE CHARNY.............	1
LE CHEVALIER DE SAINT-GEORGES......	1
L'ÉCOLIER DE CLUNY..................	1
HISTOIRES CAVALIÈRES...............	1
LA LESCOMBAT.......................	1
MADEMOISELLE DE CHOISY.............	1
LE MOULIN D'HEILLY..................	1

	vol.
ROGER DE BEAUVOIR (Suite)	
LES MYSTÈRES DE L'ILE SAINT-LOUIS....	2
LES ŒUFS DE PAQUES.................	1
LE PAUVRE DIABLE...................	1
LES SOIRÉES DU LIDO.................	1
LES TROIS ROHAN....................	1
Mᵐᵉ ROGER DE BEAUVOIR	
CONFIDENCES DE Mˡˡᵉ MARS...........	1
SOUS LE MASQUE.....................	1
HENRI BÉCHADE	
LA CHASSE EN ALGÉRIE...............	1
Mᵐᵉ BEECHER STOWE	
LA CASE DE L'ONCLE TOM.(*Trad. Pilatte*).	2
SOUVENIRS HEUREUX. (*Trad. Forcade*)..	3
PRINCESSE DE BELGIOJOSO	
ASIE MINEURE ET SYRIE...............	1
GEORGES BELL	
SCÈNES DE LA VIE DE CHATEAU........	1
BENJAMIN CONSTANT	
ADOLPHE, avec notice de *Sainte-Beuve*..	1
A. DE BERNARD	
LE PORTRAIT DE LA MARQUISE.........	1
CHARLES DE BERNARD	
LES AILES D'ICARE...................	1
UN BEAU-PÈRE.......................	2
L'ÉCUEIL............................	2
LE GENTILHOMME CAMPAGNARD.......	2
GERFAUT............................	1
UN HOMME SÉRIEUX..................	1
LE NOEUD GORDIEN...................	1
LE PARATONNERRE...................	1
LE PARAVENT........................	1
PEAU DU LION ET CHASSE AUX AMANTS...	1
BERNARDIN DE SAINT-PIERRE	
PAUL ET VIRGINIE, précédé d'un essai par *Prévost-Paradol*.................	1
ÉLIE BERTHET	
LA BASTIDE ROUGE...................	1
LE DERNIER IRLANDAIS...............	1
LA ROCHE TREMBLANTE...............	1
EUGÈNE BERTHOUD	
SECRETS DE FEMME...................	1
CAROLINE BERTON	
ROSETTE.............................	1
ALBERT BLANQUET	
LA BELLE FÉRONNIÈRE................	1
LA MAITRESSE DU ROI................	1
***	
HOMMES DU JOUR....................	1
LES SALONS DE VIENNE ET DE BERLIN...	1
CAMILLE BODIN	
LA COUR D'ASSISES..................	2
MÉMOIRES D'UN CONFESSEUR.........	1
LE MONSTRE.........................	1
CH. DE BOIGNE	
LES PETITS MÉMOIRES DE L'OPÉRA.....	1
LOUIS BOUILHET	
MÉLÉNIS, conte......................	1

COLLECTION MICHEL LÉVY — 1 FR. 25 C. LE VOLUME

RAOUL BRAVARD
	vol.
L'HONNEUR DES FEMMES	1
UNE PETITE VILLE	1
LA REVANCHE DE GEORGES DANDIN	1

A. DE BRÉHAT
L'AMOUR AU NOUVEAU-MONDE	1
LES AMOUREUX DE VINGT ANS	1
LES AMOURS DU BEAU GUSTAVE	1
LES AMOURS D'UNE NOBLE DAME	1
L'AUBERGE DU SOLEIL D'OR	1
LE BAL DE L'OPÉRA	1
LA BELLE DUCHESSE	1
BRAS-D'ACIER	1
LA CABANE DU SABOTIER	1
LES CHASSEURS D'HOMMES	1
LES CHASSEURS DE TIGRES	1
LE CHATEAU DE VILLEBON	1
LES CHAUFFEURS INDIENS	1
LES CHEMINS DE LA VIE	1
LE COUSIN AUX MILLIONS	1
DEUX AMIS	1
UN DRAME A CALCUTTA	1
UN DRAME A TROUVILLE	1
UNE FEMME ÉTRANGE	1
HISTOIRES D'AMOUR	1
LES ORPHELINS DE TRÉGUÉREC	1
SCÈNES DE LA VIE CONTEMPORAINE	1
LA SORCIÈRE NOIRE	1
LA VENGEANCE D'UN MULATRE	1

BRILLAT-SAVARIN
PHYSIOLOGIE DU GOUT. *Nouv. édition*	1

MAX BUCHON
EN PROVINCE	1

E.-L. BULWER *Trad. Am. Pichot*
LA FAMILLE CAXTON	2
LE JOUR ET LA NUIT	2

ÉMILIE CARLEN *Trad. Souvestre*
DEUX JEUNES FEMMES	1

ÉMILE CARREY
L'AMAZONE — 8 JOURS SOUS L'ÉQUATEUR	1
— LES MÉTIS DE LA SAVANE	1
— LES RÉVOLTÉS DU PARA	1
— LA DERNIÈRE DES N'HAMBARS	1
RÉCITS DE KABYLIE	1

HIPPOLYTE CASTILLE
HISTOIRES DE MÉNAGE	1

CÉLESTE DE CHABRILLAN
UN AMOUR TERRIBLE	1
LES DEUX SŒURS	1
LES VOLEURS D'OR	1

CHAMPFLEURY
LES EXCENTRIQUES	1
LES SENSATIONS DE JOSQUIN	1
SOUVENIRS DES FUNAMBULES	1
LA SUCCESSION LE CAMUS	1

F. DE CHATEAUBRIAND
ATALA — RENÉ — LE DERNIER ABENCÉRAGE, avec avant-propos *de Sainte-Beuve*	1
ESSAI SUR LA LITTÉRATURE ANGLAISE, étude de *Macaulay* (trad. *Guizot*)	1
ÉTUDES HISTORIQUES, essai d'*Ed. Schérer*	2
GÉNIE DU CHRISTIANISME, étude *Guizot*	2
HISTOIRE DE FRANCE, notice *Ste-Beuve*	2
ITINÉRAIRE DE PARIS A JÉRUSALEM, avec une Étude de *M. de Pontmartin*	2
LES MARTYRS, avec un essai d'*Ampère*	2
LES NATCHEZ, essai du *Duc de Broglie*	2
LE PARADIS PERDU *de Milton*, trad. précédée d'une étude de *John Lemoinne*	1
LES QUATRE STUARTS, notice *Ste-Beuve*	1
VOY. EN AMÉRIQUE, introd. *Sainte-Beuve*	1

ÉMILE CHEVALIER
	vol.
LES DERNIERS IROQUOIS	1
LA FILLE DES INDIENS ROUGES	1
LA HURONNE	1
LES NEZ-PERCÉS	1
PEAUX-ROUGES ET PEAUX-BLANCHES	1
LES PIEDS-NOIRS	1
POIGNET-D'ACIER	1
LA TÊTE-PLATE	1

GUSTAVE CLAUDIN
POINT ET VIRGULE	1

Mme LOUISE COLET
QUARANTE-CINQ LETTRES DE BÉRANGER	1

HENRI CONSCIENCE
L'ANNÉE DES MERVEILLES	1
AURÉLIEN	2
BATAVIA	1
LES BOURGEOIS DE DARLINGEN	1
LE BOURGMESTRE DE LIÈGE	1
LE CANTONNIER	1
LE CHEMIN DE LA FORTUNE	1
LE CONSCRIT	1
LE COUREUR DES GRÈVES	1
LE DÉMON DE L'ARGENT	1
LE DÉMON DU JEU	1
LES DRAMES FLAMANDS	1
LA FIANCÉE DU MAITRE D'ÉCOLE	1
LE FLÉAU DU VILLAGE	1
LE GANT PERDU	1
LE GENTILHOMME PAUVRE	1
LA GUERRE DES PAYSANS	1
LE GUET-APENS	1
HEURES DU SOIR	1
HISTOIRE DE DEUX ENFANTS D'OUVRIERS	1
LE JEUNE DOCTEUR	1
LA JEUNE FEMME PALE	1
LE LION DE FLANDRE	2
LA MAISON BLEUE	1
MAITRE VALENTIN	1
LE MAL DU SIÈCLE	1
LE MARCHAND D'ANVERS	1
LE MARTYR D'UNE MÈRE	1
LA MÈRE JOB	1
L'ONCLE ET LA NIÈCE	1
L'ONCLE REIMOND	1
L'ORPHELINE	1
LE PAYS DE L'OR	1
LE REMPLAÇANT	1
UN SACRIFICE	1
LE SANG HUMAIN	1
SCÈNES DE LA VIE FLAMANDE	2
SOUVENIRS DE JEUNESSE	2
LA TOMBE DE FER	1
LE TRIBUN DE GAND	1
LES VEILLÉES FLAMANDES	1
LA VOLEUSE D'ENFANT	1

H. CORNE
SOUVENIRS D'UN PROSCRIT POLONAIS	1

P. CORNEILLE
ŒUVRES, avec notice de *Sainte-Beuve*	2

COMTESSE DASH
UN AMOUR COUPABLE	1
LES AMOURS DE LA BELLE AURORE	2
LES BALS MASQUÉS	1
LA BELLE PARISIENNE	1
LA CEINTURE DE VÉNUS	1

COMTESSE DASH (Suite)

Titre	vol.
LA CHAINE D'OR	1
LA CHAMBRE BLEUE	1
LE CHATEAU DE LA ROCHE-SANGLANTE	1
LES CHATEAUX EN AFRIQUE	1
LA DAME DU CHATEAU MURÉ	2
LA DERNIÈRE EXPIATION	2
LA DUCHESSE D'ÉPONNES	3
LA DUCHESSE DE LAUZUN	3
LA FEMME DE L'AVEUGLE	1
LES FOLIES DU COEUR	1
LE FRUIT DÉFENDU	1
LES GALANTERIES DE LA COUR DE LOUIS XV	4
— LA RÉGENCE	1
— LA JEUNESSE DE LOUIS XV	1
— LES MAITRESSES DU ROI	1
— LE PARC AUX CERFS	1
LE JEU DE LA REINE	1
LA JOLIE BOHÉMIENNE	1
LES LIONS DE PARIS	1
MADAME DE LA SABLIÈRE	1
MADAME LOUISE DE FRANCE	1
MADEMOISELLE DE LA TOUR DU PIN	1
LA MAIN GAUCHE ET LA MAIN DROITE	1
LA MARQUISE DE PARABÈRE	1
LA MARQUISE SANGLANTE	1
LE NEUF DE PIQUE	1
LA POUDRE ET LA NEIGE	1
LA PRINCESSE DE CONTI	1
UN PROCÈS CRIMINEL	1
UNE RIVALE DE LA POMPADOUR	1
LE SALON DU DIABLE	1
LES SECRETS D'UNE SORCIÈRE	2
LA SORCIÈRE DU ROI	2
LES SOUPERS DE LA RÉGENCE	2
LES SUITES D'UNE FAUTE	1
TROIS AMOURS	1

GÉNÉRAL DAUMAS

Titre	vol.
LE GRAND DÉSERT	1

E.-J. DELÉCLUZE

Titre	vol.
DONA OLIMPIA	1
MADEMOISELLE JUSTINE DE LIRON	1
LA PREMIÈRE COMMUNION	1

ÉDOUARD DELESSERT

Titre	vol.
VOYAGE AUX VILLES MAUDITES	1

PAUL DELTUF

Titre	vol.
AVENTURES PARISIENNES	1

CHARLES DICKENS Trad. Am. Pichot

Titre	vol.
CONTES DE NOEL	1
CONTES D'UN INCONNU	1
CONTES POUR LE JOUR DES ROIS	1
HISTORIETTES ET RÉCITS DU FOYER	1
MAISON A LOUER	1
LE NEVEU DE MA TANTE	2

OCTAVE DIDIER

Titre	vol.
UNE FILLE DE ROI	1
MADAME GEORGES	1

MAXIME DU CAMP

Titre	vol.
LE SALON DE 1857	1
LES SIX AVENTURES	1

ALEXANDRE DUMAS

Titre	vol.
ACTÉ	1
AMAURY	1
ANGE PITOU	2
ASCANIO	2
UNE AVENTURE D'AMOUR	1
AVENTURES DE JOHN DAVYS	2

ALEXANDRE DUMAS (Suite)

Titre	vol.
LES BALEINIERS	2
LE BATARD DE MAULÉON	3
BLACK	1
LES BLANCS ET LES BLEUS	3
LA BOUILLIE DE LA COMTESSE BERTHE	1
LA BOULE DE NEIGE	1
BRIC-A-BRAC	2
UN CADET DE FAMILLE	3
LE CAPITAINE PAMPHILE	1
LE CAPITAINE PAUL	1
LE CAPITAINE RHINO	1
LE CAPITAINE RICHARD	1
CATHERINE BLUM	1
CAUSERIES	2
CÉCILE	1
CHARLES LE TÉMÉRAIRE	2
LE CHASSEUR DE SAUVAGINE	1
LE CHATEAU D'EPPSTEIN	2
LE CHEVALIER D'HARMENTAL	3
LE CHEVALIER DE MAISON-ROUGE	2
LE COLLIER DE LA REINE	3
LA COLOMBE. Maître Adam le Calabrais	1
LES COMPAGNONS DE JÉHU	3
LE COMTE DE MONTE-CRISTO	6
LA COMTESSE DE CHARNY	6
LA COMTESSE DE SALISBURY	2
LES CONFESSIONS DE LA MARQUISE	2
CONSCIENCE L'INNOCENT	2
CRÉATION ET RÉDEMPTION. — LE DOCTEUR MYSTÉRIEUX	2
— LA FILLE DU MARQUIS	2
LA DAME DE MONSOREAU	3
LA DAME DE VOLUPTÉ	2
LES DEUX DIANE	3
LES DEUX REINES	2
DIEU DISPOSE	3
LE DRAME DE 93	3
LES DRAMES DE LA MER	1
LES DRAMES GALANTS.—LA MARQ. D'ESCOMAN	2
LA FEMME AU COLLIER DE VELOURS	1
FERNANDE	1
UNE FILLE DU RÉGENT	1
FILLES, LORETTES ET COURTISANES	1
LE FILS DU FORÇAT	1
LES FRÈRES CORSES	1
GABRIEL LAMBERT	1
LES GARIBALDIENS	1
GAULE ET FRANCE	1
GEORGES	1
UN GIL BLAS EN CALIFORNIE	1
LES GRANDS HOMMES EN ROBE DE CHAMBRE. — CÉSAR	2
— HENRI IV — LOUIS XIII ET RICHELIEU	1
LA GUERRE DES FEMMES	2
HISTOIRE D'UN CASSE-NOISETTE	1
L'HOMME AUX CONTES	1
LES HOMMES DE FER	1
L'HOROSCOPE	2
L'ILE DE FEU	2
IMPRESSIONS DE VOYAGE — EN SUISSE	3
— EN RUSSIE	4
— UNE ANNÉE A FLORENCE	1
— L'ARABIE HEUREUSE	3
— LES BORDS DU RHIN	2
— LE CAPITAINE ARÉNA	2
— LE CAUCASE	3
— LE CORRICOLO	2
— LE MIDI DE LA FRANCE	2

COLLECTION MICHEL LÉVY — 1 FR. 25 C. LE VOLUME

ALEXANDRE DUMAS (Suite)

	vol.
IMPRESS. DE VOYAGE — DE PARIS A CADIX.	2
— QUINZE JOURS AU SINAÏ	1
— LE SPERONARE	2
— LE VÉLOCE	2
— LA VILLA PALMIERI	2
INGÉNUE	2
ISABEL DE BAVIÈRE	2
ITALIENS ET FLAMANDS	2
IVANHOE, de W. Scott (Traduction)	2
JACQUES ORTIS	1
JACQUOT SANS OREILLES	1
JANE	1
JEHANNE LA PUCELLE	1
LOUIS XIV ET SON SIÈCLE	4
LOUIS XV ET SA COUR	2
LOUIS XVI ET LA RÉVOLUTION	3
LES LOUVES DE MACHECOUL	2
MADAME DE CHAMBLAY	2
LA MAISON DE GLACE	1
LE MAITRE D'ARMES	1
LES MARIAGES DU PÈRE OLIFUS	1
LES MÉDICIS	1
MES MÉMOIRES	10
MÉMOIRES DE GARIBALDI	2
MÉMOIRES D'UNE AVEUGLE	3
MÉMOIRES D'UN MÉDECIN (BALSAMO)	5
LE MENEUR DE LOUPS	1
LES MILLE ET UN FANTOMES	1
LES MOHICANS DE PARIS	4
LES MORTS VONT VITE	2
NAPOLÉON	1
UNE NUIT A FLORENCE	1
OLYMPE DE CLÈVES	3
LE PAGE DU DUC DE SAVOIE	2
PARISIENS ET PROVINCIAUX	2
LE PASTEUR D'ASHBOURN	1
PAULINE ET PASCAL BRUNO	1
UN PAYS INCONNU	1
LE PÈRE GIGOGNE	2
LE PÈRE LA RUINE	1
LE PRINCE DES VOLEURS	2
LA PRINCESSE DE MONACO	2
LA PRINCESSE FLORA	1
LES QUARANTE-CINQ	3
LA RÉGENCE	1
LA REINE MARGOT	2
ROBIN HOOD LE PROSCRIT	2
LA ROUTE DE VARENNES	1
LE SALTEADOR	1
SALVATOR, suite des MOHICANS DE PARIS.	5
SOUVENIRS D'ANTONY	1
LES STUARTS	1
SULTANETTA	1
SYLVANDIRE	1
LA TERREUR PRUSSIENNE	2
LE TESTAMENT DE M. CHAUVELIN	1
THÉATRE COMPLET	25
TROIS MAITRES	1
LES TROIS MOUSQUETAIRES	2
LE TROU DE L'ENFER	1
LA TULIPE NOIRE	1
LE VICOMTE DE BRAGELONNE	6
LA VIE AU DÉSERT	2
UNE VIE D'ARTISTE	1
VINGT ANS APRÈS	3

ALEXANDRE DUMAS FILS de l'Ac. fr.
ANTONINE	1
AVENTURES DE QUATRE FEMMES	4

ALEX. DUMAS FILS (Suite)
	vol.
LA BOITE D'ARGENT	1
LA DAME AUX CAMÉLIAS	1
LA DAME AUX PERLES	1
DIANE DE LYS	1
LE DOCTEUR SERVANS	1
LE RÉGENT MUSTEL	1
LE ROMAN D'UNE FEMME	1
SOPHIE PRINTEMS	1
TRISTAN LE ROUX	1
TROIS HOMMES FORTS	1
LA VIE A VINGT ANS	1

GABRIEL D'ENTRAGUES
HISTOIRES D'AMOUR ET D'ARGENT	1

XAVIER EYMA
AVENTURIERS ET CORSAIRES	1
LE ROI DES TROPIQUES	1
LE TRONE D'ARGENT	1

PAUL FÉVAL
ALIZIA PAULI	1
LES COMPAGNONS DU SILENCE	3
LES FANFARONS DU ROI	1
LA MAISON DE PILATE	2
LES NUITS DE PARIS	2
LE ROI DES GUEUX	2

PAUL FOUCHER
LA VIE DE PLAISIR	1

ARNOULD FRÉMY
LES CONFESSIONS D'UN BOHÉMIEN	1

GALOPPE D'ONQUAIRE
LE DIABLE BOITEUX A PARIS	1
LE DIABLE BOITEUX AU CHATEAU	1
LE DIABLE BOITEUX AU VILLAGE	1

ANTOINE GANDON
LE GRAND GODARD	1
L'ONCLE PHILIBERT	1
LES 32 DUELS DE JEAN GIGON	1

Cte AGÉNOR DE GASPARIN
(Édition populaire)
LE BONHEUR	1
LES ÉCOLES DU DOUTE ET L'ÉCOLE DE LA FOI	1
L'ENNEMI DE LA FAMILLE	1
LA FAMILLE, ses devoirs, ses joies et ses douleurs	2
INNOCENT III	2
LA LIBERTÉ MORALE	2
LUTHER ET LA RÉFORME AU XVIe SIÈCLE	1

SOPHIE GAY
ANATOLE	1
LE COMTE DE GUICHE	1
LA COMTESSE D'EGMONT	1
LA DUCHESSE DE CHATEAUROUX	2
ELLÉNORE	1
LE FAUX FRÈRE	1
LAURE D'ESTELL	1
LÉONIE DE MONTBREUSE	1
LES MALHEURS D'UN AMANT HEUREUX	1
UN MARIAGE SOUS L'EMPIRE	1
LE MARI CONFIDENT	1
MARIE DE MANCINI	1
MARIE-LOUISE D'ORLÉANS	1
LE MOQUEUR AMOUREUX	1
PHYSIOLOGIE DU RIDICULE	1
SALONS CÉLÈBRES	1
SOUVENIRS D'UNE VIEILLE FEMME	1

JULES GÉRARD
LA CHASSE AU LION. Dessins de G. Doré.	1

GÉRARD DE NERVAL

Titre	vol.
LA BOHÈME GALANTE	1
LES FILLES DU FEU	1
LE MARQUIS DE FAYOLLE	1
SOUVENIRS D'ALLEMAGNE	1

F. GERSTAECKER Trad. Révoil

LES BRIGANDS DES PRAIRIES	1
LES VOLEURS DE CHEVAUX	1
LES PIONNIERS DU FAR-WEST	1
LE PEAU-ROUGE	1
LA MAISON MYSTÉRIEUSE	1
UNE CHARMANTE HABITATION !	1

ÉMILE DE GIRARDIN

ÉMILE	1

Mme ÉMILE DE GIRARDIN

LA CANNE DE M. DE BALZAC	1
CONTES D'UNE VIEILLE FILLE	1
LA CROIX DE BERNY (en société avec Th. Gautier, Méry et Jules Sandeau).	1
IL NE FAUT PAS JOUER AVEC LA DOULEUR	1
LE LORGNON	1
MARGUERITE	1
M. LE MARQUIS DE PONTANGES	1
NOUVELLES	1
POÉSIES COMPLÈTES	1
LE VICOMTE DE LAUNAY. Lettres parisiennes. Édition complète	4

W. GODWIN Trad. Am. Pichot

CALEB WILLIAMS	2

GŒTHE Trad. N. Fournier

HERMANN ET DOROTHÉE	1
WERTHER, avec notice d'Henri Heine	1

OL. GOLDSMITH Trad. N. Fournier

LE VICAIRE DE WAKEFIELD, avec étude de lord Macaulay (trad. G. Guizot).	1

LÉON GOZLAN

LE BARIL DE POUDRE D'OR	1
LA COMÉDIE ET LES COMÉDIENS	1
LA FOLLE DU LOGIS	1
LE NOTAIRE DE CHANTILLY	1

Mme MANOEL DE GRANDFORT

L'AMOUR AUX CHAMPS	1
L'AUTRE MONDE	1

M. GUIZOT

LA FRANCE ET LA PRUSSE	1

LÉON HILAIRE

NOUVELLES FANTAISISTES	1

HILDEBRAND Trad. L. Wocquier

LA CHAMBRE OBSCURE	1
SCÈNES DE LA VIE HOLLANDAISE	1

ARSÈNE HOUSSAYE

L'AMOUR COMME IL EST	1
LES FEMMES COMME ELLES SONT	1
LES FEMMES DU DIABLE	1

CHARLES HUGO

LA CHAISE DE PAILLE	1

F. VICTOR HUGO Traducteur

LE FAUST ANGLAIS de Marlowe	1
SONNETS de Shakspeare	1

JULES JANIN de l'Acad. française

LE CHEMIN DE TRAVERSE	1
UN COEUR POUR DEUX AMOURS	1
LA CONFESSION	1

CHARLES JOBEY

L'AMOUR D'UN NÈGRE	1

PRINCE DE JOINVILLE

Titre	vol.
GUERRE D'AMÉRIQUE, CAMPAGNE DU POTOMAC	1

PAUL JUILLERAT

LES DEUX BALCONS	1

ALPHONSE KARR

AGATHE ET CÉCILE	1
LE CHEMIN LE PLUS COURT	1
CLOTILDE	1
CLOVIS GOSSELIN	1
CONTES ET NOUVELLES	1
ENCORE LES FEMMES	6
LA FAMILLE ALAIN	1
LES FEMMES	1
FEU BRESSIER	1
LES FLEURS	1
GENEVIÈVE	1
LES GUÊPES	1
UNE HEURE TROP TARD	1
HISTOIRE DE ROSE ET JEAN DUCHEMIN	1
HORTENSE	1
MENUS PROPOS	1
MIDI A QUATORZE HEURES	1
LA PÊCHE EN EAU DOUCE ET EN EAU SALÉE	1
LA PÉNÉLOPE NORMANDE	1
UNE POIGNÉE DE VÉRITÉS	1
PROMENADES HORS DE MON JARDIN	1
RAOUL	1
ROSES NOIRES ET ROSES BLEUES	1
LES SOIRÉES DE SAINTE-ADRESSE	1
SOUS LES ORANGERS	1
SOUS LES TILLEULS	1
TROIS CENTS PAGES	1
VOYAGE AUTOUR DE MON JARDIN	1

KAUFFMANN

BRILLAT LE MENUISIER	1

HENRY DE KOCK

MADEMOISELLE MA FEMME	1

LÉOPOLD KOMPERT Trad. L. Stauben

LES JUIFS DE LA BOHÊME	1
SCÈNES DU GHETTO	1

DE LACRETELLE

LA POSTE AUX CHEVAUX	1

Mme LAFARGE née Marie Cappelle

HEURES DE PRISON	1
MÉMOIRES	1

CHARLES LAFONT

LES LÉGENDES DE LA CHARITÉ	1

G. DE LA LANDELLE

LES PASSAGÈRES	1

STEPHEN DE LA MADELAINE

LE SECRET D'UNE RENOMMÉE	1

JULES DE LA MADELÈNE

LES AMES EN PEINE	1
LE MARQUIS DES SAFFRAS	1

A. DE LAMARTINE

ANTAR	1
ANTONIELLA	1
BALZAC ET SES OEUVRES	1
BENVENUTO CELLINI	1
BOSSUET	1
CHRISTOPHE COLOMB	1
CICÉRON	1
LE CONSEILLER DU PEUPLE	6
CROMWELL	1

A. DE LAMARTINE (Suite) vol.

FÉNELON...	1
LES FOYERS DU PEUPLE........................	3
GENEVIÈVE. Histoire d'une servante....	1
GUILLAUME TELL...................................	1
HÉLOISE ET ABÉLARD............................	1
HOMÈRE ET SOCRATE............................	1
JACQUARD — GUTENBERG.....................	1
JEAN-JACQUES ROUSSEAU......................	1
JEANNE D'ARC.......................................	1
Mme DE SÉVIGNÉ...................................	1
NELSON...	1
RÉGINA...	1
RUSTEM...	1
TOUSSAINT LOUVERTURE........................	1
VIE DU TASSE.......................................	1

L'ABBÉ DE LAMENNAIS

LE LIVRE DU PEUPLE, avec une étude de *M. Ernest Renan*................................	1
PAROLES D'UN CROYANT, avec une étude de *Sainte-Beuve*...................................	1

CHARLES DE LA ROUNAT

LA COMÉDIE DE L'AMOUR.......................	1

H DE LATOUCHE

ADRIENNE...	1
AYMAR...	1
CLÉMENT XIV ET CARLO BERTINAZZI......	1
FRAGOLETTA...	1
FRANCE ET MARIE..................................	1
GRANGENEUVE......................................	1
LÉO...	1
UN MIRAGE..	1
OLIVIER BRUSSON..................................	1
LE PETIT PIERRE...................................	1
LA VALLÉE AUX LOUPS..........................	1

CHARLES LAVOLLÉE

LA CHINE CONTEMPORAINE......................	1

CARLE LEDHUY

LE CAPITAINE D'AVENTURES....................	1
LE FILS MAUDIT....................................	1
LA NUIT TERRIBLE.................................	1

LOUIS LURINE

ICI L'ON AIME......................................	1

CHARLES MAGNIN

HISTOIRE DES MARIONNETTES...................	1

FÉLICIEN MALLEFILLE

MARCEL...	1
MÉMOIRES DE DON JUAN.......................	2
MONSIEUR CORBEAU..............................	1

COMTE DE MARCELLUS

CHANTS POPUL. DE LA GRÈCE MODERNE..	1

MARIVAUX

THÉÂTRE. Av. notice de *P. de St-Victor*.	

X. MARMIER de l'Acad. française

AU BORD DE LA NÉVA............................	1
EN CHEMIN DE FER................................	1
LES DRAMES DU CŒUR............................	1
HISTOIRES ALLEMANDES ET SCANDINAVES.	1

FÉLIX MAYNARD

UN DRAME DANS LES MERS BORÉALES...	1

CAPITAINE MAYNE-REID
Traduction Allyre Bureau

LES CHASSEURS DE CHEVELURES..............	1

MÉRY vol.

UN AMOUR DANS L'AVENIR.....................	1
ANDRÉ CHÉNIER....................................	1
L'ASSASSINAT — UNE NUIT DU MIDI......	1
LE BONNET VERT..................................	1
UN CARNAVAL DE PARIS.........................	1
LA CHASSE AU CHASTRE.........................	1
LE CHATEAU DE LA FAVORITE.................	1
LE CHATEAU DES TROIS TOURS..............	1
LE CHATEAU VERT................................	1
LA CIRCÉ DE PARIS..............................	1
LA COMTESSE HORTENSIA.......................	1
UNE CONSPIRATION AU LOUVRE...............	1
LA COUR D'AMOUR...............................	1
UN CRIME INCONNU..............................	1
LES DAMNÉS DE L'INDE........................	1
DEBORA..	1
LE DERNIER FANTOME...........................	1
LES DEUX AMAZONES............................	1
UNE HISTOIRE DE FAMILLE....................	1
UN HOMME HEUREUX............................	1
LA JUIVE AU VATICAN.........................	1
UN MARIAGE DE PARIS.........................	1
MARSEILLE ET LES MARSEILLAIS.............	1
MARTHE LA BLANCHISSEUSE — LA VÉNUS D'ARLES...	1
M. AUGUSTE..	1
LES MYSTÈRES D'UN CHATEAU...............	1
LES NUITS ANGLAISES..........................	1
LES NUITS ITALIENNES.........................	1
LE PARADIS TERRESTRE.........................	1
SALONS ET SOUTERRAINS DE PARIS.........	1
TRAFALGAR..	1
LE TRANSPORTÉ...................................	1
URSULE..	1
LA VIE FANTASTIQUE............................	1

PAUL MEURICE

LES TYRANS DE VILLAGE.......................	1

EUGÈNE DE MIRECOURT

ANDRÉ LE SORCIER...............................	1
UN ASSASSIN.......................................	1
LA BOHÉMIENNE AMOUREUSE.................	1
CONFESSIONS DE MARION DELORME......	3
CONFESSIONS DE NINON DE LENCLOS.....	3
LE FOU PAR AMOUR.............................	1
UN MARIAGE SOUS LA TERREUR.............	1
LE MARI DE MADAME ISAURE.................	1
MASANIELLO, LE PÊCHEUR DE NAPLES....	1

PAUL DE MOLÈNES

AVENTURES DU TEMPS PASSÉ.................	1
CARACTÈRES ET RÉCITS DU TEMPS.........	1
CHRONIQUES CONTEMPORAINES...............	1
HISTOIRES INTIMES...............................	1
HISTOIRES SENTIMENTALES ET MILITAIRES.	1
MÉM. D'UN GENTILH. DU SIÈCLE DERNIER.	1

MOLIÈRE

ŒUVRES COMPLÈTES. — *Nouvelle édition* publiée par *Philarète Chasles*.......	5

CHARLES MONSELET

LES FEMMES QUI FONT DES SCÈNES......	1
LA FRANC-MAÇONNERIE DES FEMMES......	1
LES MYST. DU BOULEV. DES INVALIDES..	1

COMTE DE MONTALIVET

RIEN ! 18 années de gouvernement parlementaire. 3e édition....................	1

COMTE DE MOYNIER
	vol.
BOHÉMIENS ET GRANDS SEIGNEURS	1

HÉGÉSIPPE MOREAU
ŒUVRES, avec notice par *L. Ratisbonne*	1

FÉLIX MORNAND
BERNERETTE	1

HENRY MURGER
LES BUVEURS D'EAU	1
LE DERNIER RENDEZ-VOUS	1
MADAME OLYMPE	1
LE PAYS LATIN	1
PROPOS DE VILLE ET PROPOS DE THÉÂTRE	1
LE ROMAN DE TOUTES LES FEMMES	1
LE SABOT ROUGE	1
SCÈNES DE CAMPAGNE	1
SCÈNES DE LA VIE DE BOHÈME	1
SCÈNES DE LA VIE DE JEUNESSE	1
LES VACANCES DE CAMILLE	1

A. DE MUSSET, DE BALZAC, G. SAND
LES PARISIENNES À PARIS	1

NADAR
LE MIROIR AUX ALOUETTES	1
QUAND J'ÉTAIS ÉTUDIANT	1

HENRI NICOLLE
LE TUEUR DE MOUCHES	1

JULES NORIAC
MADEMOISELLE POUCET	1

ÉDOUARD OURLIAC
LES GARNACHES	1

PAUL PERRET
LES BOURGEOIS DE CAMPAGNE	1
HISTOIRE D'UNE JOLIE FEMME	1

LAURENT-PICHAT
LA PAÏENNE	1

AMÉDÉE PICHOT
LE CHEVAL ROUGE	1
UN DRAME EN HONGRIE	1
L'ÉCOLIER DE WALTER SCOTT	1
LA FEMME DU CONDAMNÉ	1
LES POÈTES AMOUREUX	1

EDGAR POE *Trad. Ch. Baudelaire*
AVENTURES D'ARTHUR GORDON PYM	1
EUREKA	1
HISTOIRES EXTRAORDINAIRES	1
HISTOIRES GROTESQUES ET SÉRIEUSES	1
NOUVELLES HISTOIRES EXTRAORDINAIRES	1

F. PONSARD
ÉTUDES ANTIQUES	1

A. DE PONTMARTIN
CONTES D'UN PLANTEUR DE CHOUX	1
CONTES ET NOUVELLES	1
LA FIN DU PROCÈS	1
MÉMOIRES D'UN NOTAIRE	1
OR ET CLINQUANT	1
POURQUOI JE RESTE À LA CAMPAGNE	1

L'ABBÉ PRÉVOST
MANON LESCAUT, précédée d'une Étude de *John Lemoinne*	1

J. RACINE
THÉÂTRE COMPLET, précédé des cinq derniers mois de la vie de Racine, par *Sainte-Beuve*	2

RAOUSSET-BOULBON
UNE CONVERSION	1

J.-F. REGNARD
THÉÂTRE, avec étude de J.-J. Weiss	1

DE RÉMUSAT ET DE MONTALIVET
CASIMIR PERIER et la polit. conservatrice	1

ANNE RADCLIFFE *Tr. Fournier*
	vol.
LA FORÊT OU L'ABBAYE DE SAINT-CLAIR	1
L'ITALIEN OU LE CONFESSIONNAL DES PÉNITENTS NOIRS	1
JULIA OU LES SOUTERRAINS DU CHÂTEAU DE MAZZINI	1
LES MYSTÈRES DU CHÂTEAU D'UDOLPHE	2
LES VISIONS DU CHATEAU DES PYRÉNÉES	1

ERNEST RENAN *de l'Institut*
JÉSUS	1

B.-H. RÉVOIL *Traducteur*
LE DOCTEUR AMÉRICAIN	1
LES HAREMS DU NOUVEAU MONDE	1

LOUIS REYBAUD
CE QU'ON PEUT VOIR DANS UNE RUE	1
CÉSAR FALEMPIN	1
LA COMTESSE DE MAULÉON	1
LE COQ DU CLOCHER	1
LE DERNIER DES COMMIS VOYAGEURS	1
ÉDOUARD MONGERON	1
L'INDUSTRIE EN EUROPE	1
JÉRÔME PATUROT à la recherche de la meilleure des Républiques	1
JÉRÔME PATUROT à la recherche d'une position sociale	1
MARIE BRONTIN	1
MATHIAS L'HUMORISTE	1
MŒURS ET PORTRAITS DU TEMPS	1
PIERRE MOUTON	1
SPLENDEURS ET INFORTUNES DE NARCISSE MISTIGRIS	1
LA VIE À REBOURS	1
LA VIE DE CORSAIRE	1

W. REYNOLDS
LES DRAMES DE LONDRES :	
— LES FRÈRES DE LA RÉSURRECTION	1
— LA TAVERNE DU DIABLE	1
— LES MYSTÈRES DU CABINET NOIR	1
— LES MALHEURS D'UNE JEUNE FILLE	1
— LE SECRET DU RESSUSCITÉ	1
— LE FILS DU BOURREAU	1
— LES PIRATES DE LA TAMISE	1
— LES DEUX MISÉRABLES	1
— LES RUINES DU CHÂTEAU DE RAVENSWORTH	1
— LE NOUVEAU MONTE-CRISTO	1

CLÉMENCE ROBERT
LES AMANTS DU PÈRE LACHAISE	1
L'AMOUREUX DE LA REINE	1
L'ANGE DU PEUPLE	1
LES ANGES DE PARIS	1
L'AVOCAT DU PEUPLE	1
LE BARON DE TRENCK	1
LA BELLE VALENTINE	1
LA CHAMBRE CRIMINELLE	1
LA COMTESSE THÉRÈSA	1
LA FAMILLE CALAS	1
LA FONTAINE MAUDITE	1
LES FRANCS-JUGES	1
LA JACQUERIE	1
JEANNE LA FOLLE	1
JEANNE DE MONTFORT	1
LES JUMEAUX DE LA RÉOLE	1
LE MAGICIEN DE LA BARRIÈRE D'ENFER	1
MANDRIN	1
LE MARTYR DES PRISONS	1
LES MENDIANTS DE LA MORT	1

COLLECTION MICHEL LÉVY — 1 FR. 25 C. LE VOLUME

CLÉMENCE ROBERT (Suite)	vol.
LES MENDIANTS DE PARIS	1
MICHELY	1
LA MISÈRE DORÉE	1
LE MOINE NOIR	1
LE MONT SAINT-MICHEL	1
LE PASTEUR DU PEUPLE	1
LE PAVILLON DE LA REINE	1
LA PLUIE D'OR	1
LES QUATRE SERGENTS DE LA ROCHELLE	1
RENÉ L'OUVRIER	1
LE SECRET DE MAÎTRE ANDRÉ	1
UN SERF RUSSE	1
LA TOUR SAINT-JACQUES	1
LE TRIBUNAL SECRET	1
WOLF LE LOUP	1

REGINA ROCHE Trad. N. Fournier

LA CHAPELLE DU VIEUX CHATEAU	1

AMÉDÉE ROLLAND

LES MARTYRS DU FOYER	1

JEAN ROUSSEAU

PARIS DANSANT	1

JULES DE SAINT-FÉLIX

LE GANT DE DIANE	1
MADEMOISELLE ROSALINDE	1
SCÈNES DE LA VIE DE GENTILHOMME	1

GEORGE SAND

ADRIANI	1
LES AMOURS DE L'AGE D'OR	1
LES BEAUX MESSIEURS DE BOIS-DORÉ	2
LE CHATEAU DES DÉSERTES	1
LE COMPAGNON DU TOUR DE FRANCE	2
LA COMTESSE DE RUDOLSTADT	3
CONSUELO	3
LES DAMES VERTES	1
LA DANIELLA	2
LE DIABLE AUX CHAMPS	1
LA FILLEULE	1
FLAVIE	1
HISTOIRE DE MA VIE	10
L'HOMME DE NEIGE	3
HORACE	1
ISIDORA	1
JEANNE	1
LELIA — Métella — Melchior — Cora	2
LUCREZIA FLORIANI — Lavinia	1
LE MEUNIER D'ANGIBAULT	1
NARCISSE	1
PAULINE	1
LE PÉCHÉ DE M. ANTOINE	2
LE PICCININO	2
PROMENADES AUTOUR D'UN VILLAGE	1
LE SECRÉTAIRE INTIME	1
SIMON	1
TEVERINO — Léone Léoni	1

JULES SANDEAU de l'Acad. franç.

CATHERINE	1
LE JOUR SANS LENDEMAIN	1
MADEMOISELLE DE KÉROUARE	1
SACS ET PARCHEMINS	1

VICTORIEN SARDOU

LA PERLE NOIRE	1

EUGÈNE SCRIBE

THÉATRE	8
— COMÉDIES-VAUDEVILLES	7
— OPÉRAS	1

FRÉDÉRIC SOULIÉ

AU JOUR LE JOUR	1
LES AVENTURES DE SATURNIN FICHET	2

FRÉDÉRIC SOULIÉ (Suite)	vol.
LE BANANIER — EULALIE PONTOIS	1
LE CHATEAU DES PYRÉNÉES	2
LE COMTE DE FOIX	1
LE COMTE DE TOULOUSE	1
LA COMTESSE DE MONRION	1
CONFESSION GÉNÉRALE	2
LE CONSEILLER D'ÉTAT	1
CONTES ET RÉCITS DE MA GRAND'MÈRE	1
CONTES POUR LES ENFANTS	1
LES DEUX CADAVRES	1
LES DRAMES INCONNUS	5
VENCE	1
ÉTUDES DE LA VIE SOCIALE	
— AVENTURES D'UN CADET DE FAMILLE	1
— LES AMOURS DE VICTOR BONSENNE	1
— OLIVIER DUHAMEL	2
UN ÉTÉ A MEUDON	1
LES FORGERONS	1
HUIT JOURS AU CHATEAU	1
LE LION AMOUREUX	1
LA LIONNE	1
LE MAGNÉTISEUR	1
LE MAÎTRE D'ÉCOLE — DIANE ET LOUISE	1
UN MALHEUR COMPLET	1
MARGUERITE	1
LES MÉMOIRES DU DIABLE	3
LE PORT DE CRÉTEIL	1
LES PRÉTENDUS	1
LES QUATRE ÉPOQUES	1
LES QUATRE NAPOLITAINES	2
LES QUATRE SŒURS	1
UN RÊVE D'AMOUR — LA CHAMBRIÈRE	1
SATHANIEL	1
SI JEUNESSE SAVAIT, SI VIEILLESSE POUVAIT!	2
LE VICOMTE DE BÉZIERS	1

ÉMILE SOUVESTRE

LES ANGES DU FOYER	1
AU BORD DU LAC	1
VU BOUT DU MONDE	1
AU COIN DU FEU	1
CAUSERIES HISTORIQUES ET LITTÉRAIRES	3
CHRONIQUES DE LA MER	1
LES CLAIRIÈRES	1
CONFESSIONS D'UN OUVRIER	1
CONTES ET NOUVELLES	1
DANS LA PRAIRIE	1
LES DERNIERS BRETONS	2
LES DERNIERS PAYSANS	1
DEUX MISÈRES	1
LES DRAMES PARISIENS	1
L'ÉCHELLE DE FEMMES	1
EN BRETAGNE	1
EN FAMILLE	1
EN QUARANTAINE	1
LE FOYER BRETON	2
LA GOUTTE D'EAU	1
HISTOIRES D'AUTREFOIS	1
L'HOMME ET L'ARGENT	1
LOIN DU PAYS	1
LA LUNE DE MIEL	1
LA MAISON ROUGE	1
LE MARI DE LA FERMIÈRE	1
LE MAT DE COCAGNE	1
LE MÉMORIAL DE FAMILLE	1
LE MENDIANT DE SAINT-ROCH	1
LE MONDE TEL QU'IL SERA	1
LE PASTEUR D'HOMMES	1

ÉMILE SOUVESTRE (Suite) vol.

LES PÉCHÉS DE JEUNESSE	1
PENDANT LA MOISSON	1
UN PHILOSOPHE SOUS LES TOITS	1
PIERRE ET JEAN	2
PROMENADES MATINALES	1
RÉCITS ET SOUVENIRS	1
LES REPROUVÉS ET LES ÉLUS	1
RICHE ET PAUVRE	1
LE ROI DU MONDE	2
SCÈNES DE LA CHOUANNERIE	1
SCÈNES DE LA VIE INTIME	1
SCÈNES ET RÉCITS DES ALPES	1
LES SOIRÉES DE MEUDON	1
SOUS LA TONNELLE	1
SOUS LES FILETS	1
SOUS LES OMBRAGES	1
SOUVENIRS D'UN BAS-BRETON	2
SOUV. D'UN VIEILLARD. La dernière étape	1
SUR LA PELOUSE	1
THÉÂTRE DE LA JEUNESSE	1
TROIS FEMMES	1
TROIS MOIS DE VACANCES	1
LA VALISE NOIRE	1

MARIE SOUVESTRE

PAUL FERROLL, traduit de l'anglais	1

DANIEL STAUBEN

SCÈNES DE LA VIE JUIVE EN ALSACE	1

DE STENDHAL

DE L'AMOUR	1
LA CHARTREUSE DE PARME	1
CHRONIQUES ET NOUVELLES	2
PROMENADES DANS ROME	2
LE ROUGE ET LE NOIR	2

DANIEL STERN

NELIDA	1

STERNE Trad. N. Fournier

VOYAGE SENTIMENTAL, avec Notice de Walter Scott	1

EUGÈNE SUE

LE DIABLE MÉDECIN	3
— ADÈLE VERNEUIL	1
— CLÉMENCE HERVÉ	1
— LA GRANDE DAME	1
LES FILS DE FAMILLE	3
GILBERT ET GILBERTE	3
LES SECRETS DE L'OREILLER	3
LES SEPT PÉCHÉS CAPITAUX	6
— L'ORGUEIL	2
— L'ENVIE — LA COLÈRE	2
— LA LUXURE — LA PARESSE	1
— L'AVARICE — LA GOURMANDISE	1

Mme SURVILLE, née de Balzac

BALZAC, SA VIE ET SES ŒUVRES	1

E. TEXIER

AMOUR ET FINANCE	1

W. THACKERAY Trad. W. Hughes

LES MÉMOIRES D'UN VALET DE PIED	1

OSCAR DE VALLÉE vol.

LES MANIEURS D'ARGENT	1

VALOIS DE FORVILLE

LE COMTE DE SAINT-POL	1
LE CONSCRIT DE L'AN VIII	1
LE MARQUIS DE PARAVAL	1

MAX. VALREY

MARTHE DE MONTBRUN	1

V. VERNEUIL

MES AVENTURES AU SÉNÉGAL	1

PIERRE VÉRON

L'AGE DE VER-BLANC	1
AVEZ-VOUS BESOIN D'ARGENT	1
LA BOUTIQUE A TREIZE	1
LA COMÉDIE EN PLEIN VENT	1
LA COMÉDIE EN VOYAGE	1
LA FAMILLE HASARD	1
LA FOIRE AUX GROTESQUES	1
LA GRRRANDE FAMILLE HASARD	1
MYTHOLOGIE PARISIENNE	1
MAISON AMOUR ET Cie	1
LES MARCHANDS DE SANTÉ	1
LES MARIONNETTES DE PARIS	1
M. ET Mme TOUT LE MONDE	1
PARIS COMIQUE SOUS LE 2e EMPIRE	1
PARIS S'AMUSE	1
LE PAVÉ DE PARIS	1
LES PANTINS DU BOULEVARD	1
M. PERSONNE	1
LES PHÉNOMÈNES VIVANTS	1
LE ROMAN DE LA FEMME A BARBE	1
LES SOUFFRE-PLAISIRS	1

ALFRED DE VIGNY

LAURETTE OU LE CACHET ROUGE	1
LA VEILLÉE DE VINCENNES	1
VIE ET MORT DU CAPITAINE RENAUD	1

CHARLES VINCENT et DAVID

LE TUEUR DE BRIGANDS	1

L. VITET

LES ÉTATS D'ORLÉANS	1

VOLTAIRE

THÉÂTRE, avec notice Sainte-Beuve	1

JULES DE WAILLY FILS

SCÈNES DE LA VIE DE FAMILLE	1

FRANCIS WEY

LONDRES IL Y A CENT ANS	1

E. YEMENIZ

LA GRÈCE MODERNE	1

COLLECTION FORMAT IN-32

1 FRANC LE VOLUME

Jolis volumes papier vélin

ÉMILE AUGIER de l'Acad. franç. vol.
LES PARIÉTAIRES. Poésies............ 1

DUC D'AUMALE de l'Acad. franç.
LES ZOUAVES ET LES CHASSEURS A PIEDS.. 1

THÉODORE DE BANVILLE
LES PAUVRES SALTIMBANQUES........... 1

GEORGES BELL
LE MIROIR DE CAGLIOSTRO............. 1

A. DE BELLOY
PHYSIONOMIES CONTEMPORAINES......... 1
PORTRAITS ET SOUVENIRS.............. 1

ALFRED BOUGEARD
LES MORALISTES OUBLIÉS.............. 1

ALFRED DE BRÉHAT
LE CHATEAU DE KERMARIA.............. 1
SÉRAPHINE DARISPE................... 1

ALFRED BUSQUET
LA NUIT DE NOËL..................... 1

CHAMPFLEURY
MONSIEUR DE BOISDYVER............... 3

PAUL DÉROULÈDE
CHANTS DU SOLDAT.................... 1
NOUVEAUX CHANTS DU SOLDAT........... 1

ÉMILE DESCHANEL
LE BIEN et LE MAL qu'on a dit des enfants............................... 1
HISTOIRE DE LA CONVERSATION......... 1
LE MAL QU'ON A DIT DE L'AMOUR....... 1

XAVIER EYMA
EXCENTRICITÉS AMÉRICAINES........... 1

OL. GOLDSMITH Trad. A. Esquiros
VOYAGE D'UN CHINOIS EN ANGLETERRE... 1

LÉON GOZLAN
UNE SOIRÉE DANS L'AUTRE MONDE....... 1

COMTE F. DE GRAMMONT
COMMENT ON VIENT et COMMENT ON S'EN VA. 1

CHARLES JOLIET
L'ESPRIT DE DIDEROT................. 1

LOUIS JOURDAN
LES PRIÈRES DE LUDOVIC.............. 1

E. DE LA BÉDOLLIÈRE
HISTOIRE DE LA MODE EN FRANCE....... 1

A. DE LAMARTINE
LES VISIONS......................... 1

SAVINIEN LAPOINTE vol.
MES CHANSONS........................ 1

LARCHER et **JULIEN**
CE QU'ON a dit de la FIDÉLITÉ et de L'INFIDÉLITÉ........................ 1

ALBERT DE LASALLE
HISTOIRE DES BOUFFES PARISIENS...... 1

ALFRED DE LÉRIS
LES VIEUX AMIS...................... 1
TROIS NOUVELLES EN UN ACTE.......... 1

ALBERT LHERMITE
UN SCEPTIQUE S'IL VOUS PLAIT........ 1

Mme MANNOURY-LACOUR
ASPHODÈLES.......................... 1
SOLITUDES........................... 1

MÉRY
ANGLAIS ET CHINOIS.................. 1
HISTOIRE D'UNE COLLINE.............. 1

MICHELET
POLOGNE ET RUSSIE................... 1

HENRY MURGER
PROPOS DE VILLE ET PROPOS DE THÉÂTRE.. 1

EUGÈNE NOEL
RABELAIS............................ 1
LA VIE DES FLEURS ET DES FRUITS..... 1

F. PONSARD
HOMÈRE. Poème....................... 1

JULES SANDEAU de l'Acad. franç.
OLIVIER............................. 1

***
PARIS CHEZ MUSARD................... 1

P. J. STAHL
LES BIJOUX PARLANTS................. 1
L'ESPRIT DE VOLTAIRE................ 1
DE L'AMOUR ET DE LA JALOUSIE........ 1

LOUIS ULBACH
L'HOMME AUX CINQ LOUIS D'OR......... 2

DOCTEUR YVAN
CANTON, UN COIN DU CÉLESTE EMPIRE... 1

BROCHURES DIVERSES

E. AUBRY-VITET
LA VRAIE RÉFORME ÉLECTORALE...... 1 »

ÉMILE AUGIER
DISCOURS DE RÉCEPTION A L'ACADÉMIE FRANÇAISE.................................... 1 »

DUC D'AUMALE
LA QUESTION ALGÉRIENNE à propos de la lettre adressée par l'empereur au maréchal de Mac-Mahon............ 1 »

LOUIS BLANC
LA RÉVOLUTION DE FÉVRIER AU LUXEMBOURG............................ 1 »

BLANQUI & ÉMILE DE GIRARDIN
DE LA LIBERTÉ DU COMMERCE ET DE LA PROTECTION DE L'INDUSTRIE........ 2 »

H. BLAZE DE BURY
M. LE COMTE DE CHAMBORD — UN MOIS A VENISE..................... 1 »

BONNAL
ABOLITION DU PROLÉTARIAT........... 1 »
LA FORCE ET L'IDÉE.................. 1 »

G. BOULLAY
RÉORGANISATION ADMINISTRATIVE...... 1 »

CHAMPFLEURY
RICHARD WAGNER..................... » 50

GUSTAVE CHAUDEY
DE L'ÉTABLISSEMENT DE LA RÉPUBLIQUE. 1 »

RENÉ CLÉMENT
ÉTUDE SUR LE THÉATRE ANTIQUE...... 1 »

ATHANASE COQUEREL FILS
LE BON SAMARITAIN, sermon........... » 50
LE CATHOLICISME ET LE PROTESTANTISME considérés dans leur origine et leur développement............. 1 »
LES CHOSES ANCIENNES ET LES CHOSES NOUVELLES....................... » 50
L'ÉGOISME DEVANT LA CROIX, sermon sur Luc........................ » 50
PROFESSION DE FOI CHRÉTIENNE..... » 50
LA SCIENCE ET LA RELIGION, sermon » 50
SERMON D'ADIEU prêché dans l'église de l'Oratoire................... » 50

L. COUTURE
DU BONAPARTISME DANS L'HISTOIRE DE FRANCE.......................... 1 »
DU GOUVERNEMENT HÉRÉDITAIRE EN FRANCE.......................... 1 50

CUVILLIER-FLEURY
LA RÉFORME UNIVERSITAIRE.......... 1 »

UN CURÉ
A NOTRE SAINT-PÈRE LE PAPE........ 1 »

ÉDOUARD DELPRAT
L'ADMINISTRATION DE LA PRESSE..... 1 »

CHARLES DIDIER
QUESTION SICILIENNE................ 1 »
UNE VISITE AU DUC DE BORDEAUX..... 1 »

ERNEST DESJARDINS
NOTICE SUR LE MUSÉE NAPOLÉON III et promenade dans les galeries....... » 50

DUFAURE
LE DROIT AU TRAVAIL................ » 50

ALEXANDRE DUMAS
RÉVÉLATIONS SUR L'ARRESTATION D'ÉMILE THOMAS................... » 10

ALEXANDRE DUMAS FILS
UNE LETTRE SUR LES CHOSES DU JOUR. 1 »
UNE NOUVELLE LETTRE SUR LES CHOSES DU JOUR......................... 1 »
NOUVELLE LETTRE DE JUNIUS A SON AMI A.-D., révélations sur les principaux personnages de la guerre actuelle........................ 2 »

ADRIEN DUMONT
LES PRINCIPES DE 1789............... 1 »

CHARLES EMMANUEL
LES DÉVIATIONS DU PENDULE ET LE MOUVEMENT DE LA TERRE.......... 1 »

LÉON FAUCHER
LE CRÉDIT FONCIER.................. » 50

GUSTAVE FLAUBERT
LETTRE A LA MUNICIPALITÉ DE ROUEN au sujet d'un vote concernant Louis Bouilhet......................... » 50

OCTAVE FEUILLET
DISCOURS DE RÉCEPTION A L'ACADÉMIE FRANÇAISE....................... 1 »

MARQUIS DE GABRIAC
DE L'ORIGINE DE LA GUERRE D'ITALIE. 1 »

G. GANESCO
DIPLOMATIE ET NATIONALITÉ......... 2 »

COMTE A. DE GASPARIN
LA DÉCLARATION DE GUERRE.......... » 50
LES RÉCLAMATIONS DES FEMMES...... 1 »

A. GERMAIN
MARTYROLOGE DE LA PRESSE.......... 2 50

ÉMILE DE GIRARDIN
L'ABOLITION DE L'AUTORITÉ.......... 1 »
ABOLITION DE L'ESCLAVAGE MILITAIRE.. 1 »
AVANT LA CONSTITUTION............. » 50
LA CONSTITUANTE ET LA LÉGISLATVE.. 1 »
LE DROIT DE TOUT DIRE.............. 1 »
L'ÉQUILIBRE FINANCIER PAR L. RÉFORME ADMINISTRATIVE.......... 1 »
L'EXPROPRIATION ABOLIE PAR LA DETTE FONCIÈRE CONSOLIDÉE............. 2 »
LE GOUVERNEMENT LE PLUS SIMPLE... 1 »
JOURNAL D'UN JOURNALISTE AU SECRET. 1 »
LA NOTE DU 14 DÉCEMBRE........... 1 »
L'ORNIÈRE DES RÉVOLUTIONS......... 1 »
LA PAIX........................... 1 »
RESPECT DE LA CONSTITUTION........ 1 »
UNITÉ DE COLLÈGE.................. 1 »
LE SOCIALISME ET L'IMPOT.......... 1 »
SOLUTION DE LA QUESTION D'ORIENT... » 50

GLADSTONE
DEUX LETTRES au lord Aberdeen sur les poursuites politiques exercées par le gouvernement napolitain.... 1 »

JULES GOUACHE
LES VIOLONS DE M. MARRAST......... » 50

EUGÈNE GRANGÉ
LES VERSAILLAISES, chansons......... 1 »

ALEXANDRE GUÉRIN
LES RELIGIEUSES................... 1 »

COLLECTION FORMAT IN-32 — 1 FR. LE VOLUME.

COMTE D'HAUSSONVILLE
CONSULTATION DE MM. LES BATONNIERS DE L'ORDRE DES AVOCATS............ 1 »
LETTRE AUX BATONNIERS DE L'ORDRE DES AVOCATS.................. 1 »
LETTRE AU SÉNAT.................. 1 »
M. DE CAVOUR ET LA CRISE ITALIENNE. 1 »

LÉON HEUZEY
CATALOGUE DE LA MISSION DE MACÉDOINE ET DE THESSALIE......... » 50

VICTOR HUGO & CRÉMIEUX
DISCOURS SUR LA PEINE DE MORT (Procès de l'Événement)............ 1 »

VICTOR HUGO
LA LIBÉRATION DU TERRITOIRE........ » 50
MES FILS...................... 1 »
POUR UN SOLDAT................ » 30

LOUIS JOURDAN
LA GUERRE A L'ANGLAIS............ 1 »

LAMARTINE
DU DROIT AU TRAVAIL............. » 50
LETTRE AUX DIX DÉPARTEMENTS..... » 50
LA PRÉSIDENCE.................. » 50
DU PROJET DE CONSTITUTION....... » 50
UNE SEULE CHAMBRE.............. » 50

H. DE LA POMMERAYE
HISTOIRE DU DÉBUT D'ALEXANDRE DUMAS FILS AU THÉATRE............ » 50

LÉONCE DE LAVERGNE
LA CONSTITUTION DE 1852 ET LE DÉCRET DU 24 NOVEMBRE........... 1 »

LEMERCIER DE NEUVILLE
LES FIGURES DU TEMPS. Notices biographiques — ROBERT HOUDIN..... 1 »
— Mme PETIPA................ 1 »

ÉDOUARD LEMOINE
ABDICATION DU ROI LOUIS-PHILIPPE... » 50

JOHN LEMOINNE
AFFAIRES DE ROME................ 1 »

A. LEYMARIE
HISTOIRE D'UNE DEMANDE EN AUTORISATION DE JOURNAL. — Simple question de propriété................ 2 »

AUGUSTE LUCHET
LA SCIENCE DU VIN.............. 2 50

STEPHEN DE LA MADELAINE
CHANT. Étude pratique de style..... 2 »

MARTIN PASCHOUD
LIBERTÉ, VÉRITÉ, CHARITÉ......... 1 »

ÉTIENNE MAURICE
DÉCENTRALISATION ET DÉCENTRALISATEURS........................ 1 »

COMTE DE MONTALIVET
CONFISCATION DES BIENS DE LA FAMILLE D'ORLÉANS. — Souvenirs historiques....................... » 50
OBSERVATIONS SUR LE PROJET DE LOI RELATIF AUX CONSEILS GÉNÉRAUX... 1 »
LE ROI LOUIS-PHILIPPE ET SA LISTE CIVILE.......................... » 50

P. MORIN
COMM. L'ESPRIT VIENT AUX TABLES... 1 50

BARON DE NERVO
L'ADMINISTRATION DES FINANCES SOUS LA RESTAURATION............... 1 »
LES FINANCES DE LA FRANCE SOUS LE RÈGNE DE NAPOLÉON III........... 1 »

D. NISARD
LES CLASSES MOYENNES EN ANGLETERRE ET LA BOURGEOISIE EN FRANCE..... 1 »
DISCOURS PRONONCÉ A L'ACADÉMIE FRANÇAISE, en réponse au discours de réception de F. Ponsard.......... 1 »

UN PAYSAN CHAMPENOIS
A TINON sur son projet de Constitution. » 50

CASIMIR PERIER
LE BUDGET DE 1863............... 1 »
LA RÉFORME FINANCIÈRE DE 1862.... 1 »

GEORGES PERROT
CATALOGUE DE LA MISSION D'ASIE MINEURE...................... » 50

ANSELME PETETIN
DE L'ANNEXION DE LA SAVOIE. 2e éd.. 1 »

H. PLANAVERGNE
NOUVEAU SYSTÈME DE NAVIGATION, fondé sur le principe de l'émergence des corps roulant sur l'eau........ 1 50

A. PONROY
LE MARÉCHAL BUGEAUD............ 1 »

F. PONSARD
DISCOURS DE RÉCEPTION A L'ACADÉMIE FRANÇAISE.................... 1 »

PRÉVOST-PARADOL
LES ÉLECTIONS DE 1863........... 1 »
DU GOUVERNEMENT PARLEMENTAIRE ET DU DÉCRET DU 24 NOVEMBRE...... 1 »
DE LA LIBERTÉ DES CULTES EN FRANCE.
DEUX LETTRES SUR LA RÉFORME DU CODE PÉNAL....................... 1 »
QUELQUES RÉFLEXIONS SUR NOTRE SITUATION INTÉRIEURE............ » 50

ESPRIT PRIVAT
LE DOIGT DE DIEU............... 1 »

ERNEST RENAN
CATALOGUE DES OBJETS PROVENANT DE LA MISSION DE PHÉNICIE........ » 50
LA MONARCHIE CONSTITUTIONNELLE EN FRANCE....................... 1 »
LA PART DE LA FAMILLE ET DE L'ÉTAT DANS L'ÉDUCATION............. » 50

SAINTE-BEUVE
A PROPOS DES BIBLIOTHÈQ. POPULAIRE » 50
DE LA LIBERTÉ DE L'ENSEIGNEMENT SUPÉRIEUR....................... » 50
DE LA LOI SUR LA PRESSE......... » 50

SAINT-MARC GIRARDIN
DU DÉCRET DU 24 NOVEMBRE ou De la réforme de la Constitution de 1852.. 1 »

GEORGE SAND
LA GUERRE..................... 1 »

G. SAND ET V. BORIE
TRAVAILLEURS ET PROPRIÉTAIRES... 1 »

ED. DE SONNIER
LES DROITS POLITIQUES DANS LES ÉLECTIONS. — Manuel de l'Électeur et du Candidat................. 1 »

***
LA LIBERTÉ RELIGIEUSE ET LA LÉGISLATION ACTUELLE.

THIERS
DU CRÉDIT FONCIER.............. » 50
LE DROIT AU TRAVAIL............. » 50

WARNER
SCHAMYL....................... 3 »

L'UNIVERS ILLUSTRÉ
JOURNAL PARAISSANT LE SAMEDI

Chaque numéro contient 16 pages, format in-folio (8 de texte et 8 de gravures)
PRIX : 40 CENTIMES LE NUMÉRO
ABONNEMENT : UN AN, 22 FR. — SIX MOIS, 11 FR. 50 — TROIS MOIS, 6 FR.
— *Pour plus de détails, demander le prospectus* —

LE JOURNAL DU DIMANCHE
LITTÉRATURE — HISTOIRE — VOYAGES — MUSIQUE

32 vol. sont en vente. Chaque vol. format in-4°, orné de 104 gravures. Prix : 3 fr.

LE JOURNAL DU JEUDI
LITTÉRATURE — HISTOIRE — VOYAGES

20 vol. sont en vente. Chaque vol. format in-4°, orné de 104 gravures. Prix : 3 fr.

LES BONS ROMANS
CHEFS-D'ŒUVRE DE LA LITTÉRATURE CONTEMPORAINE

Par VICTOR HUGO, ALEXANDRE DUMAS, GEORGE SAND, LAMARTINE, ALFRED DE MUSSET, EUGÈNE SUE, FRÉDÉRIC SOULIÉ, ALPHONSE KARR, CH. DE BERNARD, ALEX. DUMAS FILS, HENRY MURGER, HENRI CONSCIENCE, PAUL FÉVAL, ÉMILE SOUVESTRE, etc., etc.

24 vol. sont en vente. Chaque volume, format in-4°, orné de 104 gravures. Prix : 3 fr.

BIBLIOTHÈQUE DE TOUT LE MONDE
COLLECTION DES MEILLEURS ROMANS DES AUTEURS CONTEMPORAINS

20 vol. in-4°, avec 2000 gravures environ. Prix : 60 fr.

DICTIONNAIRE DES NOMS PROPRES
OU ENCYCLOPÉDIE ILLUSTRÉE
DE BIOGRAPHIE, DE GÉOGRAPHIE, D'HISTOIRE ET DE MYTHOLOGIE
Par M. Dupiney de Vorepierre

L'ouvrage, imprimé sur papier de luxe et avec des caractères neufs, formera deux volumes grand in-4° publié en 120 livraisons, et sera enrichi :

DE 400 CARTES OU PLANS, DE 2,000 PORTRAITS ET DE 2,000 GRAVURES

Représentant des vues de villes, monuments ou sites remarquables, des types de races, etc.

50 centimes la livraison. — Chaque livraison se compose de deux feuilles de texte et contient presque la matière d'un volume in-8°

DICTIONNAIRE FRANÇAIS ILLUSTRÉ
ET ENCYCLOPÉDIE UNIVERSELLE

Ouvrage qui peut tenir lieu de tous les vocabulaires et de toutes les encyclopédies
ENRICHI DE 20,000 FIG. GRAVÉES SUR CUIVRE PAR LES MEILLEURS ARTISTES

Dirigé par M. **Dupiney de Vorepierre**
ET RÉDIGÉ PAR UNE COMPAGNIE DE SAVANTS ET DE GENS DE LETTRES

9 livraisons à 50 centimes. Chaque livraison est composée de deux feuilles de texte et contient la matière d'un volume in-8° ordinaire. L'ouvrage, composé en caractères entièrement neufs et imprimé sur papier de luxe, forme deux magnifiques volumes grand in-4°.. Prix, broché : 85 fr.
Demi-reliure chagrin, plats toile... Prix............ 100 fr.

www.ingramcontent.com/pod-product-compliance
Lightning Source LLC
Chambersburg PA
CBHW072005150426
43194CB00008B/999